덜 파괴적 혁신

메이요 클리닉 혁신센터에서 배우는

덜 파괴적 혁신

니컬러스 라루소 · 바버라 스푸리어 · 지안리코 파루지아 지음 | 이선미 옮김

청년의사

메이요 클리닉 혁신센터에서 배우는

덜 파괴적 혁신

지 은 이 니컬러스 라루소 · 바버라 스푸리어 · 지안리코 파루지아
옮 긴 이 이선미

펴 낸 날 1판 1쇄 2015년 5월 18일

펴 낸 이 양경철
주　　간 박재영
편　　집 김하나
디 자 인 김지영

발 행 처 ㈜청년의사
발 행 인 이왕준
출판신고 제313-2003-305호(1999년 9월 13일)
주　　소 (121-829) 서울시 마포구 독막로 76-1 (상수동, 한주빌딩 4층)
전　　화 02-3141-9326
팩　　스 02-703-3916
전자우편 books@docdocdoc.co.kr
홈페이지 www.docbooks.co.kr

ISBN 978-89-91232-60-0 03320

책값은 뒤표지에 있습니다.
잘못 만들어진 책은 서점에서 바꾸어 드립니다.

세상을 더 건강하게 만들어 준
메이요 클리닉에 이 책을 바칩니다.

CONTENTS

일러두기

1. 역주(*)는 각주 처리했습니다.

2. 문맥상 저자가 강조한 부분은 ' ', 인용한 부분은 " "로 표시했습니다.

3. 책의 제목은 《 》로 표시하고, 신문·잡지·방송·영화 등의 제목은 〈 〉로 표시했습니다.

4. 정확한 의미 전달을 위해 필요한 경우 한문이나 영어를 병기했습니다.

5. 흔히 쓰이는 보건의료 분야의 용어들 일부에 대해서는 띄어쓰기 원칙을 엄격하게 적용하지 않았습니다.

감사의 말

우선 의료서비스 시행 방식에 혁신을 일으킬 수 있도록 저희에게 매일 영감을 주었던 메이요 클리닉의 환자들에게 감사를 드립니다. 더불어 클리닉을 찾은 환자들의 필요를 최우선에 두었던 메이요 클리닉의 직원들에게도 고맙다는 인사를 전합니다. 이 책의 집필은 혁신센터에서 일했던, 그리고 지금도 일하고 있는 멋진 직원들이 있었기에 가능했습니다. 또한 작가 피터 샌더Peter Sander에게 아주 큰 신세를 졌습니다. 피터는 독선적이기로 악명 높은 세 명의 저자들을 견뎌 냈을 뿐만 아니라 우리의 생각을 종이 위에 글자로 바꾸는 마법을 부렸습니다. 또한 맥그로힐 에듀케이션 출판사와 집필 과정 내내 많은 협력과 지원을 아끼지 않은 메리 글렌Mary Glenn 편집장님께 감사드립니다. 전문 기술로 도움을 주었던 편집 매니저 제인 팔미어리Jane Palmieri도 고맙습니다.

메이요 클리닉의 혁신센터를 세우고 이끌 수 있었던 특권은 물론, 혁신센터의 시작과 발전 과정, 그리고 혁신센터가 현재에 이르러 어떤 기능을 하고 있는지를 이 책에 기록하고 설명하는 일은, 메이요 클리닉의 수많은 동료들과 다른 조직에서 도움을 주셨던 분들이 없었다면 불가능했을 것입니다. 그 모든 분들께 감사를 드리고 싶지만 그러기에는 주어진 지면에 제한이 있습니다. 그럼에도 불구하고 특별히 감사를 드리고 싶은 분들의 성함은 아래와 같습니다.

론 아모데오 Ron Amodeo

알프레드 앤더슨 Alfred Anderson

케나 애서턴 Kenna Atherton

마르코스 바리 Marcos Bari

조 버나우 Jo Bernau

제프 볼튼 Jeff Bolton

마이클 브레넌 박사 Dr. Michael Brennan

혁신센터 외부자문위원회: 팀 브라운 Tim Brown, 故 윌리엄 드렌텔 William Drentell, 짐 해켓 Jim Hackett, 래리 킬리 Larry Keeley, 프랭크 모스 Frank Moss, 레베카 오니 Rebecca Onie, 데이비드 프랫 David Pratt, 스탠 리처드 Stan Richards, 테리 웨스트 Terry West

혁신심의위원회: 랜달 레드포드 Randall Ledford, 제임스 리히텐베르크 James Lichtenberg, 미셸 프록터 Michelle Proctor

CPC 혁신그룹과 제프 마이어스 Jeff Myers

브렌트 필립스 Brent Phillips

라지브 초드리 박사 Dr. Rajeev Chaudhry

맷 다시 Matt Dacy

린다 다우니 Linda Downie

도니 드라이어 Donny Dreyer

리차드 에먼 박사 Dr. Richard Ehman

스콧 에이싱 Scott Eising

브루스 에반스 박사 Dr. Bruce Evans

글렌 포브스 박사Dr. Glenn Forbes

마이크 하퍼 박사Dr. Mike Harper

랜달 존스Randall Jones

줄리 코흐Julie Koch

카리 쾨니히스Kari Koenigs

제프 코스모Jeff Korsmo

폴 림버그 박사Dr. Paul Limburg

제리 맬러그리노Jerry Malagrino

존 노즈워시 박사Dr. John Noseworthy

케리 올슨 박사Dr. Kerry Olsen

산디야 프루티 박사Dr. Sandnya Pruthi

프랜 리플Fran Ripple

짐 로저스 3세Jim Rogers III

로나 로스Lorna Ross

모두가 그리워하는 낸 소이어Nan Sawyer

제프 시그리스트Jeff Sigrist

크레이그 스몰츠Craig Smoldt

더글라스 우드 박사Dr. Douglas Wood

나오미 워이칙Naomi Woychick

모니카 스빈 지에벨Monica Sveen Ziebell

헌정의 말

모든 일에서 탁월함을 추구하라고 가르쳐 주신 부모님, 캐서린과 프랭크, 매일 사랑과 삶을 가르쳐 주는 네 아이들 엘리자베스, 니컬러스, 매튜, 마이클, 내 삶에 새로운 기쁨과 행복을 가져다준 리와 로렌, 나를 가르쳐 준 예수회, 사람들의 삶에 영향을 주고 긍정적인 차이를 만들어 내도록 기회를 준 메이요 클리닉에 이 책을 바칩니다.

— 니컬러스 라루소^{Nicholas LaRusso}

남편이자 최고의 친구인 마이크 폭스^{Mike Fox}, 영감과 사랑을 통해 내가 너무 심각해지지 않도록 도와주는 아들들 찰리, 샘, 잭, 여동생 로렌과 남동생 그렉, 그리고 두 사람의 가족들, 늘 격려해 주시는 시부모님 진과 클레어 및 다른 가족들과 친구들, 전문적인 충고와 격려를 해 준 로라 웨스트룬드^{Laura Westlund}와 마르시아 맥멀룬^{Marcia McMullen}, 내가 알아 왔던 이들 가운데 가장 재능이 넘치고 열정적이며 정말로 이 세상을 변화시키고 싶어 하는 CFI 팀, 사랑과 친절, 그리고 모든 것이 가능하다는 것을 가르쳐 준 어머니 잉거와 아버지 버트 스푸리어에게 이 책을 바칩니다.

— 바버라 스푸리어^{Barbara Spurrier}

끝없이 인내하며 지원해 준 아내 제랄딘, 부모로서의 자부심을 느끼게 해 준 멋진 두 아들 루카와 스테판, 더 많은 것을 열망하도록 이끌어 주신 어머니와 하늘에 가 계신 아버지, 격려를 아끼지 않은 동생들과 그 가족들, 내가 체계적으로 일을 할 수 있게 도와준 크리스티 조드로우^{Kristy Zodrow}, 이 작업이 보람되고 즐거우며 감격적인 과정이 되도록 도와준 동료들에게 이 책을 바칩니다.

— 지안리코 파루지아^{Gianrico Farrugia}

서문

멸균장갑을 낀 임상병리사가 손에 주사기를 들고 있다. 아이는 초조해하며 몸을 꼼지락거린다. 곧 무슨 상황이 벌어질지 모르는 사람은 없을 것이다.

채혈은 하루에도 수천 건씩 진행된다. 성인이라면 조금 더 잘 견딜 수 있을 것이다. 물론 그렇다고 해서 피를 뽑는 것이 당신이 가장 좋아하는 일의 목록에 들어갈 것이라고 생각하지는 않는다.

대부분의 아이에게 채혈은 위기 상황이다. 무섭고 불편하다. 혈관 찾기, 길고 뾰족한 바늘, 쿡 찌르기, 그리고 흘러나오는 피 등이 채혈과 관련된 기억들이다. 채혈 횟수가 아무리 많다 하더라도 매번 동일한 경험과 동일한 결과다. 아이들이 채혈하는 동안 긴장하거나 통곡하거나 반쯤 기절하지 않고 채혈 뒤 몇 시간 내내 뾰로통해 있지 않는다면 그 채혈은 성공한 셈이다.

좋은 의도를 가진 어른이 흡혈귀처럼 잔인하게 변해야만 하는 이유는 무엇일까? 채혈이 좀 더 기분 좋은 경험이 될 수는 없을까? 기분 좋은 경험까지는 아니더라도 최소한 공포나 끔찍함을 조금이라도 줄여 줄 수는 없을까? 아이들이 좀 더 쉽게 받아들일 수 있도록 할 수는 없을까? 임상병리

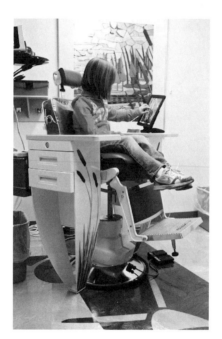

그림 I.1. 소아과 채혈의자

사, 의사, 간호사, 그리고 채혈실에 있는 다른 어른들에게 좀 더 쉬운 경험
이 되도록 할 수는 없을까? 모두가 좀 더 쉽게 받아들이고 그들의 시간을
절약할 수 있는 방법은 없을까?

메이요 클리닉의 소아과 채혈의자에 앉으면 된다.(그림 I.1)

메이요 클리닉의 소아 내분비학과의 의학박사 아이다 엘타이프^{Aida Lteif} 팀
이 설계한 이 의자에는 '호박벌'처럼 생긴 부분이 있는데 아이들이 터치할
때마다 진동을 일으킨다. 이 진동 장치는 치과 의사가 마취주사 바늘을 찌
를 때 환자의 치아나 볼을 살짝 건드려서 환자의 주의를 분산시키는 것처
럼 아이의 주의를 분산시킨다. 아이패드^{iPad}, 아이팟^{iPod}, 프로젝터 스크린 등
이 장착된 이 의자는 1세에서 15세의 어린이가 좋아할 만한 그림, 사진, 게

임 등을 제공해 어린이 환자의 주의를 분산시킨다. 원한다면 어린이 환자가 집에서 가지고 온 영상을 볼 수도 있다. 또한 이 의자는 어린이들이 어지러움을 느낄 때 바로 의자 등받이 각도를 조절할 수 있도록 레버와 페달이 작동하기 편하게 디자인되었다.

"우리는 그 분산력이 효과가 있다는 사실을 알고 있습니다. 핵심은 아이들이 채혈이 아니라 그 의자로 와서 앉는 행위에 집중하도록 하는 것입니다. 아이들은 의자가 제공해 줄 수 있는 것들에 관심을 갖게 될 것입니다." 엘타이프 박사의 설명이다.

경험의 변혁

소아과 채혈의자에 대해 생각해 보자. 혁신이라는 관점에서 당신은 소아과 채혈의자를 어떻게 설명하게 될까?

이 의자가 의학 분야를 바꾸어 놓았을까? 이 의자가 채혈의 임상적 성과에 영향을 주었을까? 의학계의 새로운 혁신이라며 〈뉴욕타임스〉의 헤드라인이나 PBS 뉴스의 한 꼭지로 등장하게 될까? 새로운 치료제나 놀라운 약물로 소개되거나 비침습성 수술의 한 종류로 소개될 일은 없을까?

그럴 가능성은 전혀 없다. 소아과 채혈의자는 의학계를 바꿔 놓지 않았다. 이 의자는 의료서비스 '전달 방식'을 바꾸었다. '이 의자는 환자경험patient experience을 변화시켰다.'

그것이 이토록 중요한 이유는 무엇일까?

그 이유를 간단하게 설명하자면 우리가 보건의료서비스를 변혁시키려고 하기 때문이다. 그 변혁을 환자경험의 변형을 통해 이루고자 하기 때문이다.

방 안^{대기실}의 코끼리

모든 사람들이 인식하고 있다. 지난 30년간 우후죽순처럼 커진 의료서비스 산업이 미국 내에서만 연간 3'조' 달러 크기의 문제가 되었다는 사실을 말이다. 그 문제는 미국 경제 전체의 20%를 잡아먹고 있다. 미국의 의료서비스는 세계에서 가장 비싸다. 그렇다면 그렇게 비싼 값을 치르고 우리가 얻는 것은 무엇인가? 우리는 고도로 복잡한 질병에 대해 실제로 최첨단의 치료를(거의 틀림없이 최상이라고 할 수 있는 치료를) 제공한다.

질병의 진단과 치료에 있어서 주목할 만한 혁신은 의료서비스에서 비롯되었다고 할 수 있다. 하지만《미국의 치유: 더 좋고 더 저렴하며 더 공정한 의료서비스의 탐색The Healing of America: The Global Quest for Better, Cheaper, and Fairer Health Care》*의 저자이자 〈워싱턴포스트〉의 특파원인 T. R. 레이드T. R. Reid가 조사한 의료서비스의 종합 결과를 보면 미국보다 순위가 높은 국가가 무려 36개국에 이른다. 커먼웰스 펀드the Commonwealth Fund가 조사한 "효율성 높은 의료시스템을 향한 도약working toward a high performance health system"에 따르면 미국은 호주, 캐나다, 네덜란드, 뉴질랜드, 영국, 독일에 이어 꼴찌를 차지하고 있다.

그렇다면 우리는 무엇을 해야 할까?

다시 틀을 짜고 해결하기

앨버트 아인슈타인Albert Einstein은 이런 말을 한 적이 있다. "만약 문제를 해결할 수 있는 시간이 한 시간이라면, 나는 문제를 생각하는 데 55분을 사용

---

* 국내 미출간.

하고 방법을 생각하는 데 5분을 사용할 것이다."

메이요 클리닉에 있는 우리들은 의료서비스 분야에서 세계적 변혁을 이끌어야 한다는 책임감을 느낀다. 하지만 이렇게 복잡한 산업 구조 속에서는 너무나 거대한 도전이 아닌가? "헝클어진 거대한 실뭉당이giant hairball"처럼 말이다. 어디에서 시작할까? 어떻게 하면 의료계를 변혁시킬 수 있을까? 아니, 어떻게 하면 메이요 클리닉을 변혁시켜서 의료계를 이끌어 가도록 만들 수 있을까?

우리는 메이요에서 시작했다. 이미 성공했거나 제대로 진행 중인 현대화를 향한 많은 시도와 지난 150년간 쌓인 혁신의 유산을 제외하고라도, 우리가 이루어 낸 몇 가지 큰 성취는 복잡한 상황에서 큰 규모의 혁신을 만들어 내려고 노력하는 모든 조직에게 좋은 모델이 되어 줄 것이다.

첫 번째로 우리는 문제를 '보건의료서비스 경험'으로 다시 구성했다. 이는 진료 시행 '전'과 '도중', 그리고 '이후'에도 서비스를 제공하여 의료서비스가 임상적이고 기술적인 "고장—수리break-fix"식 진료 행위를 넘어서게 하는 것이다. 이것은 처음부터 끝까지 모든 구간을 포함하는 것이다. 단지 진료 도중 발생하는 치료만을 말하는 것이 아니다.

이렇게 말할 수 있다. "이곳과 저곳, 그리고 모든 곳에서here, there, and everywhere" 시행되는 "보건의료서비스"이다.

우리는 의료경험health experience의 정의에 대해 좀 더 폭넓게 집중하면서 전 세계 의료를 더 큰 그림으로 변혁시킬 수 있다는 생각을 하게 되었다. 어마어마한 목표이지만 우리는 문제를 재구성했고 그에 관한 비전을 세웠다. 이 책을 통해 그 비전의 실행 과정은 물론 같은 원리를 보다 큰 다른 조직에도 응용할 수 있다는 사실을 보게 될 것이다.

두 번째로 우리는 메이요 클리닉 혁신센터the Mayo Clinic Center for Innovation, CFI를 만

들었다. 이 혁신센터는 고립된 외주 기관이 아닌 병원 내 정식 기관으로 메이요 클리닉의 의료진과 외부 파트너들과 함께 학제* 간으로 일하는 60명의 직원으로 구성되어 있다. 이들은 '더할 나위 없이 좋은 경험an unparalleled experience'이라는 메이요 클리닉의 더 큰 비전을 위해 일한다. 우리의 사명은 아주 명료하다.

'보건의료서비스의 시행과 경험을 변혁시키자.'

《덜 파괴적 혁신》은 변혁적인 비전을 개발하고, 그 비전에 맞는 크고 작은 플랫폼과 프로그램 및 프로젝트로 구성된 포트폴리오를 관리하는 과정을 보여 주는 책이다. "변형적 혁신transformative innovation"의 원리를 환자경험에 적용하는 과정을 담았다. 메이요 클리닉 혁신센터가 복잡하고 도전적인 환경 속에서 어떻게 그 모든 일을 일으켰는지에 관한 책이다.

파괴Disruption—소문자 'd'

그렇다면 우리의 소아과 채혈의자가 이 그림에 어떻게 들어맞을 수 있을까? 이 의자가 의료서비스를 '변혁'했나? 이 의자가 3조 달러짜리 문제를 해결했을까?

그렇지 않다. 채혈의자는 여러 개의 혁신 가운데 하나의 사례일 뿐이다. 더 정확하게 표현하자면 의료서비스를 본질적으로 파괴시킬 것이라고 생

---

* 두 가지 이상의 전문 분야에 걸쳐 연구하는 학문적 협업 관계를 일컫는 말.

각하는 혁신적인 '정신'의 한 사례라고 할 수 있다. 이 정신과 접근법은 의료서비스가 20세기 모델에서 진화해 21세기 모델로 변혁되어 제대로 작동할 수 있도록 만들 것이다.

"파괴^{disrupt}"이라고 말했었나? 맞다, 바로 그런 표현이었다. 아마 독자들은 의아해하며 설명이 더 필요하다고 느낄 것이다.

당신은 아마도 혁신이 '존속적'일 수도 있고 '파괴적'일수도 있다는 개념에 관한 내용을 읽어 보았거나 들어 보았을 것이다. '일반적' 정의에 따르면 "파괴적 혁신^{disruptive innovations}"은 세계 전체에 혹은 최소한 커다란 부분에 변화를 가져온다. 20세기의 절반이 지나는 동안 자동차가 철도 여객 서비스에 미친 영향이나 ATM 기계가 은행 업무에 미친 영향, 지난 25년간 인터넷이 삶의 모든 영역에 미친 영향처럼 파괴적 혁신은 시장과 상업에 영구적인 변화를 만들어 낸다.

혁신 분야 전문가이자 하버드 대학교 교수인 클레이튼 M. 크리스텐슨 Clayton M. Christensen 박사는 "파괴적^{disruptive}"이라는 개념을 제시했다. 그는 파괴적 혁신이 상품과 서비스가 단순한 구조를 통해 저렴한 가격에 더 빠른 속도로 더 많은 사람에게 제공되도록 하며, 이는 1980년대에 PC가 컴퓨터 시장을 파괴시킨 사례나 1920년대에 헨리 포드^{Henry Ford}가 저렴한 대량생산 방식의 자동차를 자동차 시장에 공급했던 사례를 통해 분명하게 확인할 수 있다고 설명했다. 크리스텐슨 박사의 설명에 따르면, "존속적^{sustaining}" 혁신은 상품이나 서비스를 본질적으로 계속되는 방향으로 발전시키는 것으로 새로운 후속 버전을 시장에 내놓기 위해 기존의 상품이나 서비스를 지속적으로 다듬는 것을 말한다.

이런 정의에서 볼 때 메이요 클리닉의 소아과 채혈의자가 파괴적 혁신의 범주에 들어갈 수 있을까? 아마 아닐 것이다. 채혈의자가 환자경험에 혁신을 가져오긴 했지만 실은 디자인만 살짝 바꾼 것으로, 의료서비스라는 큰 판도를 바꿔 놓을 만한 중요한 역할을 감당한다고 말하기는 어렵다. 의료서비스에서 모든 것을 뒤집고 처음부터 시작한다는 것은 쉽게 선택하기 힘든 답안이다. 왜냐하면 의료서비스가 인간의 생명 존속에 있어서 필수적인 것이기 때문이다. 환자의 목숨이 위험해지기 때문에 결코 현재의 의료서비스를 전면적으로 재시작할 수 없을 뿐만 아니라, 산재한 문제들을 해결해야 하는 임무를 환자와 의사에게 남겨 둘 수도 없다. 하지만 의료서비스가 경험되는 방식은 반드시 극적으로 변화되어야 한다. 더불어 이 과정에 크고 작은 많은 혁신들이 필요하다. 또한 이 혁신들은 크고 작음에 상관없이 드러난 문제들을 다양한 각도에서 해결해 가며 환자경험을 완벽하게 다시 디자인할 수 있도록 구성되어야 한다. 우리는 이를 '변형적 혁신'이라고 부른다.

변형의 의미는?

우리가 말하는 '변형'은 '파괴적인' 것과 '존속적인' 것 두 가지를 '모두' 의미한다. 우리의 비전은 20세기 모델과는 상당히 다르며 훨씬 진화된 21세기형 의료서비스를 필요로 한다. 하지만 그 비전을 성취하기 위해서 허리케인 샌디Hurricane Sandy*와 같은 사건이 필요할까? 의료서비스 시스템이 자신의 무게를 못 이기고 붕괴해 버리기를 기다려야 할까? 알츠하이머 환자만을 위해 연간 2천억 달러를 사용하는 예산이 그 무게를 버티다가 무너지기

---

* 2012년 10월 말, 자메이카와 쿠바 및 미국 동부 해안에 상륙한 대형 허리케인을 말하는 것으로, 최대 풍속이 초속 50m에 이를 정도로 엄청난 위력을 발휘했다.

를 기다려야만 하는 것일까? 메디케어^{Medicare}* 예산의 감축과 같은 먹구름이 폭풍우 전선을 형성하며 위험 신호를 보내오고 있다.

새로운 시작이 필요하다는 것은 알고 있다. 하지만 허리케인과 같은 큰 사건이 발생해 우리가 가진 것을 무너뜨려 주길 기다릴 수도 없고 그 사건이 가져올 혼란스러운 상황도 결코 원하지 않는다. 그렇기 때문에 더 나은 의료서비스를 제공하기 위한 메이요 클리닉의 접근법은 의료서비스 경험을 개선하는 방향으로 보건의료서비스를 '변형'시키는 것이 되었다. 우리는 한 번에 한 걸음씩 나아갈 것이다. IDEO**의 창립자 및 최고경영자이자 《디자인에 집중하라^{Change by Design}》***의 저자 팀 브라운^{Tim Brown}은 다음과 같이 설명했다. "복잡한 시스템은 회의실에 둘러앉은 소수의 사람에 의해 해결되는 문제가 아니다. 복잡한 시스템이 해결되는 방식은 더 나은 전체가 되도록 연결된 일련의 디자인들을 연속적으로 시행할 때 비로소 한 겹한 겹씩 해결된다." 팀의 이론을 우리의 상황에 적용해 본다면, 우리는 디자인들이 더 높고 더 효율적인 환자경험과 연결될 수 있도록 만들 것이다. 또한 이것이 변혁될 의료시스템이라는 우리의 비전으로 연결되게 할 것이다. '변형적 혁신'의 정의에 대해서는 제2장에서 더 자세하게 살펴볼 예정이다. 변형적 혁신은 궁극적으로 환자('고객'이라고도 할 수 있다.) 중심이다. 여러 겹으로 겹쳐져 반복되는 과정이다. 변형적 혁신은 그 '규모에 관계없이' 고객들에게 충격을 준다. 마치 베니어판처럼 여러 변형이 연달아 발생하며 모양을 만들어 내는 동시에 물리적인 차원을 넘어서는 거대한 크기

---

* 미국의 65세 이상인 사람들을 위한 공적 의료보험제도를 말한다.
** 미국의 디자인 전문회사.
*** 팀 브라운 지음, 고성연 옮김, 김영사, 2010년.

의 힘을 전체에 불어넣는다. 변형적 혁신은 다양한 학문 영역을 하나로 모을 뿐만 아니라, 결과를 전달하기 위해 과학적인 방법을 사용하는 디자인 영역을 통합시킨다.

이곳과 저곳, 그리고 모든 곳에서의 보건의료서비스

메이요 클리닉 혁신센터의 또 다른 성공담인 'e컨설트^{eConsults}' 사례를 살펴보자. e컨설트 플랫폼은 환자(때로는 환자가 살고 있는 지역의 의사들)를 메이요 클리닉의 의료진과 어디서든 연결해 주는 전자 설비다. 환자들은 더 이상 메이요 클리닉이 있는 곳까지 물리적으로 이동하지 않아도 된다. 그 대신 영상, 문자메시지, 스마트폰 앱 등을 이용해 의료서비스 공급자와 계속해서 연락을 주고받을 수 있다. 시간이 흐르면 환자와 의사의 경험에서 변혁이 일어날 것이다.

CFI 연구소에서 아직도 회자되는 또 하나의 성공담을 생각해 보면 이런 비전은 더욱 명확해진다. 두 번째의 성공담은 'OB네스트$^{OB \, Nest}$'이다. 출산을 앞둔 임신부들은 OB네스트를 이용해 임신 기간 중 어느 때라도 전자기기 조작만으로 의료서비스 공급자들과 연락할 수 있다. 예약을 할 필요도, 병원으로 오기 위한 이동 시간도, 대기자들로 가득 찬 공간에서 기다리는 시간도, 또 진료를 못 받고 돌아가는 헛수고를 할 가능성도 모두 사라진다. 임신부들은 아침이든 저녁이든 자신의 문제에 대한 답을 얻을 수 있다. 임신부들은 적극적으로 '자신의 건강에 관련된 자율권'을 얻게 된다. 이런 시스템은 현대사회가 이미 진입한 모바일 사회에 잘 어울리는 작동 방식이다. 분만이나 다른 진료가 필요한 상황이 발생할 경우, 의사들은 임신부들이 그동안 겪은 크고 작은 증상들에 대해 더 잘 알게 될 것이다. 진료실에서만 제공할 수 있으며 모두에게 획일적으로 적용되는 서비스가 이제는 필요 없게 된다. 또한 이런 시스템은 제반 시설, 직원의 수, 그리고 '전문적인 의료진이 항상 대기하고 있어야 할 필요를 감소시켜' 전체 의료비를 절약하는 효과를 가져온다. 궁극적으로는 더 나은 의료서비스가 제공되는 결과로 이어질 것이다. 이는 환자, 의료서비스 공급자, 지불인 모두가 성공하는 시스템이다.

'이곳과 저곳, 그리고 모든 곳에서'의 해결책은 현대에 새롭게 등장한 연결성 도구를 기반으로 개발됐지만 거기서 끝나지 않는다. 이 해결책은 나노기술의 미래는 물론 이 네트워크에 연결할 수 있는 모니터와 피하에 삽입하는 장치를 포함한다. 또한 정기적으로 원거리에서 초음파 영상, 환자의 체중, 심지어 피부색과 외모에 관련된 정보까지 제공할 사용자 중심의 모니터링과 영상 장치까지 아우르고 있다.

이런 기술은 예방의학, 의료서비스가 필요한 여러 사례들 및 사후 관리 등에도 효율적으로 사용될 것이다. 젊은 임신부들뿐만 아니라 노인들을 위한 보건서비스에도 효율적으로 사용될 수 있다. 자신의 집이나 요양 시설에서 생활하는 노인층의 경우 더 많은 의료서비스가 필요한 대상이기 때문이다. 이를 통해 노인들이 의료 종사자들과 연락을 취할 수 있을 뿐만 아니라 매초 매분마다 모니터링을 원하는 가족이나 전문 간병인에게도 정보를 보내는 연결이 가능해진다.

'의료서비스가 이곳과 저곳, 그리고 모든 곳에서 가능해지는 것이다.'

네 개의 변형 플랫폼

이런 변혁적인 비전을 위해 메이요 혁신센터에서는 40여 개의 프로젝트가 진행되고 있다. 변형적 혁신의 가장 근본적인 핵심은 CFI를 조정축으로 삼아 여러 각도에서 다양한 문제들과 씨름하되, 한 번에 하나의 큰 개념을 가지고 앞으로 돌격하는 것은 지양한다는 것이다. 자, 이제는 문제가 그저 헝클어진 커다란 실뭉당이처럼 보이지는 않을 것이다. 그렇다면 우리는 프로젝트의 이 종합 선물 세트를 어떻게 관리하는가? 더불어 공통의 비전을 바탕으로 공통의 목표를 향하도록 묶어 주는 '연결 세포connective tissue', 즉 합판을 붙여 주는 '접착제'는 무엇인가?

조직이 이 이야기의 일부가 될 것이다. 시간이 흐르면서 우리는 내부를 네 개의 주요 '플랫폼'으로 조직했다. 여기서 플랫폼이란 전략적인 집중 영역을 의미하는데, 그 의미는 책 전반에 걸쳐 설명할 것이다. 네 개의 플랫폼 가운데 세 개는 의료서비스 전달에 집중하도록 되어 있다. 마지막 한 개의 플랫폼은 나머지 세 개의 플랫폼을 지원하는 구조로서 CFI는 물론 더 큰 조직에서의 혁신 그 자체에 관한 업무를 담당한다. 이 네 개의 플랫폼을 기반으로 '프로그램들'이 있고, 프로그램들 안에서 '프로젝트들'이 진행된다.

이제 네 개의 플랫폼을 소개하겠다.

▶ 메이요 의료Mayo Practice

이 플랫폼은 의료서비스 경험의 재디자인에 초점을 맞추어 의료서비스 과정과 환자경험 최적화를 최종 목표로 한다. 그중 하나인 '화성 프로젝트Project Mars'는 이름에서 알 수 있듯이, 인간이 살지 않는 화성에서 최초로 의료서비스를 시작한다면 가장 이상적인 모습은 무엇일까라는 질문을 그 시작점으로 삼고 있다. 물리적 디자인과 기술적 디자인이 모두 응용되어야 한다. 우리는 다학제적 디자인 방식으로 외래환자 연구를 진행하기도 했다. 그곳에서 의사들과 관련 멤버들은 새로운 디자인적 시도가 반영된 환경에서 실제 환자들을 진료하며 의료경험은 물론 의료행위의 효율성을 개선할 수 있는 새로운 과정과 워크플로우^{workflow}를 같이 창조해 낸다.

▶ **의료연결서비스**^{Connected Care}

이 플랫폼에서는 보건의료서비스가 '이곳', 특히 '저곳', 그리고 '모든 곳'에서 일어나도록 만든다. 영상이나 다른 원격회의 장비를 사용하여 환자나 환자 거주 지역의 1차 의료진을 메이요 의료진과 연결함으로써 환자가 거주 지역을 떠나지 않고도 높은 수준의 의료서비스를 받도록 하는 'e헬스^{eHealth}' 프로그램이 이 플랫폼에 속해 있다. 'm헬스^{mHealth}' 프로그램은 모바일 기술을 이용하여 천식과 같은 특정 질환 환자의 건강을 유지시키는 서비스를 제공하는 프로그램이다. 앞에서 잠깐 언급한 OB네스트나 당뇨병 프로그램과 같은 새로운 의료행위 모델이 진행되고 있다. 이는 의료서비스의 무게중심이 의사의 진료실에서 벗어나 환자 스스로 자신을 위한 의료서비스를 유지하는 데 필요한 도구로 옮겨 가도록 한 것이다.

▶ **보건과 웰빙**^{Health and Well-Being}

이 폭넓은 플랫폼은 전체 주기에서도 '보건'('치료'의 반대 개념이다.) 단계에 초점을 맞춘 것이다. 일반인의 건강을 유지시켜 치료가 필요한 질병 상황에 진입하지 않도록 조언을 하고 모니터링을 제공하는 방식으로, 현재의 건강을 개선하도록 디자인된 지역사회 보건 프로그램을 포함하고 있다. 보건 프로그램은 노년층을 위한 의료연결서비스를 강조해서 그들이 안전하게 연결된 상태로 집에서 머물 수 있도록 돕는다. 건강한 노후와 독립적인 삶^{The Healthy Aging and Independent Living, HAIL} 연구소는 요양 시설에 자리 잡고 있으며 이런 디자인 활동의 핵심 부분이라고 할 수 있다.

여기서 전체 흐름을 파악할 수 있을 것이다. 보건과 웰빙에서 서비스가 시작되고 의료연결서비스를 통해 그 연결이 유지된다. 만약 환자가 클리닉을 반드시 방문해야 할 일이 발생할 경우, 그 과정으로 부드럽게 넘어가 최종적으로는 다시 보건과 웰빙, 그리고 의료연결서비스로 돌아온다. 이런 플랫폼은 '이곳과 저곳, 그리고 모든 곳에서의 보건의료서비스'라는 비전을 시행해 나가도록 연결되어 있다. 그리고 이런 프로그램들이 가능해지도록, 다시 말해 메이요의 리더들과 스태프들 앞에서 혁신이 계속해서 유지되도록 하는 역할을 맡은 네 번째 플랫폼이 존재한다.

▶ 혁신가속기Innovation Accelerator

혁신 정신을 강화하고 앞으로 전진시키려면 성공적인 혁신그룹이 더 큰 조직의 일부로 구성되어 있어야 한다. 혁신가속기는 혁신 기술과 성공담을 조직 전체에 '주입transfuse'한다. 이러한 주입은 넓은 기반의 통신, 교육적 도구, 아이디어 수집, 강연 시리즈, CoDE연결하라(Connect), 디자인하라(Design), 가능하게 하라(Enable)는 CFI의 업무 방식, 연례행사로 열리는 혁신 콘퍼런스 등을 통해 이루어진다. CFI는 시드펀딩seed funding을 제공하고 의료서비스 시행 과정에서 나타나는 아이디어들을 배양하는데, 소아과 채혈의자도 그러한 프로젝트 가운데 하나였다. 혁신가속기 플랫폼을 통해, 보다 큰 메이요 조직은 변혁적인 비전을 향해 계속해서 혁신해 가는 새로운 아이디어와 "근육기억muscle memory"을 얻는다.

생각은 크게, 시작은 작게, 행동은 빠르게

CFI는 의료서비스 경험을 새롭게 개선된 21세기형의 모델로 변혁시키는 일을 한다. 우리는 질병을 고치는 기적적인 치료제를 만들어 내려는 것이 아니다. 물론 그것도 중요하지만 메이요 클리닉 안의 수백 명의 의사들과 의학 연구자들이 필요로 하는 다른 부분들도 많다. 그래서 우리는 디자인, 지식, 기술을 통합해 환자에게 더 나은 경험을 제공하고자 분투한다.

소아과 채혈의자는 비교적 작은 프로젝트였다. 그 아이디어는 메이요 클리닉의 의료서비스 시행 과정에서 생겨났고 혁신가속기 플랫폼을 통해 탄생했다. 소아과 채혈의자 및 그와 비슷한 다른 것들은 전문적이고, 환자 중심적이면서 경험에 초점을 맞춘 혁신 조직을 통해 탄생했다. 이 혁신 조직은 그러한 아이디어를 시행하는 더 크고 복잡한 의료서비스 조직 안에서 제 기능을 다한다. 우리는 이런 작은 단계들을 사용하여 변혁이라는 더 큰 비전으로 나아간다. 우리는 이런 일들을 가능하게 하기 위해서 조직 내에서는 물론 조직의 '외부'와도 협력하는 방법을 배워 왔다.

이것은 우리 혁신센터에서 '생각은 크게, 시작은 작게, 행동은 빠르게'라고 표현하는 모토의 전부이기도 하다. 이러한 원칙에 무척 전념해 왔던 우리는 이 문구를 트레이드 마크로 삼기로 했다.

왜 《덜 파괴적 혁신》을 읽어야 할까?

우리의 사명은 혁신센터에서 얻은 경험을 기반으로 '당신의' 조직에서 변형적 혁신이 일어나도록 돕는 것이다. 우리의 책은 주목하지 않을 수 없는 고객경험customer experience을 만들어 냄으로써 경쟁력을 확보하거나 확보한 경쟁력을 유지해야 하는 복잡한 조직들을 위한 것이다. 고객경험은 서비스를 직접 제공하는 것과 관련이 있을 수도 있고 상품에 곁들여 서비스를 제공하는 과정과 관련이 있을 수도 있다.

우리가 그랬던 것처럼 당신은 당신의 기업이 속한 산업을 변혁시키고 싶을 수도 있지만 그렇지 않을 수도 있다. 전략적인 관점에서 볼 때 어쩌면 쓸데없는 노력을 하고 있는 것처럼 보일 수도 있다. 하지만 애플Apple의 구성원들이 보여 준 것처럼 자신의 기업이 속한 산업 분야를 변혁시키는 것은 기업을 변혁시키는 최고의 방법이 될 수 있다. 애플사는 디지털 음악 기기와 태블릿을 가지고 디지털 산업계를 변혁시켰고, 이를 통해 컴퓨터 업계의 작은 경쟁자에서 변혁된 산업 시장의 리더로 변모했다.

이 책은 의료서비스 산업의 안팎에 있는 핵심적인 개인들과 경영 팀을 위한 책이다. 이 책은 또한 시장에서 변형적 혁신을 이끌어 내지 못하는 복잡한 조직에서 일하는 사람들을 위한 책이기도 하다. 더불어 이 책은 변형적 혁신이 억압되거나 그 효과를 잃을 정도로 많은 양의 구조와 훈련의 필요성에는 동의하지 않지만, 적절한 구조와 훈련을 통해 체계적인 방법으로 혁신을 이루어 내고자 노력하는 사람들을 위한 책이다.

저자들: 우리는 누구이며 무슨 일을 하는가?

자, 이제 우리에 관한 이야기로 화제를 돌려 보자. 우리 중 두 명은 의사이고, 한 명은 의료 행정가이며, 모두 메이요 클리닉에서 일하고 있다. 세 사람이 메이요에서 근무한 시간을 합치면 거의 80년에 가깝다.

메이요에서 일하는 동안 우리는 자신의 전문 분야에 대한 열정을 개발하게 되었다. 이것은 메이요와 같은 조직에서라면 '피해 가는 것'이 오히려 어려운 일이라고 할 수 있는 일이다. 하지만 우리는 경험과 열정을 통해 의료서비스 시행을 넘어서서 환자경험에 대한 날카로운 흥미를 갖게 되었다. 더 중요한 점은 그 흥미가 경험에 초점을 맞춘 공식적인 혁신을 위한 노력으로 이어졌다는 것이다. 조직 내부에서 혁신을 이루어 낸 몇 년의 시간이 흐른 후, 우리의 열정은 2008년 혁신센터를 메이요 클리닉 내의 한 독립적인 조직으로 성장시켰고, 그 이후로 관련 업무는 더욱 가속화되었다. 우리는 275개에 이르는 혁신 프로젝트를 시작하고, 배양하고, 공동 창조로 성취했으며, 앞에서 언급한 대로 현재 40여 개의 프로젝트를 진행 중이다.

우리의 약력은 다음과 같다.

니컬러스 라루소 Nicholas LaRusso, M.D.

의학박사 라루소는 메이요 클리닉 혁신센터를 세운 의학 디렉터이자 메이요 클리닉 내과 및 분자생물학교실의 찰스 H. 와인만 석좌교수이다. 간 전문의이자 내과 과장을 지낸 그는 〈소화기내과학 Gastroenterology〉 저널의 편집장을 역임했으며 미국 간학회 American Association for the Study of Liver Disease와 미국 소화기내과학회 American Gastroenterology Association의 회장직을 맡기도 했다.

500여 편의 연구를 발표했으며, 미국 국립보건원 NIH의 연구 기금을 세 개나 받는 주요 연구자이다. 미국 국립보건원에서 과학자에게 주는 가장 영예로운 상인 MERIT상을 받기도 했다. 그는 자신의 전문 분야 외에 혁신 분야에서도 심도 있는 발언자 및 토론 진행자로 활발하게 활동하고 있다.

바버라 스푸리어 Barbara Spurrier, MHA

보건경영 석사인 스푸리어는 메이요 클리닉 혁신센터가 출범할 때부터 지금까지 행정 디렉터로 근무해 왔다. 스푸리어는 네 개의 플랫폼에서 25년간 쌓아 온 의료서비스 전략과 운영 경험을 바탕으로 혁신 강연자로 활발하게 활동 중이다.

의료조직경영학회 the Medical Group Management Association를 비롯한 수많은 학회에서

활동했으며, 아카데믹의료회의^{Academic Practice Assembly}의 의장을 맡기도 했다. 미네소타 대학교의 주란연구소^{Juran Institute}에서 지도자 과정을 마쳤으며, 공인의료행정가^{Certified Medical Practice Executive}의 자격을 갖추고 있다.

지안리코 파루지아^{Gianrico Farrugia, M.D.}

의학박사 파루지아는 메이요 클리닉 맞춤의학과^{Individualized Medicine}의 칼슨앤넬슨 석좌교수이자 메이요 클리닉 혁신센터의 부소장이다. 소화기내과 전문의로 미국 국립보건원의 기금을 받아 연구소 기반의 조사를 진행하고 있으며 메이요 클리닉의 내과 및 생리학 교수이기도 하다.

파루지아 박사는 〈신경위장관학^{Neurogastroenterology and Motility}〉 저널의 편집장이며, 미국 신경위장관학회^{the American Neurogastroenterology and Motility Society}의 차기 회장직을 맡았을 뿐만 아니라 여러 기업들의 출범을 돕기도 했다. 250편이 넘는 논문을 발표했으며, 맞춤의학과 혁신에 관해 활발한 강연 활동을 해 오고 있다.

책의 구성

책은 크게 세 부분으로 나뉜다.

제1부: 환자의 필요가 첫 번째다

제1부는 '우리가 누구인지, 무슨 일을 하며 그 이유는 무엇인지'를 세 개의 장으로 나눠 설명하는 시작 부분이다. 제1장에서는 조직으로서의 메이요 클리닉의 역사와 가치, 문화, 형태 등을 간략하게 살핀다.

제2장에서는 의료서비스 산업을 포함한 일반적 의미의 서비스 산업에서

의 혁신이 직면하고 있는 임무와 도전 과제를 살피고 변형적 혁신에 대한 심도 있는 설명이 이루어진다.

제3장에서는 메이요 클리닉 안의 구별된 단위로서의 혁신센터에 대해 시작, 발전, 형성, 역할, 철학의 관점에서 분석한다.

제2부: 생각은 크게, 시작은 작게, 행동은 빠르게

제2부를 구성하는 네 개의 장은 우리가 그 일을 어떻게 '해 오고 있는지'를 보여 준다. 제4장은 우리가 "융합혁신모델Fusion Innovation Model"이라고 부르고 있는 일반적인 모델을 소개하는 부분이다. 우리는 이 모델을 통해 고객의 필요를 평가하고 틀을 잡아 그에 맞는 변형적 혁신을 상상하고 만들며, 실험하고 시행한다.

거기서 끝나지 않는다. 혁신 문화를 세우고, 다양한 실제 상황에서의 혁신적인 생각을 수집한다. 제5장과 제6장에서는 현재 진행 중이거나 완료된 프로젝트에 대한 소식과 정보를 공유하기 위해 혁신센터 외부 영역에 있는 사람들과 연결되어 있어야 하는데, 이 연결 고리를 유지하는 데 있어 커뮤니케이션과 교육 과정이 중요하다는 점을 설명한다. (우리는 이 과정을 '주입'이라고 부른다.)

제7장은 혁신 포트폴리오를 효과적으로 만들고 양성하기 위해서 "촌락village"스타일 리더십 모델을 발전시켜 온 과정을 소개한다.

제3부: 작동하는 메이요 혁신 모델

이 모든 것이 어떻게 작동을 하는 것일까? 제8장에서 우리는 작동하는 혁신센터의 프로젝트들을 소개할 것이다. 미래의 의학기술 발전을 위해 필요한 깨끗한 출발 신호와 새로운 기술을 바탕으로 한 화성 프로젝트부터 시작할 것이다. 제8장은 동일한 새 기술을 사용해서 원거리에 있는 환자를 의사에게 연결시켜 주도록 고안된 의료연결서비스 플랫폼의 e컨설트에 대한 소개로 이어진다.

더불어 의료서비스 팀의 구성을 재검사하여 올바른 의료 환경에 올바른 선수가 연결되어 있는지를 살피고, 의료 시행 방식을 변화시키기 위해 고안된 보건과 웰빙의 두 가지 프로젝트 중 하나인 최적화된 의료서비스 팀 프로젝트를 살핀다. 마지막으로 소아과 채혈의자처럼 CoDE 플랫폼에서 탄생한 또 하나의 결과물인 메이요 클리닉 앱을 간단하게 들여다본다.

마지막으로 제9장에서는, 우리가 배우고 경험한 것들을 어떻게 하면 당신이 속한 조직에 최선의 방식으로 적용할 수 있는지를 설명하기 위해 책 전체의 내용을 정리할 것이다.

자, 이제 우리와 함께 책 속으로 여행을 시작하자. 메이요 클리닉에서 변형적 혁신이 어떻게 일어났는지, 그 혁신이 21세기의 보건의료서비스를 어떻게 변혁시킬 것인지, 그리고 당신의 조직을 변형시키는 데 어떻게 도움을 주게 될지에 관해 곧 알게 될 것이다.

덜 파괴적 혁신

제1부

환자의 필요가 첫 번째다

The Needs of the Patient Come First

생각은 크게, 시작은 작게, 행동은 빠르게

제1장

정중함의 경험
An Experience of Civility

메이요 클리닉에 처음 오게 된 것은 2001년 여름의 일이었습니다. 〈프레리

홈 컴패니언Prairie Home Companion〉 쇼를 진행하며 무대를 들락날락하는 도중에

숨소리가 쌕쌕거린다는 것을 느꼈고, 나중에 알고 보니 승모판mitral valve* 에

구멍이 뚫린 것이 그 원인이었죠. 그렇게 메이요에 왔습니다. 의사의 진단

이 내려지는 데는 약 5분 정도가 걸렸고 선택해야 할 내용은 아주 단순했

습니다. 오술락 박사에게 수술을 맡겨 구멍이 난 판막을 꿰매거나 수술을

거부하고 햇빛이 잘 들어오는 부엌 구석에 앉아 심은 꽃을 꺾으러 오실 신

을 기다리는 일밖에는 없다고 하더군요.

　누구의 이야기인지 당신은 금방 눈치챘을 것이다. 바로 수많은 공영 라

디오 제휴사 중에서도 40년 넘게 매주 방송되는 미네소타 주 공영 라디오

쇼의 진행자 게리슨 케일러Garrison Keillor이다. 2012년 메이요 클리닉 혁신센터

가 주최한 심포지엄인 〈**변혁**TRANSFORM〉 단상에 선 케일러는 메이요 클리닉에

---

* 포유류의 좌심실과 좌심방 사이에 존재하는 판막.

서의 자신의 경험을 들려주었다. 30분 분량의 기조연설 내용은 대본도 리허설도 없었다는 점에서 무척 놀라웠다. 그가 들려준 경험은 그의 기억은 물론 마음 깊은 곳에 자리 잡은 것이었다. 함께 들어 보자.

수술은 성공적이었습니다. 게다가 승모판을 복구하는 과정도 제게는 특별한 경험이었습니다. 뛰어나게 우수한 사람들이 보여 준 친절함은 저에게 아주 중요한 경험이 되었죠. 당신은 수술실로 옮겨지고 환자복이 벗겨지고 다소 수치스런 방식으로 제모를 당합니다. 그리고 시트에 돌돌 말리게 되죠. 그런 다음에는 환자 이송용 침대에서 들려 유리와 금속으로 된 침대에 눕히게 됩니다. 수술실은 아주 어둡고 오싹할 정도로 추우며 조명의 색깔도 이상한 데다가 사람들은 마스크를 쓰고 돌아다닙니다……마치 공상과학영화에서 튀어나온 장면을 보는 기분이 들 겁니다. 당신은 그런 곳에 눕게 되고 그들은 당신을 고칩니다. 이 비현실적인 세계에 누워 있는 당신의 맨 어깨를 손으로 살짝 쓰다듬는, 감정이 담긴 그 작은 손짓은 우리가 사람이라는 것, 당신들이 사람이며 나 역시 사람이라는 것, 그리고 당신들이 내가 사람임을 인정한다는 의미가 되어 줍니다. 누군가는 당신이 괜찮은지 진심으로 궁금해합니다……그 안부는 당신에게 세상이 됩니다. 인간성……바로 그 인간성……그리고 친절함……그 수술실에서 느껴지는 감정들입니다. 그러면서 당신은 안개 속으로 들어갑니다. 몇 시간 뒤 안개에서 빠져나와 회복실에 누워 있는 자신을 발견합니다. 그때 천사 같은 사람들이 옅은 안개 가운데서 나와 미네소타 억양이 묻어나는 말투로 이야기합니다. 그리고 당신의 입에서 12인치 길이의 튜브를 빼내 주고는 당신이 살아 있다고 이야기해 줍니다. 당신은 그 사실에 감사하겠죠. 그리고 11년이 지난 지금도 저는 그 사실이 감사합니다.

성인이 할 수 있다고 하기에는 아주 놀라운 경험입니다. 뛰어남과 친절이 하나로 집약되어 있는 경험. 제가 메이요 클리닉을 아끼고 좋아하는 이유가 바로 이것입니다. 제가 여기에서 경험한 것은 바로 세계적인 수준의 전문성과 작은 마을다운 태도의 결합이었습니다.

전립선 조직검사를 받으려고 메이요에 왔을 때 메이요의 두 분이 해 주신 일(제가 전립선암이 아니라고 해 주신 것 말고도)은 절대 잊지 못할 것입니다. 아주 쑥스러운 상황이었습니다. 아주 불편했죠. 보조의사의 표현대로라면 엉덩이에 말벌 아홉 마리가 들어 있는 것 같았습니다.

하지만 그들은 마치 능숙한 촌극팀처럼 열심이었습니다……그 러시아 출신의 비뇨기과 전문의와 그의 보조의사……그리고……그들의 농담은 정말 재미있었고 그들의 대화와 말장난 역시 유쾌했죠……그리고 자, 이제 네 개 남았습니다, 이제 세 개 남았군요, 이제 둘, 하나, 자, 끝났습니다. 치료가 다 끝나면 당신은 그 두 사람과 악수하며 고맙다고 말하게 될 것입니다. 정말 진심에서 우러난 인사입니다. 의학적인 수준 외에도 정중함을 느낄 수 있는 경험이니까요.

정중함의 경험.

이 문장에는 정말 많은 의미가 담겨 있다. 또한 "세계적인 수준의 의학적 전문성과 작은 마을다운 태도의 결합"이라는 표현도 그렇다. 또 "당신의 맨 어깨를 손으로 살짝 쓰다듬는 감정이 담긴 작은 손짓"과 "당신이 인간임을 인정하는 사람들이 제공하는 의료서비스에 담긴 탁월함"이라는 부분에도 많은 의미가 포함되어 있다.

핵심은 이해했을 것이다. 정말 특별한 무엇인가가 있다. 의료 수준에서만 탁월한 것이 아니라 의료서비스 '경험'에서도 탁월하다. 의학적 성취를 넘어선 경험에서의 탁월함이 드러났고 이는 세계 각지의 환자들이 메이요를 찾게 되는 이유이기도 하다. 그리고 이 탁월함은 150년이 넘게 계속되어 오고 있다.

그렇다면 메이요 클리닉은 무엇인가? 대부분의 미국인이라면, 아니 다른 나라 사람이라도 많은 이들이 메이요 클리닉이라는 이름과 그 브랜드를 알고 있을 것이다. 그뿐만 아니라 인생에서 맞닥뜨릴 수 있는 가장 도전적인 질병을 치료하는 세계적 수준의 의학 기술과 메이요 클리닉을 연관 지어 기억하고 있을 것이다. 하지만 앞서 소개한 서문에서 알게 되었듯이 이 책은 단지 의료서비스에 관한 것이 아니다. 현재의 상황을 보여 주려는 것은 더더욱 아니다. 이 책은 복합적인 환경에서 혁신을 일으키는 법에 관한 책이다. 메이요 클리닉이 오늘날 보여 주는 의료서비스의 방법과 또 그 방법이 미래에는 어떻게 변혁될 것인지가 핵심이며, 이는 우리의 안내자가 되어 줄 것이다. 현재의 명성을 얻게 된 과정과 세계 각지에서 시도 때도 없이 걸려 오는 환자들의 연락에 탁월하게 대처하는 동시에 그 탁월함을 더 증대시키는 방법을 보여 주는 메이요 유산의 뿌리가 이 이야기의 중요한 부분을 차지할 것이다.

메이요 클리닉은 어떻게 해서 '정중함의 경험'을 보여 줄 수 있었던 것일까? 어떤 거대한 조직이라도 마찬가지겠지만 메이요와 같이 성공한 조직일수록 그 뿌리가 문화를 만들어 내고, 그 문화가 성과를 이루어 낸다. 그렇기 때문에 역사, 문화, 가치, 기풍, 의학은 물론 의료서비스의 관점에서 오늘날의 성과를 만들어 낸 환경과 내일을 위한 변형적 혁신을 살펴 메이요 클리닉이 정말 어떤 곳인지 간단하게 스케치해 보는 일을 이 책의 출발점으로 삼는 것이 가장 논리적이라고 할 수 있을 것이다.

그림 1.1. 메이요 클리닉 곤다 빌딩

"당신이 현관에 도착하는 순간 의료서비스는 시작된다"

당신은 미네소타 주 로체스터 시 남서로 뻗은 3번가를 따라 걸어 내려가다 주위를 둘러본다. 유난히 깨끗하고 전통적인 분위기를 풍기는 로체스터는 11만 명의 사람이 거주하는 곳으로, 트윈시티라고 불리는 미네아폴리스와 세인트폴에서 남쪽으로 정확히 90분 거리에 있다. 높은 건물들과 주차장들이 당신을 둘러싸고 있다. 거리를 돌아다니거나 주차할 공간을 찾는 사람들이 보이고 누군가가 끌어 주는 휠체어에 앉아 있는 사람도 보인다. 그리고 바로 앞에는 20층 높이의 곤다 빌딩the Gonda Building, 즉 메이요 클리닉의 역사가 집약되어 있는 본부 건물이 보인다.(그림 1.1)

호기심을 느낀 당신은 건물 안으로 들어간다. 휠체어에 앉아 있는 사람들이 더 많이 보인다. 대부분은 가족들이 휠체어를 밀어 주고 있다. 당신은 그들의 얼굴을 주의 깊게 살핀다. 매일 1,000명에 이르는 환자들이 이 문을 통과한다.

멋진 호텔처럼 우아하며 현대적인 디자인으로 꾸며진 아름다운 로비다. 모든 디자인은 세계적으로 유명한 건축가 케사르 펠리$^{Cesar Pelli}$와 엘러비 베켓$^{Ellerbe Becket}$의 솜씨로, 케사르는 여기에 걸린 현판을 만들었다. 건축 기금의 대부분은 미국의 기업가이자 홀로코스트에서 살아남은 레슬리 곤다$^{Leslie Gonda}$ 가문에서 기부했다. 로비는 북서부 지역에서 활동하는 예술가 데일 치훌리$^{Dale Chihuly}$의 거대한 유리 조각품으로 장식되어 있다. 조각품 자체도 아름답지만 메이요에 감사를 표하고 싶은 환자들이 정기적으로 보내 주는 다양한 종류의 선물이 전시되어 있어 뜻깊은 곳이기도 하다.

당신은 이 매력적이고 고요한 공간을 지나 걸어간다. 무슨 소리가 들리는가? 피아노 반주가 있는 작은 합창단 소리다. 좋다. 당신은 동쪽으로 난 뒤쪽 출입구를 통해 건물을 빠져나가 남서로 뻗은 2번가에 도착한다. 거기에는 피스 플라자$^{the Peace Plaza}$라는 이름이 붙은 작은 마을 광장이 형성되어 있는데 멋진 상점과 예쁜 공예품들, 맛있는 음식, 우아한 라이브 음악이 어우러져 있는 곳이다. 이곳은 메이요 클리닉과 미네소타 주 로체스터시, 그리고 다른 기관이 협력한 경제 발전 모델인 의료관광센터로 오늘은 거리 축제가 벌어지고 있다. 광장의 양쪽으로는 1920년대를 생각나게 하는 우아한 디자인의 건물들이 늘어서 있다. 이 건물들은 잠시 후에 다시 돌아볼 것이다. 18층짜리 현대적인 메이요 건물이 곤다의 남쪽으로 이어져 있다. 메이요 클리닉 병원과 메소디스트 캠퍼스$^{Methodist campus}$는 북쪽으로 연결되어 있다.

사랑과 열정으로 서로를 완전하게 포용하고 있는 젊은 커플이 눈에 들어온다. 의족을 달고 있는 여자가 조심스럽게 서 있는데 눈을 감은 채로 미소를 짓고 있다. 그녀는 가장 확실한 답을 찾아 메이요를 찾아오는, 매년 수천 명에 이르는 환자들 중 한 명이다. 그녀는 자신의 생명을 구해 주고 사랑하는 사람들의 품으로 돌아가게 해 줄 수 있는 의료서비스를 받을 것이라는 희망을 가지고 왔다. 그들이 상대해야 하는 것들을 생각하는 것만으로도 눈물이 흐른다. 전혀 관계가 없는 제3자의 입장인데도 말이다. 그러나 한 가지 확실한 것은 그 커플은 물론이고 커플을 사랑하는 다른 사람들을 위해 메이요 클리닉과 로체스터 시, 그리고 무수한 협력자들이 그들의 편안하고 즐거운 방문을 위해 모든 장애물들을 없애고 있다는 것이다.

바로 매일 매순간 일어나는 '정중함의 경험'이다.

메이요 클리닉: 스냅샷

메이요 클리닉은 전 세계 '최초'이자 '가장 큰' 통합 비영리 의료 조직이다. 현재 메이요 클리닉에는 4,000명이 넘는 임상의사와 연구의사, 그리고 54,000명에 이르는 다른 직종의 직원들이 일하고 있다.

메이요 클리닉은 로체스터에 본부를 두고 있으며 애리조나와 플로리다에 있는 병원에서도 모든 서비스가 가능하다. 메이요 클리닉은 또한 미네소타, 위스콘신, 아이오와에 있는 70여 개의 병원과 클리닉을 연결하는 메이요 클리닉 의료시스템 네트워크를 운영하고 있다. 직원의 4분의 3 이상은 로체스터를 중심으로 일하고 나머지는 애리조나와 플로리다에서 근무한다. 또한 메이요 의과대학, 메이요 대학원, 메이요 의료교육대학원을 중심으로 3,400여 명의 학생들과 관련된 사람들이 거주하고 있다. 여기에서 메이요의 클리닉의 의료 교육이 이루어지고 있는 것이다.

이러한 메이요 시설들 너머에 새로운 메이요 클리닉 의료 네트워크가 자리를 잡고 있다. 이곳에서는 메이요 클리닉 부지까지 직접 방문하지 않고도 메이요 클리닉의 지식과 전문적 의료를 누리게 해 주는 의료서비스 시스템을 제공하고 있다. 메이요 클리닉은 제휴 계약을 통해 같은 비전을 가진 다른 의료 조직들에게 의료서비스를 제공하거나 정보 공유 관련 기술을 나눠 주기도 한다. 이 네트워크를 통해 사람들이 집에서 가까운 곳에서 의료서비스를 받는 것을 더 좋아한다는 사실을 발견하게 되었다. 이 발견을 계기로 메이요 브랜드는 전통적인 메이요 시설과 벽돌로 지은 건물을 벗어나 더욱 확장되고 확대되어 가고 있다. 미국을 비롯한 전 세계에 메이요 클리닉과 연계되어 있는 29개의 의료 조직이 있다. 의료서비스 산업이 책임지는 의료와 감당할 수 있는 비용 및 접근성 등의 주제와 씨름을 벌이는 동안 메이요 클리닉 의료 네트워크는 확실히 확대되어 갈 것이다.

메이요 클리닉은 매년 백만 명 이상의 환자를 진료한다. 그중 대부분을 차지하는 85%가 외래환자로, 그 가운데 다수가 짧게는 며칠에서 길게는 몇 주 동안 로체스터, 스카츠데일, 잭슨빌 등의 주변 지역에 숙박하며 연속적으로 진료를 받는다. 이들은 환자와 그 가족들에게 할인된 가격으로 특별한 형태의 숙박을 제공하는 지역 호텔에 숙박한다. 이런 호텔들과 외래 진료소, 그리고 이 두 곳과 연계된 병원 사이를 운행하는 셔틀버스 서비스도 제공된다.

로체스터 메이요 클리닉의 외관은 도심 스타일의 건물들이 몇 블록을 차지하며 복잡하게 구성되어 있어 보는 사람에게 아주 깊은 인상을 남긴다. 메이요 클리닉은 모두 30개의 건물로 구성되어 있고 1,500만 제곱피트* 크기의 면적을 차지하고 있다. 이는 바로 남쪽 트윈시티 근처에 있는 거대한 쇼핑몰 몰 오브 아메리카Mall of America보다 3.5배 더 큰 규모다.

---

* 약 42만 평.

오늘날 메이요 클리닉은 미국을 비롯한 전 세계 150여 개국에서 다양한 질병의 치료를 위해 찾아오는 환자들의 최종 '목적지'이다. 그에 맞추어 메이요는 다른 지역에도 연계 병원을 세워 그 활동 영역을 점점 넓히고 있을 뿐만 아니라, 이 책에서 소개하는 것처럼 혁신과 기술을 통해 먼 곳에 있는 환자들이 진단과 치료 및 모니터링을 받을 수 있는 방향으로 그 시행 영역을 확장하고 있다. 메이요는 또한 사람들이 단순한 질병의 치료에서 그들의 일생을 통해 웰빙을 최적화할 수 있도록 돕는 총체적인 서비스로 전환해 가는 방식으로 '보건과 건강'이라는 목표를 향해 정확하게 나아가고 있다. 서문에서 언급했듯이 '보건'과 '치료'는 다른 개념이다. 메이요의 의사들은 지속적으로 지역 의사들 및 스태프와 협력해서 의료서비스를 제공한다. 이는 메이요 클리닉 소재 지역뿐만 아니라 메이요 클리닉 비소재지에 위치한 다른 병원들과의 제휴를 통해서도 이루어지고 있다. 이런 방식으로 메이요 브랜드는 의료관광 병원이라는 개념을 점점 더 넘어서고 있다.

의료행위를 넘어서는 여러 가지 일들이 메이요 클리닉에서 일어나고 있다. 그러나 메이요 클리닉의 창립자이자 최고경영자인 의학박사 존 노즈워시John Noseworthy의 말을 인용하자면 "의료행위가 중심"이다. 메이요 클리닉의 태동부터 함께했던 세 개의 방패는 환자 진료, 의학 연구, 그리고 의료 교육을 나타낸다.(그림1.2)

메이요 클리닉은 앞에서 이미 설명한 환자의 치료와 교육에 이어 의학 연구의 방패 아래에서 새로운 진단, 약, 장비, 도구, 절차 등을 포함하는 의료서비스의 방대한 연구를 수행한다.

2012년 한 해에만 9,000건의 연구가 이루어졌다. 3,300여 명에 달하는 연구 전문 인력이 6억 3천 3백만 달러의 예산을 사용해 4,000여 건의 연구 실적을 발표했다. 이 수치에는 이 책의 내용과 관련된 메이요 클리

그림 1.2. 환자 진료, 의학 연구, 의료 교육을 나타내는 메이요 클리닉의 세 방패

닉 혁신센터에서 수행한 환자경험 연구와 혁신에 관한 것은 포함되어 있지 '않다.'

흥미롭게도 메이요 클리닉의 의사들은 진료한 환자 수에 비례하는 성과급제가 아닌 고정급으로 연봉을 받는다. 이 모델은 환자의 필요가 최우선이 되어야 한다는 것을 의미한다. 또한 경제적인 이유로 더 많은 수의 환자를 진료하려는 시도나 불필요한 의료행위가 발생하는 일을 최소화하기 위한 것이다. 이 시스템을 통해 의사들은 환자들과 더욱 충분한 시간을 보낼 수 있게 되었다. 그뿐만 아니라 더 나아가 의사들이 혁신을 위해 다른 관련자들과 협업하는 데 더 많은 시간을 사용할 수 있게 되었다.

메이요 클리닉: 역사와 유산

오늘날 메이요 클리닉의 설비나 브랜드 가치가 보여 주는 깊은 인상은 메이요 클리닉의 역사를 통해 배울 점이 있을 것이라는 기대로 이어질 것이다. 그 이야기에서 우리는 여러 가지 역사적·문화적 증거들을 찾아볼 수 있다. 이 증거들은 브랜드의 가치를 형성하게 해 준 선조들로부터 직접 내려온 것으로, 이러한 가치들이 오늘날 의학에 대한 메이요 클리닉의 관점을 형성했다. 또한 혁신과 환자경험에 대한 지금의 접근 방식을 만들어 낸 가치관이기도 하다.

가장 초기, 그리고 운명의 회오리바람

1819년 영국 북부에 살던 플레미시^{Flemish} 혈통의 영국 가족에서 윌리엄 워렐 메이요^{William Worrall Mayo}가 출생한 일은 별로 눈에 띄지 않은 시작이었다. 수많은 성공적인 혁신가들과 마찬가지로 부모의 재력은 보통이었다. 하지만 그의 부모는 자녀에게 만큼은 훌륭한 교육을 시키길 원했다. 그 결과 윌리엄은 현대 화학과 물리학의 아버지로 불리는 약사 존 돌턴^{John Dalton} 밑에서 공부를 하게 되었다. 돌턴은 처음으로 원소와 주기율표를 과학적으로 설명한 사람들 중 한 명이다. 과학 분야에 대한 윌리엄 워렐 메이요의 열정은 돌턴과의 만남으로 시작되었다. 아주 좋은 출발점이었다.

메이요는 1846년에 미국으로 이주했다. 그의 나이 27세였다. 그는 다른 이민 세대와 마찬가지로 기회를 찾아 서부로 향했고 최종적으로 의학에 정착하기 전까지 약제학, 양복점, 농사, 출판업에 이르는 여러 가지 경험을 했다. 그는 인디애나 주 라포트에 있는 인디애나 의과대학에 등록하여 1850년에 졸업했다. 그는 환자를 치료하면서 현미경을 사용한 의학 연구를 시도했는데, 당시 의학계에서 이런 시도는 거의 선구자적인 행동이었다. 그는 아주 자세한 진료기록을 남겼고 다음과 같은 말을 반복적으로 했다. "더 넓은 생각과 연구에 대해 열려 있다." 메이요는 이런 자세로 많은 발견을 이루었다. 메이요 박사에게 현상 유지는 최종 목표가 아니었다.

메이요는 1851년 루이스 애버게일 라이트^{Louise Abigail Wright}와 결혼했다. 라이트는 이후 60년 동안 메이요에게 헌신적인 배우자이자 의학적 동료가 되어 주었다.

당시 흔했던 말라리아 때문에 열병에 시달렸던 윌리엄 메이요는 신선한 기후를 찾아 미네소타로 이동하여 정착한 후 환자 진료를 시작했다. 물론 루이스도 함께였다.

남북전쟁이 발발했을 때 그는 미네소타 연대의 군의관으로 지원했지만 알 수 없는 이유로 거부당했다. 시간이 지나고 나서야 지원 거부를 당했던 일이 운이 좋았던 것이었음을 깨닫게 되었다. 얼마 지나지 않아 그는 당시에도 꽤 빈번하게 발생했던 인디언 전쟁을 담당하는 연방 병력을 지원하는 진료의사로 자리를 잡게 된다. 이 업무를 관리하는 본부는 로체스터에 위치하고 있었다.

새로운 직업을 갖게 된 메이요 박사(물론 그는 동료들이 자신을 '워렐'이나 'W. W.'로 불러주는 것을 좋아했다.)와 루이스는 1864년에 정착한 뒤 두 딸과 두 아들을 낳았다. 메이요 박사는 아주 당연하다는 듯이 두 아들인 윌리엄('윌'이라는 애칭으로 불렸다.)과 찰스('찰리'라는 애칭으로 불렸다.)가 아주 어린 나이부터 과학을 배울 수 있도록 했다. 두 아들은 메이요 박사가 환자를 회진할 때 동행했고, 사무실 일을 돕거나 수술 과정을 보조하기도 했으며, 《그레이 해부학Gray's Anatomy》*이나 파제트Paget가 쓴 《수술 병리학 강의서Lectures on Surgical Pathology》**와 같은 책을 포함해 아주 많은 양의 독서를 했다. 어머니인 루이스도 두 아들을 격려했다. 오랜 세월이 지나 찰리는 자신의 어머니를 "아주 훌륭한 의사"라고 묘사했다.

---

* 국내 미출간.
** 국내 미출간.

그리고 아주 자연스럽게 두 아들은 의학을 전공하기로 했다. 윌리엄은 미시건 대학교로 찰리는 노스웨스턴 대학교로 진학했다. 두 사람은 1880 년대에 학업을 마쳤다.

1883년 어느 무더운 8월의 오후, 거대한 토네이도가 로체스터의 넓은 지역을 강타해 24명이 사망하고 40명이 심각한 부상을 입게 되었다. W. W. 메이요 박사와 여름방학을 맞이해 집에 와 있던 두 아들은 다른 자원봉사자들과 함께 임시변통으로 병원을 열었다. 도움의 손길이 부족했던 메이요 박사는 늘어나는 의료 업무를 도와 달라며 알프레드 모에스 수녀^{Mother Alfred Moes}와 세인트 프랜시스^{St. Francis}의 자매들에게 연락을 했다. 그녀들은 간호사가 아닌 교사였다.

협력이 시작되었다. 그 일을 계기로 1887년 새 병원 세인트 메리스^{Saint Marys}가 문을 열었고, 현재 메이요 클리닉의 세인트 메리스 로체스터 센터의 전신이 되었다. 그 이후로 병원은 진료를 계속해 왔다. 이는 의료 시설의 디자인과 운영, 그리고 의료 설비에 관해 의사와 행정 직원이 협동한 가장 최초의 사례 중 하나로 남게 되었다.

두 아들은 1889년에 정식으로 병원에 합류했다. 세 명의 메이요는 세인트 메리스에서 이루어 낸 의료적 성취로 그 명성을 점차 높이게 됐다.

나와 내 형제

1800년대 말 임상의학은 아직 초기 단계에 머물러 있었다. 대부분의 의료는 표준화되지 않은 의학 훈련을 받은 의사 한 명이 가게 자리를 빌려 단출한 진료실을 운영하는 식으로 이루어졌다. 당시 의사는 모든 종류의 의학을 배우고 시행했다. '전문의'라고 부를 만한 사례가 없었다. 의사들은 의학 서적을 읽거나 의료를 행하거나 다른 의료 사례를 관찰하면서 자신의 의술을 높여 갔다. 과학적인 연구를 기반으로 하는 의학은 단지 시작 단계에 머물러 있었다.

메이요가의 두 형제와 아버지는 함께 진료를 계속했다. 그 당시로서는 낯선 구성체였다. 그들은 미국을 비롯해 해외까지 활발하게 다니며 새로운 지식을 탐구했다. 또한 자신들이 관찰한 것과 지식을 공유했다. 그들은 환자에게 더 나은 진료를 행할 수 있는 '팀으로서의' 접근법에 헌신적이었고, 그렇게 함으로써 의학을 발전시키고 있었다. 곧 다른 의사들이 이들의 의술을 보기 위해 먼 거리를 이동해 찾아오기 시작했고, 멀리 있는 환자들도 찾아왔다.

팀워크가 가장 중요한 모토였다. W. W. 메이요 박사는 이렇게 말했다. "혼자서도 충분할 정도로 위대한 사람은 아무도 없다." 그들은 의학 지식을 공유하고, 다른 사람들이 전문 분야에서 성장해 나가는 일에 관심을 보였으며, 심지어 은행 계좌까지 공유했다. 몇 년 후 윌 박사와 찰리 박사는 연설을 하거나 수상할 때 혹은 환자와 상담을 할 때도 '나와 내 형제'라는 표현을 입버릇처럼 달고 살았다.

상호 존중과 공동의 선을 위해 다양한 기술을 공유하는 팀워크는 메이요 클리닉의 핵심이다. 전기 작가 헬렌 클라페새틀Helen Clapesattle이 후술했듯이 팀워크는 "협력하는 개인주의 정신spirit of cooperative individualism"이다.

환자의 필요가 첫 번째다

메이요 창립자들은 여러 동료의 지혜가 모인다면 탁월한 한 명의 개인

---

* 일반 대중이나 아마추어의 노동력이나 제품, 컨텐츠 등의 사외 자원을 활용하는 것.

보다 더 위대한 것을 이룰 수 있다고 믿었다. 그들은 "크라우드소싱^{crowdsourc-ing*}"이라는 용어가 유명해지기 한참 전부터 포용적인 방식을 보여 주었다. 환자에게 공감하는 여러 전문의들과 환자의 필요에 집중하는 보건 전문가들로 구성된 팀이 오늘날 메이요 클리닉의 핵심 원리이자 가치다. 하지만 클리닉이 처음 창립됐던 당시 이런 방식은 아주 혁명적이었다.

1910년 윌리엄 메이요 박사는 졸업식 기념 연설을 통해 이 점을 분명하게 밝혔다.

> 점점 더 배워 갈수록 우리는 서로에게 의존할 수 있음에 감사하게 됩니다. 우리가 함께 모은 의학적 지식은 아주 폭넓고 깊어서 한 개인이 얻으려고 시도할 수도 없고 자신이 그 전체의 일부라도 가지고 있다고 상상할 수도 없는 방대한 양이 되었습니다. 환자의 필요나 요구는 의사들이 협력할 수밖에 없도록 만듭니다. 환자의 최대 만족만이 우리가 관심을 가져야 할 대상이며 이는 환자들이 발전하는 지식을 통해 혜택을 누리는 결과로 이어집니다. 연합의 힘은 필수입니다.

이 연설을 통해 당신은 팀워크적 접근을 확실하게 이해할 수 있을 것이다. 하지만 이 연설에서 드러나는 또 하나의 지침은 메이요의 핵심 철학과 가치가 되었다. 그것은 바로 "환자의 최대 만족만이 우리가 관심을 가져야 할 대상"이라는 것이다.

시간이 흐르면서 이 내용은 메이요 클리닉의 핵심 가치로 통합되었고 오늘날에는 조직 내의 모든 직원들에게서 매일 같이 들을 수 있는 표현이 되었다. "환자의 필요가 첫 번째입니다."

진료가 완벽을 만든다: 통합진료로 합쳐지다

진료 규모가 성장했다. 1890년대 초 윌과 찰리 박사는 자신들의 외과 진료를 보완해 줄 수 있는 다른 파트너들을 초청하기 시작했다. 1892년 미네소타의 유명한 의사인 아우구스투스 스팅크필드Augustus Stinchfield가 메이요의 첫 파트너로 합류했다. 이 무렵 W. W. 메이요 박사는 73세의 나이로 은퇴했다. 2년 뒤 매형 크리스토퍼 그래함Christopher Graham 박사가 의대를 졸업하고 두 번째 파트너로 합류했다. 1908년에는 네 명의 의사, 의학 삽화가, 전문 행정가, 의학 사서, 그리고 비서 한 명 등 모두 여덟 명의 전문 인력이 함께하게 되었다. 메이요 형제들은 비의사가 의사만큼이나 팀의 핵심 멤버로 가치가 있다는 사실을 인식하고 진정한 학제 간 팀을 구성해 가고 있었다. CFI를 구성해 가는 과정을 살펴보게 될 제3장에서 이 부분을 다시 이야기하게 될 것이다. 1894년 메이요 형제들은 '인류를 위한 봉사'의 영속성을 위해 각자 수입의 절반을 헌납하기로 결정했고 이는 결국 메이요 재단의 창설로 이어졌다. "우리는 지금 멈춰 있는 상태에서 벗어나 유망한 사람들을 선발해 의학 교육을 제공하려고 노력합니다. 저와 제 형제의 관심은 인류를 위한 봉사입니다……제가 50명 혹은 500명의 의사를 훈련시킬 수 있다면 저는 이 임무를 완성한 것이라고 할 수 있습니다."

1911년 W. W. 메이요 박사가 사망할 무렵, 진료는 규모나 명성 면에서 꾸준히 성장하고 있었다. 성장한 부분을 수용하기 위해 1914년 메이요 '레드Red' 빌딩이 지금의 피스 플라자 근처에 지어졌다. 1989년 건물이 철거된 이후 그 자리에 해롤드 W. 시벤Harold W. Siebens이라는 의료 교육 빌딩이 세워졌다. 원래의 부지에서 나온 중요한 유물들은 메이요의 다른 건물에 보존되었다.

1919년, 창립자들은 메이요를 비영리 독립체로 전환하기로 결정했는데, 진료뿐만 아니라 연구와 교육에도 큰 비중을 두는 방향이 새롭게 설정되었다. 그 독립체가 바로 메이요 클리닉으로 알려지게 된 것이다. 메이요 클리닉의 발전과 함께 메이요의 명성은 탁월함뿐만이 아니라 과학 발전과 의료서비스의 시행을 가속화할 혁신 중심의 조직으로 성장하는 과정에서도 빛이 났다. 이 조직에는 다양한 학문과 기능의 전문가들이 통합적으로 일하고 있다. 이 주제는 CFI의 임무와 그 접근법을 살펴볼 때 다시 한번 소개될 것이다.

초기 혁신과 현대적 진료의 탄생

1892년에서 1908년 사이에 메이요 진료소에 합류한 여덟 명의 새로운 파트너들은 공동으로 환자 중심의 진료를 해 나가는 것 외에도 연구와 진단법에서 주목할 만한 성과를 보여 주었다. 메이요 형제들은 원래 외과의였지만 다른 분야 역시 동일하게 중요하다는 것을 이해하게 되었다. 메이요가 현대적인 의료 기관이 되어 가는 과정을 설명하는 데 특별히 언급해야 할 중요한 두 사람이 바로 헨리 플럼머 박사와 해리 하윅 박사다.

헨리 플럼머 박사 Dr. Henry Stanley Plummer

헨리 스탠리 플럼머 박사는 1901년 상근 전문의가 되었다. 그는 메이요 클리닉의 초기 성공을 견인한 중요한 역할을 맡았다. 플럼머 박사는 개인 진료기록 공유나 내선 전화 시스템과 같이 오늘날 전 세계에서 보편적으로 사용하는 여러 가지 시스템을 처음으로 고안해 낸 사람이다.

그때까지 진료기록은 의사가 개인적인 사용을 위해 만들고 보관하던 시스템으로, 다른 의사에게 공유되지도 않았을 뿐만 아니라 공통적인 형식도 존재하지 않았다. 새로운 혁신이 등장하기 전까지 진료기록은 철저하게 의사 중심이었지 환자 중심이 아니었다.

플럼머 박사는 또한 당시로서는 새로운 기술이었던 엑스레이 기계를 처음으로 이해하고 채택해서 진료에 사용한 인물이기도 했다. 그는 새로운 진단 절차를 만들어 냈고, 담당 의사와 다른 전문의가 상호 교류하며 의학 정보를 공유할 수 있는 새로운 방법을 고안했다. 그는 처음으로 진정한 의미의 의학 전문 분야를 만들어 오늘날의 '통합적 그룹 프랙티스integrated group practice'로 발전하게 만든 인물이기도 하다.

나중에 그는 건축가 프랭클린 엘러비Franklin Ellerbe의 책임 디자인 협력자가 되어 당시로서는 드문 매우 현대적인 의학 건물을 디자인했고, 후에 플럼머 빌딩이라는 이름이 붙게 되었다. 맨해튼 5번가에서 친숙하게 볼 수 있는 고딕 스타일의 구조물이었던 플럼머 빌딩은 1927년에 완공되었다. 당시에는 그 지역에서 가장 높은 건물이었고 메이요의 진료와 혁신, 그리고 문화를 보여 주는 박물관과 기념비적인 건출물로 보존되어 왔다. 2번가의 곤다 빌딩 동쪽으로 위치한 두 개의 우아한 옛 건물 가운데 하나다. 나머지 하나는 1921년에 완공된 케일러 그랜드 호텔Kahler Grand Hotel이라는 고상한 숙녀 느낌의 건물로, 이 건물은 지금까지도 메이요 환자들의 편의를 위해 사용되고 있다. 플럼머 빌딩의 꼭대기에는 56개의 종이 들어 있는 독특한 탑이 자리 잡고 있다. 윌 박사는 이 탑을 "미국의 자유와 평화, 그리고 번영을 위해 땅과 바다에서 영웅적인 활약을 펼친 미국 군인들을 기념"하기 위한 것이라고 밝힌 바 있다. 종탑에서 흘러나오는 음악 소리는 마을 전체에서 들을 수 있다.

플럼머 박사는 현대적인 진료기록 방식을 만들고 건축가와의 협업을 통해 의료 시설을 설계한 업적 덕분에 오늘날 의사들에게 현대 의료의 건축가로서 기억되고 있다. 그는 혁신이라는 말이 보편적으로 사용되기 이전부터 혁신가였을 뿐만 아니라, 오늘날 메이요 클리닉과 혁신센터에서 아직도 사용되는 여러 업무 패턴을 세운 사람이기도 하다.

해리 하윅 ^{Harry Harwick}

해리 하윅은 1908년 21번째 생일 다음 날부터 1952년 메이요 이사회의 최고경영자로 은퇴하기까지 자신의 인생을 메이요 클리닉 진료의 행정적인 기반을 발전시키는 데 바쳤다. 해리와 윌리엄 메이요 박사는 오래전부터 비영리 기관으로서의 메이요 클리닉의 비전을 품고 있었다. 전문화된 약, 진료기록, 엑스레이, 전문 행정 등은 미국의 현대 의료에서는 모두 새로운 개념이었다. 하윅은 새로운 회계 시스템을 도입했고 "의사들이 매일 행정 업무를 처리해야 하는 수고에서 자유로워지게 만들기" 위해 일했다. 이런 노력은 의학뿐만 아니라 다양한 전문 영역에서도 모델로 자리 잡았다. 그는 전문적인 의료와 건강한 경영 방법을 통합하는 모델을 제시했다. 다시 한번 이는 메이요 DNA의 중요한 요소가 되었다.

150년을 이어 온 브랜드: 오늘날의 메이요 클리닉으로 성장하기까지

윌리엄 메이요와 찰리 메이요 박사는 1939년 두 달 간격으로 세상을 떠났다. 하지만 그때 이미 조직 안에 풍부한 유산과 핵심 가치가 자리 잡고 있었기 때문에 메이요 클리닉은 두 박사의 죽음과 상관없이 계속해서 번영해 올 수 있었다. 규모, 명성, 브랜드 이미지, 혁신을 위한 탐색 등은 지금까지도 계속해서 성장하고 있다.

늘어나는 혁신의 목록

1850년대 W. W. 메이요 박사가 더 새롭고 더 나은 아이디어를 위해 탐험했던 초기 역사부터 시작한 메이요 클리닉은 임상의학과 진료의 형태를 혁신적으로 이끌어 온 업적으로 인정받게 되었다. 진료기록 공유와 같은 최첨단 진료의 혁신은 앞에서 이미 소개가 되었고, 그 이후로도 계속 발전해 오고 있다. 초기부터 만들어진 몇 천 개의 혁신적인 업적 가운데 눈에 띄는 몇 가지를 소개하면 아래와 같다.

1905년: 암 진단법의 일환으로 수술하는 동안 조직을 냉동시키는 방법을 처음으로 고안

1915년: 의학대학원 교육 프로그램을 처음으로 도입

1919년: 의료 교육과 연구를 함께 하는 최초의 비영리 의료 기구

1920년: 종양의 병기 구분 기준을 최초로 정립

1935년: 최초의 병원 기반 혈액은행 운영

1940년대: 최초의 항공술 변혁을 위한 항공의학 유닛unit 설립

1950년: 코티손cortisone, 부신피질호르몬제의 발견으로 노벨상 수상

1955년: 최초 심장—폐 혈관 우회술 시행

1969년: 최초로 FDA미국 식품의약국의 승인을 받은 고관절 치환 수술

1973년: 북미대륙 최초 CT 촬영기 사용

2001년: 9·11 테러 공격에 대한 후속 조치로 탄저균 중독을 찾아내는 신속 진단 절차 개발

2002년: 미국 최초 종합 암센터 설립

메이요 클리닉의 아름다운 150년 역사를 소개한 짧은 영상이 있다. 이 영상의 내레이션은 유명한 저널리스트이자 메이요 클리닉 평의원회의 회원인 톰 브로코Tom Brokaw가 맡았다. (www.youtube.com/watch?v=3w6z7IbeJj4)

원격의료^{telemedicine}의 초기 시절

메이요 클리닉은 초기부터 의료적 혁신으로 유명했다. 하지만 위의 목록이나 플럼머 박사를 비롯한 다른 사람들의 초기 혁신들에서 볼 수 있듯이 '혁신'이라는 용어는 메이요 역사에서 널리 퍼져 가고 있다.

원격의료를 생각해 보자. 통신 기술이 발달한 오늘날에는 원격의료가 간단한 개념이다. 게다가 원격의료는 혁신센터의 중요한 테마인 '플랫폼' 가운데 하나로 우리는 이것을 '의료연결서비스'라고 부른다. 하지만 원격의료 역시 다른 혁신들과 마찬가지로 초기의 실험과 디자인 단계에서는 초라했다.

원격의료에 대한 아이디어는 1960년대와 1970년대에 생겨났다. 캐나다, 오스트레일리아, 미국 등에 멀리 떨어져 있는 의사들과 다른 의료서비스 전문가들은 고립된 시골 지역을 도시의 의료 기관과 연결하는 데 사용할 라디오, 전화기, 마이크로파, 양방향 텔레비전, 컴퓨터, 위성 기법 등을 탐구했다.

메이요 클리닉은 1967년, 전화선을 사용하여 세인트 메리스 & 로체스터 메소디스트 병원^{Saint Marys and Rochester Methodist Hospital}에서부터 다른 지역 연구소로 심전도 신호를 보내는 데이터 전송을 시도했다. 1971년 로체스터에서 근무하는 두 명의 메이요 클리닉 심장내과 전문의가 전화 케이블과 위성 기법을 이용해 호주 시드니의 한 병원으로부터 심전도 결과를 전송받으면서부터 이 아이디어가 전 세계로 확산되어 갔다.

1978년 메이요는 실시간으로 이루어지는 대륙 간 양방향 대화에 처음으로 참여하게 된다. 45분 길이의 텔레비전 생방송 시간 동안 플럼머 빌딩의 스

(뒷면에 계속)

튜디오에 있는 메이요의 의사가 시드니 병원의 의사와 의료에 관한 의견을 교환했다. 1984년 원격의료가 학제 간으로 이루어지도록 하는 새로운 통신 기술을 도입하기 위해 메이요에 전자 통신 TFT가 꾸려졌다. 1986년 5천 파운드 무게의 위성 안테나가 헬리콥터를 통해 운반되어 메이요 빌딩의 꼭대기에 설치됐다.

이제 이런 데이터 상호 전송은 일상이 되었다. 하지만 인터넷, 태블릿, 스마트폰 등으로 가능해진 것들에 대해 잠깐만 생각해 보자. 물론 이런 기술들은 21세기의 의료 모델을 위한 표준 디자인 부품이 되었다. 혁신센터에서 우리는 단지 기술이 있다는 이유만으로 그 기술을 사용하지는 않는다. 기술이 각 개인이 사용할 수 있는 장치를 통해서 '빠르고 친숙하며 효과적인' 의료서비스가 될 수 있을 때 사용하며, 이는 우리에게 있어서 전략적인 우선순위로 자리 잡고 있다.

확장되는 발자국

1980년대와 1990년대에 메이요 클리닉은 "몸과 마음과 영혼의 치료"라는 가치를 캠페인을 통해 퍼뜨렸다. 아래의 시설들은 이 기간 동안 세워지거나 통합된 것들이다.

▶ 1986년, 세인트 메리스 & 로체스터 메소디스트 병원

첫 번째 단계는 바로 로체스터에서였다. 두 개의 병원은 긴밀한 파트너십을 유지하며 오랜 시간 협력해 왔다. 1986년 두 병원은 메이요 재단과 메이요 시스템 안으로 공식 흡수됐다. 이제는 하나로 통합되어 외래환자 진료

와 의료진을 위한 공간으로 사용되고 있으며, 통합을 기념하기 위해 2014
년 각각 메이요 클리닉 병원과 세인트 메리스 & 메소디스트 캠퍼스라는
이름이 붙게 되었다.

▶ 1986년, 메이요 클리닉 잭슨빌Jacksonville

1986년 플로리다 삼림지대의 140에이커* 부지에 새로 지어진 시설이다. 현
재 5개의 건물이 사용되고 있으며 매년 9만 명의 환자가 방문한다.

▶ 1987년, 메이요 클리닉 스카츠데일Scottsdale

피닉스 교외에 지어진 두 번째 새 진료센터. 매년 10만 명이 넘는 환자들
을 받고 있으며 두 개의 새로운 연구 기관과 피닉스에 있는 두 번째 메이
요 캠퍼스로 구성되어 있다.

▶ 1992년, 메이요 클리닉 헬스시스템 지역 병원Health System local clinic

메이요 클리닉은 70개의 소규모 병원들을 매입하거나 그들과의 네트워크
를 설립하는 방법으로 의료관광 목적지라는 전통적인 개념을 넘어서고 있
다. 70여 개의 지역 병원은 주로 중서부 위쪽에 자리 잡고 있다.

▶ 2001년, 곤다 빌딩

최첨단으로 설계된 곤다 빌딩은 메이요 빌딩과 찰튼 빌딩Charlton Building이 내
부적으로 연결되어 있으며 세계에서 가장 큰 의료 시설이다. 메이요의 특

---

* 약 17만 평 정도 되는 규모.

색인 팀워크와 협력적 진료를 위해 설계된 이 인상적인 건물은 메이요 클리닉 혁신센터가 자리 잡고 있는 곳이기도 하다.

클리닉의 정신

메이요 클리닉의 행동, 비전, 가치를 대변해 오던 윌리엄 메이요 박사는 1919년 메이요 동창회에서 메이요 클리닉의 성공에 대한 자신의 생각을 발표했다.

> 저희 병원에 진료를 받기 위해 온 수많은 환자들을 생각해 본다면 저희가
> 그동안 진료를 잘했기 때문에 그 환자들이 이곳을 찾았다고 간주하는 것
> 이 당연할 것입니다. 그러나 저희만큼 잘하는 곳은 도처에 널려 있다는 점
> 에서 우리는 그것 말고도 다른 이유가 있다는 생각을 해 보아야 합니다. 이
> 다른 이유는 "클리닉 정신the Spirit of the Clinic"이라는 표현으로 압축할 수 있습
> 니다. 이 정신에는 고통을 겪고 있는 사람들을 도우려는 열망과 연구, 성실
> 한 관찰, 다른 사람으로부터 얻은 지식을 적용함으로써 의료 교육을 발전
> 시키고 싶어 하는 열망, 더불어 가장 중요한 열망인 이 정신이 밝힌 과학의
> 촛불을 다른 사람에게도 전달해 주고 싶은 열망이 합쳐져 있습니다.

같은 해 후반에 그는 메이요 클리닉의 앞날에 핵심이라고 할 수 있는 네개의 조건을 명문화한다.

1. 영리가 아닌 서비스라는 이상의 추구를 계속해 나갈 것.
2. 각각의 고유한 환자의 진료와 안녕을 위한 기본적이고 진정한 관심을

계속해 나갈 것.

3. 동료 의사의 전문적인 진보에 대해 계속해서 관심을 가질 것.

4. 과학과 임상진료의 발전을 계속해서 이루어 나갈 것.

여러분은 이 가치들이 오늘날의 활동과 분위기 형성에는 물론 메이요 클리닉의 초기 발전 과정에서 어떤 역할을 했는지 분명하게 인정할 수 있을 것이다. 하지만 1978년, 메이요클리닉이사회^{the Mayo Clinic Board of Governors}의 에머슨 워드^{Emmerson Ward} 박사는 또 하나의 항목을 추가했고 이는 이 책이 출간된 계기가 되었다.

5. 변화하는 사회의 요구에 부응하여 기꺼이 변화하려는 마음.

시간이 더 지난 1984년, 병원 관리자인 로버트 뢰슬러^{Robert Roesler}는 두 개의 항목을 추가했다.

6. 이루어지는 모든 것에서 탁월함을 추구하는 노력을 멈추지 말 것.

7. 완벽한 진정성으로 모든 일을 수행할 것.

고객(환자), 팀워크, 서비스, 진정성, 탁월함, 시장 지향적 변화 등을 향한 초점이 바로 메이요 클리닉의 정신을 보여 주는 키워드라고 할 수 있다. 이는 환자 중심의 변형적 혁신이라는 독특한 환경 속에서 나온 자연스러운 결과물이다.

오늘날의 메이요 경험

2008년 레너드 베리^{Leonard Berry}와 켄트 셀트먼^{Kent Seltman}은 그들의 책《메이요 클리닉 이야기^{Management Lessons from Mayo Clinic}》*에서 메이요 클리닉이 무엇이 되었는지에 대해 다음과 같은 말로 요약해 놓았다. 메이요 클리닉은 진화를 통해 "가치에 맞춰 전략을 조정하고, 전통에 어울리게 혁신을 이루어 내고, 팀워크에 맞게 재능을 조정하며, 예술적으로 과학을 승화시킨 '현대적이면서도 전통적인^{modern—traditonal}' 기업"이 되었다.

만약 당신이 지금 메이요 클리닉에서 치료를 받고 있는 환자를 포함해 메이요 클리닉에서 만날 수 있는 누군가와 대화를 나눠 본다면, 아래와 같이 요약될 수 있는 메이요 경험과 진료에 관한 이야기를 듣게 될 것이다.

> 메이요의 의사들은 의료가 너무 복잡해서 한 개인이 이해하기 어렵다는 사실을 이해하고 있다. 따라서 협진을 통해 더 나은 결과를 얻을 수 있는 팀워크를 이룬다. 팀을 이끄는 담당 의사가 치료를 감독한다. 이는 환자경험의 처음부터 끝까지 일관되게 이루어지며 끼어들기, 지체, 혼란, 혼선 등은 결코 허용되지 않는다. 의사가 받고 있는 월급은 최고 수준의 직업적 기준에 맞춰져 있기 때문에 더 많은 수의 환자를 진료한다고 해서 인센티브를 받지는 않는다. 질이 양을 대체하는 것이다. 다른 말로 표현하자면 현대적인 시스템과 절차를 통해 환자들은 당일에도 다양한 진단과 검사를 받을 수 있다. 또한 진료 당일이나 그 다음 날 수술을 비롯한 다른 진료 일정이 배정될 수 있다. 우리가 제공하는 시설은 안락함과 효율성을 위해 설

---

* 레너드 L. 베리, 켄트 D. 셀트먼 지음, 김성훈 옮김, 살림Biz, 2012년.

계되었고 이는 '몸과 마음과 영혼의 치유'가 이루어지게 하기 위함이다. 또한 가능하다면 협의와 정보 업데이트, 평가 등이 원격으로도 이루어질 수 있다. 요약하자면 환자의 필요가 최우선이다. 우리는 또한 환자의 가족에 대해서도 잊지 않는다. 이는 최고의 존중과 열정을 담아 일관되게 시행되는 전인적인 경험이다.

켈리의 이야기에서 알 수 있는 핵심을 요약하자면 '정중함의 경험'이다.

깊은 가치들이라는 가치

메이요 형제와 그들의 아버지, 그리고 초기의 공헌자들이 세워 놓은 기본적인 가치와 구조와 체계가 150년 동안 계속되어 왔고 오늘날의 메이요와도 높은 관련이 있다는 것은 의심할 여지가 없는 사실이다. 고객 중심, 팀워크, 서비스, 진정성, 탁월함, 그리고 환자와 시장이 주도하는 변화는 여전히 메이요 클리닉의 많은 부분을 차지하고 있다. 직원들은 근면하고 성실하며 기꺼이 변화하려고 한다. 가치라는 동기에 의해 이끌려 갈 뿐만 아니라 성취해야 할 것이 나타나면 옳은 선택을 내린다.

조직의 가치에 대한 개인과 전체의 헌신은 메이요 클리닉의 전 역사를 통해 나타나며 이는 "직물 안에 엮여 있다.woven into the fabric" 전임 CEO인 글렌 포브스Glenn Forbes가 말한 것처럼 말이다. "만약 당신이 어떤 가치에 대해서 이야기하고 그것을 정책이나 의사 결정, 자원의 분배, 궁극적으로는 조직의 문화 안에 도입하지 않는다면 그 가치는 그저 말에 불과하다." 다른 표현으로 말하자면 핵심 가치는 진정으로 핵심 가치여야 한다. 훈련을 위한 도구가 되어서는 안 된다.

이 가치들이 고객을 최우선으로 하고 협력을 받아들이고 '기꺼이 변하려는 자세'일 경우, 당신은 변형적 혁신을 위한 알맞은 재료를 갖게 되는 것이다. 혁신의 권위자이자 도블린^{Doblin}의 공동 창업자 및 대표이며 딜로이트 컨설팅^{Deloitte Consulting LLP}의 이사인 래리 킬리^{Larry Keeley}가 표현한 것처럼 당신에게 적절한 "혁신 DNA"가 생겨난 것이다.

21세기로의 이동

아래에 소개될 내용은 '메이요 의료서비스 모델'로 알려지게 된 메이요의 원칙들이다. 이 명문화된 원칙은 19세기 이래로 다듬어져 오고 있다. 현재와 미래라는 힘이 합쳐지는 이 시점에서 메이요가 21세기 버전의 모델로 변혁해야 하는 중요성은 더욱 커진다고 할 수 있다. 이는 오늘날 메이요 클리닉의 가장 중요한 미션이자 비전이며, 메이요 클리닉 혁신센터의 가장 구체적인 임무이자 업무이기도 하다.

그 시작을 위해 이번 세기에 우리는 오랫동안 유지해 왔던 '당신이 현관에 도착하는 순간 의료서비스는 시작된다.'라는 모델을 넘어서야 한다. 그 모델은 충분히 제 역할을 해 왔지만 현재와 미래는 더 많은 것을 요구하고 있다. 21세기의 의료 모델은 환자가 병원 현관에 들어서기 '전'에 시작된다. 즉 환자의 보건과 건강과 함께 시작된다. 21세기 의료는 현관을 들어서기 '전' 환자가 1차 의료진과 만날 때나 지역의 의사들과 멀리 떨어진 곳에서 교류를 할 때 시작된다. 21세기 의료서비스는 필요에 따라 복잡한 질병을 치료하게 되는 치료 과정 '동안' 계속된다. 또한 21세기 의료서비스는 치료 과정이 끝난 '후' 치유와 환자 관리 계획이 진행되는 과정에서 함께한다.

'보건의료서비스'는 당신이 아플 때나 건강할 때나 늘 도움과 치료를 받을 수 있도록 연결되어 있다는 것을 의미한다. '정중함의 경험'이 계속되는 것이다. 그것은 '연결되어' 유지된다. 그것이 바로 '의료연결서비스'이다. 미래의 메이요 클리닉은 개인과 가족에게 보건의료서비스를 이곳과 저곳, 그리고 모든 곳에서 제공할 것이며 이는 벽돌과 진흙으로 이루어진 눈에 보이는 시설에서 뿐만 아니라 프로토콜을 통해서도 이루어질 것이다. 이 모든 것은 21세기 메이요의 의료서비스 모델이 될 것이다. 즉 "계속해서 연결되어 있는 이곳과 저곳, 그리고 모든 곳에서의 보건의료서비스"이다. 이는 변화를 배경으로 하며, '부분적으로'는 새로운 비용에 대한 의식의 반작용으로 일어나게 될 것이다. 이에 대해서는 다음 장에서 살펴볼 예정이다.

당신은 메이요 클리닉 혁신센터가 새로운 모델을 정의해 나가며 그것을 현실화시키는 과정을 통해 앞에 놓인 여러 가지 도전 과제들은 물론, 혁신센터가 그 조각들을 어떻게 정의하고 그것들을 21세기의 새로운 의료서비스 모델에 맞춰 넣고 있는지를 이해하게 될 것이다.

'당신의' 조직을 위한 혁신 정신 찾기

우리는 왜 이 스케치를 공유했을까? 이 논의를 이용해서 당신이 어떻게 당신의 조직에 필요한 변형적 혁신을 만들어 내고 격려하고 관리할 수 있을까?

당신의 조직이 우리의 조직과 다르다는 것은 확실하다. 당신에게는 우리와 같은 창립자가 없을 뿐만 아니라, 당신은 우리가 의료서비스 산업에서 맞부딪히고 있는 동일한 문제를 겪고 있지 않을 수도 있다. 하지만 조직이 어떤 종류이고 어떤 기업 모델을 갖고 있든지 간에 복잡한 환경에서 혁신을 이루어 가는 도전 과제를 공유할 수는 있을 것이다. 특히 메이요 의료서비스 모델을 한번 살펴본 후 '당신의' 고객을 위해 도입할 '의료서비스 모델'을 들여다본다면, 당신의 혁신적인 조직을 위한 미션과 배치에 관한 풍부한 아이디어를 얻을 수 있을 것이다.

메이요 의료서비스 모델

오늘날 확립된 메이요의 의료서비스 모델에는 14개의 핵심 원리가 포함되어 있다. 그중 7개는 '환자 진료'와 직접적인 관련이 있고 나머지 7개는 '메이요 환경'과 관련이 있다. 이 원리는 오늘날의 메이요 클리닉을 이해하는 데 유용할 뿐만 아니라 이 책을 통해 앞으로 논의하게 될 여러 종류의 혁신을 수행하는 환경의 본질을 이해하는 데도 도움이 된다.

환자 진료

▶ 최상의 의료서비스를 제공하기 위해 다양한 의료 전문가들이 함께 일하는 팀워크적 접근

▶ 서두르지 않고 충분한 시간을 들여 개별 환자의 이야기를 듣기

▶ 환자의 지역 의사와 파트너십 관계를 형성해서 환자 진료를 수행해야 하는 의사의 책임

▶ 열정과 신뢰를 바탕으로 시행하는 최상의 의료서비스

▶ 환자와 환자의 가족 및 환자의 지역 의사들에 대한 존중

▶ 시의적절하고 효과적인 평가와 치료를 통한 종합 평가 제공

▶ 최고로 발달한 혁신적 진단법과 치료 기술의 사용

메이요 환경

▶ 메이요 문화를 익히고 헌신을 최고의 가치로 생각하는 최상의 검증
   된 스태프

▶ 철저한 직업윤리, 전문 지식, 메이요를 향한 헌신을 갖춘 검증된 보건
   의료 관련 직원

▶ 연구와 교육이 어우러진 학문적인 분위기

▶ 의사 리더십

▶ 외래환자와 입원환자를 위한 일반 지원 서비스로서의 통합의료 진료
   기록

▶ 양이 아닌 질적 의료서비스를 가능하게 하는 전문적인 보상

▶ 메이요만의 전문 복장, 예의, 시설

메이요 클리닉 방식의 혁신: 자신만의 의료서비스 모델 개발하기

목표는 혁신을 하는 것뿐만 아니라 '더 빠르게' 혁신하는 것이다. 당신의 근원, 비전, 문화, 그리고 과거의 의료서비스 모델, 현재와 미래를 위한 의료서비스 모델에 맞추어 조정한다면 당신은 더 많은 진보를 이루어 낼 것이다.

▶ 당신의 문화적 고리를 찾아라

당신의 역사, 당신의 근원, 원래의 상품이나 서비스, 그리고 그 상품이나

서비스를 제공하는 방식 중 초기부터 독특하고 구별되는 것은 무엇인가? 당신의 조직이나 브랜드의 초기 형성 과정을 이끌었던 주제와 슬로건, 철학은 무엇인가? "모든 차고에 자동차 한 대"[*], "다르게 생각하라"[**], "당신의 삶에 좋은 것을 드립니다."[***], "화학반응을 통한 더 나은 삶"[****] 등이 그런 예이다. 당신의 조직은 그 자신에 대해 무엇을 말했는가? 초기에는 '무엇에 대해 말했을까?' 당신이 형성한 문화의 핵심을 한 문장이나 짧은 단락 안에 담아낼 수 있는가?

▶ 다른 역사적 실마리를 찾아라

슬로건이나 눈에 보이는 마케팅 메시지는 유용하다. 하지만 당신의 상품이 어떻게 자리를 잡았고, 고객에게 제공되었는지를 보여 주는 독특하고 중요한 결정에 대해서도 생각해 보자. 메이요 클리닉은 임상적인 측면뿐만 아니라 진료를 제공하는 방식에 있어서도 지속적으로 혁신을 강조했다. 우리는 통합된 의료관광 목적지를 만들어 냈고, 더욱 성공할 수 있도록 투자했다. 이처럼 당신의 조직을 지금의 자리에 있게 한 초기의 선택이 있었을 것이다. 이 시점에서 해야 하는 연습은 바로 이런 선택이 어떻게 만들어졌는지 관찰하는 것이다. 더불어 그에 관련된 혁신에는 어떤 것이 있었는지, 그 공식이 오늘날에는 어떻게 적용될 수 있는지에 대해 생각하는 것이다.

▶ 무엇이 당신의 창립자들을 그렇게 행동하게 만들었는가?

어떤 조직이든 창립자가 있기 마련이고, 모든 창립자는 일이 되도록 하게 하는 비전과 방법을 가지고 있다. 하지만 시간이 흐르면서 조직이 커지고 성숙해 감에 따라 그 비전과 방법은 희석되거나 변하고 발전하기 마련이다. 그러므로 초기 창립자의 마음으로 돌아가 그들의 생각과 행동을 답습

해 보는 것이 또 하나의 중요한 연습이 될 수 있다. 이 관점에서 메이요 창립자들의 발자국은 아주 뚜렷하게 남아 있었기 때문에 미래를 위한 명확한 패턴으로 자리 잡을 수 있었다. 당신의 조직은 어떠한가?

▶ 오늘날 당신 조직의 행동 방식을 결정하는 것은 무엇인가?

당신의 창립자들이 비전을 가졌던 것처럼 당신의 조직은 지금 이 순간 스스로를 어떻게 바라보고 있는가? 당신은 (혹은 당신의 리더들은) 오늘날의 성공을 가져오는 원동력이 무엇이라고 생각하는가? 혁신적인 상품? 비용 절감? 고객과 맺는 최고의 관계? 메이요에서는 진료경험의 혁신적 최적화를 통한 의료서비스의 변혁이 우리의 동력이라고 생각하고 있다. 그것이 바로 우리를 행동하게 만든다.

▶ 이 고리와 실마리를 당신의 혁신 활동에 적용하자

당신의 역사, 비전, 목표 의식, 그리고 문화는 당신이 원하는 모든 종류의 혁신을 일으킬 것이며, 당신이 도달하려고 하는 곳에 이르는 과정에서 당신을 도울 것이다. 그러므로 당신의 비전을 지원하지 못하는 혁신, 당신이 만든 문화의 지지를 얻지 못하는 혁신은 성공할 수 없다.

---

* 1928년 미국 대선에서 허버트 후버 대통령이 사용한 캐치프레이즈.
** 1997년 애플이 사용한 광고 문구.
*** 1997년부터 2003년까지 GE가 사용한 광고 문구.
**** 1935년부터 1982년까지 듀퐁이 사용한 광고 문구.

이 세상이 보고 싶어 하는 변화가 되라.

마하트마 간디|Mahatma Gandhi

제2장

기꺼이 변화하려는 마음
A Willingness to Change

의료서비스의 변형적 혁신을 향한 명령

환자의 필요가 첫 번째다.

우리는 삶으로 그것을 증명한다. 메이요 클리닉의 핵심 가치는 이 관문을 넘어 기풍으로 이어진다. 우리는 매일 이 가치를 목격한다. 환자들도 매일 목격한다. 이 가치는 우리의 모든 행동과 태도, 그리고 존재를 인도한다. 우리는 이 가치를 이행한다.

우리가 혁신에 대해서 이토록 관심을 가지는 이유는 무엇일까? 우리가 바꾸려고 노력하는 것, 다시 말해 우리가 향하고자 하는 목적지는 어디인가? 현재 상태에 어떤 문제가 있는 것일까? 왜 21세기형 의료서비스 모델이 '필요'한 것일까?

최근 〈부담적정보험법Affordable Care Act〉(더 정확하게는 〈환자보호및부담적정보험법 2010Patient Protection and Affordable Care Act of 2010〉이다.)으로 커다란 변화가 일어났음에도 불구하고 대부분의 외부인들은 아직도 현재의 의료계가 복잡하며 변하기 어렵다고 생각한다. 사람들은 의료계가 점점 더 단순해지고 부담이 가능한 방향으로 변해야 한다고 생각하지만 선택할 만한 대안은 거의 없다. 사람이 아프면 의료서비스가 필요하지만, 이 서비스는 비싸고 복잡하다. 하지만 미국인의 4분의 3 정도는 누군가가 비용을 부담해 준다. 따라서 우리가 걱정해야 할 것은 다른 부분이다. 다른 산업과 비교했을 때, 의료 산업은 '수요'가 비교적 고정되어 있고 비용에도 둔감한 편이다. 현재 의료관광이 존재하고 있고 성장하고 있지만 의료서비스의 극히 일부분만을 설명할 뿐이다. 하룻밤 사이에 당신의 사업을 훔쳐 갈 경쟁자는 없다. 그러므로 당신이 의료서비스 산업에 종사하고 있다면 딱히 걱정할 것이 없어 보인다.

메이요에서는 이 상황을 다르게 본다.

메이요에서는 의료서비스 공간에서 거대한 위협(거대한 기회라고도 할 수 있는)을 본다. 우선 '거시적인 문제'가 있다. 고든 맥켄지Gordon MacKenzie라면 '거대한 실몽당이'라고 했을 그런 문제다. 모든 사람에게 더 나은 의료적 성과를 제공할 수 있도록 의료서비스가 더 단순하게, 비용 효율적으로 변혁해야 하는 것이다. 우리는 메이요 클리닉이 최첨단의 의학서비스를 제공한다는 사실과 다른 대형 의료 기관에 비해 의료비가 저렴하다는 사실을 자랑스럽게 생각한다. 하지만 현재의 모델이 너무 비싸고, 비효율적이며, 심지어 환자들에게 빠르고 친숙하고 효과적인 경험을 제공하지 못한다는 점에 곧 동의하게 될 것이다. 우리는 반드시 비용을 절감할 수 있고 그 비용에 상응하는 결과물을 제공할 수 있는, 더불어 이해하기 쉽고 소통하기 쉬운 21세기형 의료서비스 모델을 향해 진화해 가야 한다. 간단하게 말해서 만약 미국의 의료비가 세계에서 가장 비싸다면 질적으로도 최고여야 한다는 뜻이다.

혁신센터가 주관하는 메이요 클리닉의 심포지엄인 〈변혁〉의 사회를 맡기 위해 매년 로체스터를 방문하는 NPR의 존 호켄베리John Hockenberry는 이렇게 표현했다. "의료서비스의 미래에 대해서 논의하는 것보다 시리아에 관해 논쟁하는 것이 더 쉽습니다……우리는 추상적인 주제와 같은 것들은 수용

그림 2.1. 메이요 클리닉의 연례 심포지엄인 〈변혁〉에서 사회를 보고 있는 존 호켄베리

하면서 더 어려운 것들은 나중으로 미루는 경향이 있습니다."(그림 2.1)

더 많은 말을 할 수 있지만 거시적인 의료서비스 문제는 벅찬 주제다. 하지만 우리는 21세기의 메이요 의료서비스 모델로 혁신해 나가는 과정에서 장기적인 구조적 개선에 대한 기여를 할 수 있다고 믿는다.

하지만 기업 수준의 '미시적 문제'도 문지방 위에 놓여 있다. 다른 의료서비스 시설들 중에서도 규모가 크고, '동급 최고'를 자랑하는 메이요 클리닉은 다른 의료 시설들이 직면한 도전 과제들과 격리되어 있다고 생각할 수도 있다. 하지만 우리가 그런 도전 과제의 영향을 전혀 받지 않는 것은 아니다. 그 가운데 몇 개만 꼽아 보자면, 기술, 경쟁, 기동성과 관련한 문제는 계속해서 제자리로 돌아와 현재 우리의 기업 모델이 유지될 수 있는지에 대해 의구심을 갖게 한다. '의료관광 목적지 모델a destination health care model*'이 번영할 수 있을까? 전통적인 행위별수가제도의 대안이 나타나고 검증된다

하더라도 우리의 현재 모델이 여전히 작동할 수 있을까? 〈부담적정보험법〉
이 환자의 행동에 어떤 영향을 미칠까? 메디케어 예산의 감축으로 인해 경
제적 안정성이 위협을 받게 된다면, 우리만의 특징인 환자 중심의 진료를
계속해서 이어 나갈 수 있을까?

우리는 비영리 기관이다. 하지만 환자 진료, 의료 교육, 의학 연구라는
세 개의 방패로 상징되는 사명에 필요한 최소한의 재정 충당이 되지 않을
경우, 우리는 소멸하게 될 것이다. 세인트 메리스 병원과 프란체스코 수도
회, 그리고 메이요 클리닉의 연합을 지켜본 역사의 산 증인인 제네로즈 제
르베 수녀$^{Sister Generose Gervais}$가 했던 말이 있다. "돈 없이는 사명도 없다."

스타벅스^{Starbucks}의 최고경영자인 하워드 슐츠$^{Howard Schultz}$는 최근 이렇게 말
했다. "현재 상태를 동력의 원칙으로 삼은 기업은 곧 죽음의 행진을 시작하
게 될 것이다." GE의 최고경영자였던 잭 웰치$^{Jack Welch}$는 같은 말을 조금 다
르게 표현했다. "외부의 변화 속도가 내부의 변화 속도를 앞선다면 끝이 가
까워진 것이다." 앞으로 오게 될 몇 십 년 동안 의료서비스의 큰 그림이 많
이 변하지 않는다고 해도 의료서비스에 대한 우리의 접근법, 즉 우리의 의
료서비스 모델은 진화해야 한다. 그것도 아주 빠르고 결정적으로 진화해야
한다는 것을 우리는 인정한다.

도블린의 회장이자 딜로이트 LLP의 이사인 래리 킬리는 그의 저서 《열
가지 유형의 혁신$^{The Ten Types of Innovation}$》**에서 다음과 같이 설명했다. "산업을
변화시킨 혁신은 마치 어디에선가 뚝 떨어진 것처럼 보일 수 있다. 그러나
사실 우리는 큰 변화가 필요한 시점을 보여 주는 초기 경고 신호를 발견할

---

* 환자들이 알아서 찾아오는 현재의 의료업 형태를 이렇게 표현한 것이다.
** 국내 미출간.

수 있다. 심지어 그 신호를 잡을 수도 있다."

이 초기 경고 신호들은 지금 크고 뚜렷하게 나타나고 있다.

이번 장에서 우리는 초기 경고 신호라고 할 수 있는 변화의 동력 몇 가지를 살펴보려고 한다. 물론 당신이 속한 업계에는 '의료서비스 문제$^{health care}$ ^{problem}'가 전혀 없을 수도 있다. 하지만 당신이 복잡한 현대 구조의 일부라면 거의 확실하게 우리가 직면하는 것과 동일한 수준의 조직 변화가 필요하다는 현실에 직면했을 것이다. 시간은 빠르게 변화한다. 당신의 산업을 변혁시켜야 한다는 명령이 없다고 하더라도 당신의 조직을 변혁시켜야 할 필요성은 있을 것이다. 서문에서 살펴보았듯이 당신의 산업을 변혁시키는 것이 당신의 조직을 변혁시키는 가장 명확한 방법이 될 수 있다. 그것이 바로 우리가 처음부터 해 왔던 일이다. 이 역사는 플럼머 박사의 리더십에 따라 통합적인 의료서비스 모델로 변혁하려고 했던 20세기 초까지 거슬러 올라간다. 메이요가 직면한 변화의 동력을 살펴본 뒤, 복잡한 조직에서의 변화를 어렵게 만들고 조직을 역행시키는 몇 가지 문제들을 살펴볼 것이다. 그런 다음, '변형적 혁신'의 정의로 돌아와 변화를 어렵게 만드는 역행하는 힘을 다루는 데 이 모델을 어떻게 사용하는지를 보여 줄 것이다.

거대한 실몽당이: 의료서비스 산업이 직면한 도전 과제들

이 책은 국가적인 '의료서비스 문제'나 그 문제의 해결책을 돌직구로 날리는 내용이 아니다. 그 주제에 관해서는 읽을 자료가 넘쳐 날 뿐만 아니라 책 한 권으로 따라잡기에는 힘들 정도로 방대한 논의가 관련되어 있다.

그 대신에 (이제 기억해 내겠지만) 이 책은 복잡한 산업에 속한 복잡한 기업에서의 혁신에 관한 책이다.

물론 의료서비스라는 더 큰 문제를 배제하는 것은 논의를 불완전하게 할 수 있다. 왜냐하면 조직으로서 메이요 클리닉의 필요는 많은 경우 의료서비스에서 생겨나기 때문이다. 하지만 메이요 클리닉에서의 의료서비스 시행의 새로운 수준을 성취해 가려는 우리의 목표는 궁극적으로 더 큰 의료서비스계에 충격을 줄 수 있을 것이다.

폭풍의 한가운데에서: 의료서비스 비용

아직 전면적으로 시행된 정책은 아니지만, 우리의 생각과 의료 모델 비전의 배경 및 맥락을 알 수 있는 오늘날 미국의 의료제도에 관한 몇 가지 사실과 수치는 반드시 짚고 넘어가야 한다.

2013년 초 커먼웰스 펀드가 발표한 보고서에 의하면 의료서비스는 "GDP의 18%를 차지하며, 2000년에는 14%였고, 1960년에는 5%"였다. 보고서는 2023년이 되면 그 수치가 21%에 달할 것이라고 예측한다. 다음 내용이 계속된다. "산업화된 다른 국가들과 비교했을 때 미국이 의료서비스에 사용하는 비용은 1인당 두 배가 넘고 GDP 대비 50%가 넘어간다." 그럼에도 "우리의 수명이 더 늘어났다거나 영아 사망률이 낮아졌다거나, 접근성이 용이해졌다거나 다른 고소득 국가에서 실현된 의료가 질적으로 향상되었다거나 하는 등의 열매를 거두는 데는 실패했……그리고 초과 예산의 많은 부분이 낭비되고 있다는 것을 보여 주는 많은 증거가 있다." 이 큰 숫자들은 전체적인 경제 성장을 약화시키고, 경제적인 혼란(예를 들어 다른 나라로의 구직 이민 등)으로 이어지며, 결과적으로 더 많은 경제적 불안감을 조성할 수 있다.

〈워싱턴포스트〉의 칼럼니스트인 T. R. 레이드의《미국의 치유: 더 좋고 더 저렴하며 더 공정한 의료서비스의 탐색》*이라는 책을 보면, 일본 국민

이 한 해 평균 16회의 의사 진료를 받는 반면, 미국 국민은 매년 3.5회에 그치는데도 일본의 1인당 의료비는 미국의 절반에도 미치지 않는다. 의료서비스 제도를 비교·고찰한 레이드는 미국에는 네 개의 서로 다른 시스템이 존재한다고 설명했다. 민간의료 납부자/민간의료 공급자(회사에서 제공하는 전형적인 의료보험으로 전체 인구의 50% 정도가 여기에 가입되어 있다.), 공공의료 납부자/민간의료 공급자(메디케어 모델로 전체 인구의 16%), 공공의료 납부자/공공의료 공급자(재향군인 관리국 모델로 전체 인구의 6%), 마지막으로 본인부담자(전체 인구의 15%)다. 나머지 19%는 확인되지 않거나 위에 소개한 네 가지 가운데 두세 종류가 혼합되어 있는 형태다. 레이드는 미국이 다른 국가와 같을 수 없다고 말한다. 이는 너무 다양한 시스템이 다양한 종류의 사람들에게 제공되어 복잡도가 높아지고, 시스템 안에서 개인이 차지하는 위치에 따라 불평등한 모습이 나타나기 때문이라고 지적했다. 대부분의 국가는 하나의 우세한 모델만이 존재한다.

카이저 가족 재단the Kaiser Family Foundation이 발간한 연구 조사서에 의하면, 최근 의료보험료 증가 비율은 완화되었다. 하지만 지난 10년 동안 가족보장 비용이 80% 증가해 왔고, 이는 임금(31%)과 인플레이션(27%)에 비해 3배 가까이 높은 수치다. 게다가 피고용인들은 보장을 받더라도 평균 4,500달러 정도를 자신의 돈으로 내는데 이는 1년 평균 16,000달러인 가족보장비용의 28%에 해당한다. 이것과 아래에 소개될 확정—기여형 의료보장제도는 고객들에게 점점 더 많은 의료서비스 비용을, 그리고 그에 따른 더 많은 선택권을 부과한다.

---

* 서문에 나오는 책.

변화를 이끄는 힘: 비용 외의 요인들

오늘날 대부분의 위기가 명백하게 비용 때문에 발생한 것이지만, 이외에도 중요한 변화를 막는 또 다른 "엉킨 문제"가 존재한다. 가격을 조정하려는 압력이 커지고 있으며, 합법화되려는 움직임이 시작되고 있다. 〈부담적정보험법〉은 비용을 낮추기 위해 몇 가지 강제 규정을 명시했는데, 첫째는 의무 가입을 통해 가입자 본인부담을 줄이거나 없애려는 시도를 통해 나타나고 있고, 그 다음으로는 메디케어 비용을 절감하고 민간의료 공급자와 소비자의 갈등을 줄이는 방편으로 보험거래소*를 설립하는 방안으로 나타나고 있다. 이런 계획들이 관심을 끌면 이익을 보는 사람과 손해를 보는 사람으로 나뉠 것이다. 우리는 〈부담적정보험법〉의 장점이나 위험에 대해 너무 깊게 살펴보지는 않을 예정이다. 그러나 이 개정안이 '모든' 의료 공급자와 납부자를 위한 21세기 의료서비스 모델을 정의내리는 데 있어 분수령이 되는 사건인 것만큼은 분명하다. 이 시점에서 가장 큰 외부적 힘을 살펴보고, 현재의 의료서비스 상태가 우리를 데려다 놓은 곳을 간단하게 들여다볼 필요가 있다. 아래와 같은 것들이 있다.

▶ 가격 압박이 증가하고 있다

의료서비스 가격이 가차 없이 상승하면서 제일 먼저, 메디케어부터 민간 보험업자, 그리고 그 보험을 사는 사람들(대부분은 고용주)에 이르기까지 저항을 하기 시작했다. 이런 현상은 공급자에게도 나타나 심지어 개별 의사들까지도 비용을 낮춰야 한다는 압박에 시달리게 되었다. 많은 경우 메디

---

* 실제로 거래소가 존재하는 것이 아니라 의료보험 상품의 구체적인 내용을 정부가 관리하는 방법을 이런 용어로 표현하고 있다.

케어는 공급자에게 20~50%에 이르는 의료서비스 비용을 배상해 주는데, 이런 노력은 낮은 배상 비율뿐만 아니라 입원, 입원 일자, 퇴원 계획 등 이용의 제한을 두는 것을 점점 더 강조하는 방식으로 이루어진다. 반면 의사와 공급자들은 메디케어 환자들을 제외하지 않으려고 하면서도 그들에게 제공되는 진료의 질에 대한 타협을 원하지도 않는다.

▶ 소비자는 더 많은 비용을 지불하고 있고 더 많은 선택권을 원한다

유나이티드헬스케어[UnitedHealthcare]*의 의료수석인 의학박사 샘 호[Sam Ho]의 표현에 따르면, "의료서비스는 소비자가 움직이는 사회 영역 가운데에서도 최후의 보루로 남아 있다." 소비자로부터 오는 압력은 결국 공급자들의 책임감을 높이고 비용을 끌어내리도록 만들 것이다. 오늘날 미국 시민들의 대부분은 누군가가 내는 비용의 혜택을 받는다. 하지만 시간이 흐를수록 소비자들은 점점 그 고리 안으로 들어오게 될 것이다. 고용주가 다양한 형태의 본인부담금(copay, coinsurance 등)을 통해 의료비를 내는 상황이 이미 발생하고 있다. 이 흐름은 〈부담적정보험법〉의 등장과 그것을 따르는 많은 고용주의 행동 덕분에 동력을 얻을 것이다. 이는 우리가 바로 뒤에 살펴볼 것처럼 고용인과 관련해 모든 비용을 지불하고 '모든 위험을 떠맡는' 사례들을 감소시키게 될 것이다.

▶ 회사들은 확정—급여형 의료보장에서 멀어지고 있다

회사들은 이미 대부분 피고용인의 은퇴 수당과 관련된 모든 비용을 지불

---

* 미국 최대의 의료보험 회사.

하고 그에 관한 모든 위험을 부담했던 과거의 관행에서 물러나고 있다. 이는 의료보장에도 적용되고 있는 추세다. 앞에서 언급했듯이 1단계로 피고용인들이 부담해야 하는 부담금의 비율은 늘어나고 있다. 그 다음 더욱 공격적인 단계는 바로 '확정—급여형 연금'에서 '확정—기여형 연금'으로 변하는 추세를 뒤따르는 것으로, 회사가 고정된 부분을 지급하고, 나머지 책임과 금액은 피고용인이나 은퇴자가 모두 부담해야 한다. 현재 선두적인 기업들은 고정된 의료 혜택을 제공하면서, 고용한 직원들이 〈부담 적정보험법〉 하에 세워진 새로운 보험거래소에서 다른 보험 보장을 구입하도록 하고 있다.

이런 구조에서 사람들은 저렴하고 세금 공제가 높은 보험을 선택할 확률이 높기 때문에 실제 비용과 진료의 선택에 있어서 더 많이 노출되게 된다. 월그린Walgreen*은 이 새로운 모델을 16만 명에 이르는 피고용인들을 대상으로 처음 채택한 기업이다. IBM, 타임워너Time Warner 등의 다른 기업도 최근 은퇴자를 위한 고정급료모델을 선택하면서 보장형 의료보험을 중단했다.

보험을 구매할 수 있는 권리는 참여자를 소비자로 바꾸어 놓을 것이고, 이 소비자는 비용 데이터의 투명성에 대한 선택과 요구에 민감해질 것이며, 이는 또한 우리가 더욱 효율적으로 변화해야 하는 동력으로 작용할 것이다.

▶ 메디케어의 풍경이 변하고 있다

몇 년 전부터 대두된 메디케어 상환금을 줄이자는 계획은 현 법안을 통해

---

* 미국 최대의 식품, 잡화 및 건강 보조제품을 판매하는 업체.

더욱 강력해졌다. 〈부담적정보험법〉은 2013년부터 2022년 사이 10년간 메디케어 총액의 7,160억 달러의 감축을 명령했다. 입원과 퇴원은 더 정밀한 조사를 받게 되었고, 특별 회계감사관이 수백만 달러에 이르는 메디케어 지급액을 '환수'받고 있다. 메디케어는 또한 '과도한' 재입원율을 보이는 병원들에 범칙금을 부과함으로써 재입원 비율을 줄이려고 노력 중이다. 게다가 〈부담적정보험법〉은 환자경험에 대해 더 많은 강조를 하고 있어 만약 병원이 환자의 기대에 미치지 못하는 만족도를 보일 경우 메디케어 보장액은 줄어든다. 메이요의 경우 메디케어 분야에서 매년 거의 10억 달러에 가까운 예산이 삭감됐는데, 이는 연간 예산이 90억 달러인 조직에게 아주 큰 비중을 차지하는 금액이다.

우리는 반드시 효율성을 더욱 높여야 하고, 우리의 서비스를 메디케어 환자와 비메디케어 환자에게 맞추어야 한다. 이 동력은 변혁을 이끌 것이다. 예를 들어 보장액에 대한 범칙금 제도가 의사와 공급 기관으로 하여금 가정 방문 진료나 인터넷 원격진료를 채택하도록 할까? 이러한 맥락에서 그 누군가는 더 많은 기술력과 의사가 아닌 의료 공급자들로 이루어진 유동적 의료 인력의 현실화를 시작할 수 있고, 이는 커다란 차이를 만들어 낼 수 있다.

▶ 책임의료기구의 수가 늘어나고 있다

'책임의료기구Accountable Care Organizations, ACOs'가 〈부담적정보험법〉의 일부분으로 시범 운영되고 있다. 공급자들이 행위별수가제도 시스템에서 벗어나 환자의 의료 결과와 연결된 지불 시스템으로 전환하도록 이끌고 있는데, 이는 여러 서비스에서 환자 수의 '균일할당제'를 통해 실현된다. 이 모델에서 메디케어를 위한 비축금액은 메디케어와 공급자에게로 이등분된다. 균일할

당제는 공급자들로 하여금 '건강한' 대부분의 환자들과 질병에 걸린 환자들 모두의 비용을 낮추는 방향으로 움직이게 한다. 이 비용 절감은 임상간호사나 의사보조인력PA 등 비용 발생이 낮은 전문 인력에 의한 진료 제공이나 다른 시행 모델의 변화를 통해, 질병의 발생 빈도와 그 비용을 줄이는 지속적이고 예방적인 진료를 제공함으로써 이루어 낼 수 있다. 2013년 약 500개의 의료 기관이 책임의료모델을 사용하고 있다.

▶ 행정 복잡도가 증가하고 있다

의사들과 공급 기관은 행정 업무 처리에 압도당하고 있다. 미국 사회는 소송이 만연해 가고 있다. 또한 환자 사생활, 복잡 미묘한 민간 및 공공 의료보험 지불제도, 고도로 전문화된 의료시스템의 복잡함은 모두 의사들이 관련 서류를 기입하고 환자와 동료에게 관련 절차를 설명하는 데 더 많은 시간을 할애하는 결과로 이어졌다. 전자의무기록의 실행이 확대되면서 어느 정도 해소가 되었지만 아직도 많은 부분이 남아 있고, 행정과 절차의 효율성을 성취하는 것은 여전히 큰 과제로 남아 있다.

▶ 인구가 증가하고 만성 질병의 부담도 증가하고 있다

사람들은 이제 더 오랜 수명을 누리게 되었지만 더불어 만성 질병에 시달리게 되었다. 알츠하이머 치료에 배정된 미국 예산이 2천억 달러에 달한다는 것이 그 증거다. 비만에 시달리는 인구의 수는 더욱 늘어났다. 더 많은 사람들이 비만한 채로 더 오래 살게 될수록 의료서비스 비용은 높아져 간다. 시간이 흐를수록 사람들은 더 오래 살게 될 것이고, 그들을 위한 비용은 더욱 비싸질 것이다. 예방의학과 건강이 더욱더 중요해지고 있다.

▶ 사회기반시설이 시대에 뒤처졌다

전자의무기록이 도입되었지만, 1950년대 이래로 서비스 사회기반시설의 기본적인 '유산'은 거의 변하지 않았다. 환자들은 병이 생겨야 의사를 찾아간다. 다른 치료적 대안을 고려할 때 가끔 병원에 찾아가는 것은 사람들의 바쁜 삶에 지장을 주고 불편하며 불필요하게 느껴지는 일이 된다. 만약 복잡한 질병으로 병원을 찾는 경우라면 전문가들의 네트워크, 공급자, 납부자, 행정직원은 이 상황을 더욱 복잡하게 만들어 버려서 엄청난 규모의 진료 절차가 발생하고 더욱 벅찬 일이 되어 버린다. 다른 '서비스' 산업에서는 그 제공 과정이 아주 현대화되고 있는데 의료 산업에서는 그 흐름을 찾아볼 수 없다.

▶ 일탈의 정상화를 수용하자

앞에서 기술한 모든 동력의 결과, 뉴욕 벨뷰 병원Bellevue Hospital의 의사 에릭 멘하이머Eric Manheimer가 말하는 "일탈의 정상화a normalization of deviance"라는 것이 등장해 실패, 초과 비용, 높은 비용, 보통 수준의 시행력이 표준으로 받아들여졌다. 이는 정부의 관료제도와 비슷한 모델이 되었다. 의료서비스 산업은 비용 초과와 실수를 오랫동안 전해 왔을지 모르지만 이제는 새로운 시대로 들어가야 한다.

당신도 보았듯이 우리가 밖에서 직면한 과제들은 우리를 정말 주눅 들게 만드는, 파괴적인 폭풍우와 같은 것들이다. 하지만 이 정도로 충분하지 않다면, 보건의료 공급 시장에서의 구조적 변화가 가져온 기업 차원의 도전 과제도 산재해 있음을 보여 줄 수 있다.

기업 차원에서의 도전 과제들: 메이요 클리닉도 경쟁해야 하는 것들

환자의 필요에 대한 집중, '과학을 진보'시키려는 것, 보건의료 공급자로서 다음 세대를 교육하려는 열망 외에도 메이요가 실제로 부딪힌 위협이자 기회는 다음과 같다.

▶ 경쟁

맞다, 제대로 읽었다. 1961년 시장조사 연구에서 묘사했듯이, "의학계 여론의 최고 권위 기관"으로 존경받는 강력한 메이요 브랜드에 맞서려는 새로운 경쟁 세력이 오늘날에도 존재한다. 메이요의 환자들 중 해외에서 오는 환자의 수가 수천 명에 이르는데, 그 환자들의 국가에 세워지고 있는 최첨단 의료 시설은 그들이 의료관광을 하지 않아도 될 이유가 되고 있다. 병원들은 합병되어 더 큰 브랜드 네임을 가진 의료 기관이 되어 가고 있다. 테닛 헬스케어^{Tenet Healthcare}가 대표적인 사례이다. 서부 해안의 디그니티 헬스^{Dignity Health}나 세인트루이스의 BJC 헬스케어^{BJC Healthcare}는 그보다는 작은 규모의 지역적인 사례에 해당된다. 심장병 위주로 진료했던 클리블랜드 클리닉^{Cleveland Clinic}은 원래의 영역을 넘어서 진료 분야를 확대하고 있다. 그러므로 우리는 세계에서 가장 신뢰받는 의료 기관으로서의 브랜드 명성을 유지하기 위해 반드시 쉬지 않고 움직여야 한다.

▶ 의료관광 목적지 모델로부터의 진화

국제적인 의료관광 목적지 스타일의 의료서비스에 맞서는 여러 가지 힘을 살펴보았다. 그 상황을 넘어서, 더 바쁘고 더 유동적인 사회의 등장과 기술의 발전으로 인해 '시멘트와 벽돌로 지은 건물을 넘어서 언제 어디서든지' 진료를 시행할 수 있는 기회가 크게 확장되었다. 물론 복잡한 수술 등의 치료는 여전히 직접 방문을 해야 하겠지만 다른 상담이나 진찰을 위해서 굳이 로체스터나 그 밖에 다른 의료관광 목적지로 환자가 이동해야 할 필요는 없어질 것이다. 원거리에서도 로봇을 이용해서 수술과 처치가 가능하게 되는 사례가 늘어날 것이다. 의료관광 목적지를 위한 시설에 큰 투자를 했던 우리로서는 이런 진화가 큰 위협으로 느껴질 수 있다. 하지만 메이요가 가진 지식과 전문 기술을 퍼뜨릴 수 있는 기회로 볼 수도 있다. 이는 다른 곳에 비싼 설비를 세우는 것뿐만 아니라 의료연결서비스 기술을 통해 다른 의료 공급자들과 파트너십을 맺고 그들을 보조해 줌으로써도 가능해진다. 그 일례로 메이요 클리닉은 메이요 클리닉 의료서비스 네트워크를 구축했다. 이는 객관적인 데이터와 근거를 기반으로 한 양질의 의학적 진료를 통해 자신이 속한 지역사회의 의료서비스 시행을 개선하려는 마음을 가진 의사와 공급자에게 메이요 클리닉의 지식과 전문 기술을 제공하기 위한 것이다. 이 네트워크를 통해 시카고의 노스쇼어 유니버시티 헬스시스템NorthShore University Health System과 같은 기관은 메이요 클리닉의 전문 지식에 직접 접근할 수 있으면서도 완벽한 자주권을 계속해서 유지할 수 있게 되었다. 파트너십과 브랜드의 확장은 지역 기관과 메이요 클리닉 모두에게 유리하다. 그렇기 때문에 이 변혁은 위협이 아니라 우리의 브랜드를 확장시켜 나갈 기회라고 할 수 있다.

▶ 서비스 산업에도 등장한 데이터 기반 솔루션 트렌드

설명하자면, '빅 데이터Big Data*'와 그 데이터를 산출하는 분석 도구를 말한다. 혁신적인 의료서비스 기관들은 '예측모델링predictive modeling'으로 진행해 갈 것이고 이는 의료서비스의 질을 높일 것이다. 그뿐만 아니라 예측을 가능하게 하여 명중률과 비용 대비 효율을 높이고 관련 자원 절약에도 도움을 줄 것이다. 경찰, 학교, 항공을 포함한 다수의 서비스 산업은 이미 이 방향으로 움직이고 있는데, 이들은 이상 징후 처리가 가능하도록 밀착 모니터링이 가능한 데이터 기반의 방법을 사용하고 있다. 그 결과 시스템의 효율은 높아지고 과오는 줄어들었다. 바이던트 헬스 네트워크[Vidant Health Network]의 최고경영자 데이비드 허먼[David Herman]의 표현대로 "신호에서 잡음을 분리해 내기[Separating the signal from noise]"는 결코 위협이 아니다. 이는 아주 거대한 기회다.

▶ 모든 사람들이 참여

종종 혼란을 가져오는 변화의 바다에서 모든 종류와 규모의 보건의료 기관이 혁신적 흐름을 시작하는 것은 결코 놀랄 일이 아닐 것이다. 머시 혁신센터[Mercy's Center for Innovative Care]나 카이저 파머넌트 가필드 혁신센터[Kaiser Permanente's Garfield Innovation Center]의 설립에서 볼 수 있듯이, 더 많은 공급자와 납부자가 혁신 팀을 만들어 기관 내부의 한 부서로 꾸려 나가고 있다. 2013년 메이요 클리닉 혁신센터가 주관한 심포지엄 〈변혁〉에 참가한 사람들을 대상으로 비공식 설문 조사를 했는데, "당신의 조직에는 디자인 팀이나 혁신을 담당하는 팀이 있습니까?"라는 항목에 그렇다고 대답한 비율이 61%였다. 이 대답은 우리의 시행에서 나타나는 문제를 규정하고 해결할 수 있는 방법을 찾기 위해 디자인과 디자인씽킹[design thinking]을 통합하려는 초기적이고 독특한 활동을 확인해 주는 증거가 될 수 있다. 그리고 이는 뒤의 내용에서 계속해서 배우게 될 것이다. 우리가 해야 할 일이 산재해 있다는 것과 그 가

---

* 디지털 환경에서 생성되는 데이터로 그 생성 주기가 짧으며, 수치, 문자, 영상 등의 형태를 포함하는 대규모 데이터를 의미한다.

운데 많은 부분이 위협이나 기회가 될 것이라는 점은 확실하다. 만약 당신
이 무사안일주의의 자세로 대한다면, 그것들은 곧 위협이 되어 변화라는
혼란스러운 바다가 당신이 탄 배를 전복해 버리도록 할 것이다. 만약 당신
이 철저하게 생각하고 자원을 분배한 뒤 우비를 입고 폭풍우 사이를 적극
적으로 뚫고 나간다면 그것은 기회가 될 것이다. 적극적으로 항해해 나갈
때에만 우리는 21세기 의료서비스 모델로 나아가는 과정에서 이 시행 모델
을 최적화함으로써 이른 위협을 기회로 '변혁'시킬 수 있게 된다.

요점은 '기꺼이 변화하려는 마음'이 그 어느 때보다 중요해졌다는 것이다.

모바일 산업 방식으로 변화에 접속하기

당신이 새롭게 등장하는 기술의 영향을 생각해 본다면 변화의 기회는 더
욱 커진다. 퀄컴^{Qualcomm}*의 회장이자 최고경영자인 폴 제이콥스$^{Paul\ Jacobs}$ 박
사는 자신의 분야에서 맞닥뜨린 도전 과제와 기회에 대해 이렇게 설명했
다. "모바일은 60억 명이 넘는 사용자를 확보한 인류 역사상 가장 큰 플랫
폼이다." 제이콥스에 따르면 대규모의 사용자를 확보한 이 산업에서 5~10
년 후의 판도를 알아보려는 노력은 그 어느 때보다 중요하다.

그의 관점대로 의료서비스 산업은 비슷한 규모의 사용자를 확보하고 있기
때문에 비슷한 접근법을 가지고 미래를 들여다보아야 한다. 모바일 기술
과 보건의료가 한 점으로 수렴할 기회는 아주 많다. 예를 들어 인도의 의

(뒷면에 계속)

---

* 미국의 디지털 무선통신 제품 및 서비스 전문 업체.

사들은 모바일 기술과 영상을 사용해 피부 질환을 진단하고 추적·관찰하는 데 기존의 10달러가 아닌 건당 1달러의 진료비를 받는다. 완전체로 통합된 모바일 기술이나 웨어러블 장치들wearable devices이 늘 가동인 상태로 환자를 추적·관찰할 수 있게 되는 미래를 생각해 보자. 심지어 나노테크놀로지 기술을 이용한 의학 장치가 환자 몸속에 삽입되고 그 장치는 모바일 네트워크에 연결될 수도 있다.

제이콥스는 보건의료가 그 규모나 범위에서 볼 때 모바일 혁명과 아주 유사하며 그 변화를 주도하기 위해서는 앞서 나가는 생각이 필요하다고 했고, 우리는 그 의견에 동의한다. 확실히 세계 인구의 대부분은 어떤 방식으로든 모바일과 접촉하며 살아가고 있다.

현대의 보건의료가 직면한 거시적인 문제와 미시적인 문제를 고려해 볼 때 제이콥스처럼 생각하는 사람들은 매우 유용하다. 그들은 10년 이후의 업계가 어떻게 흘러갈지를 볼 수 있고, 그 관찰을 바탕으로 배와 그 아래에 있는 기술들을 조종해 그들의 비전을 향해 나아간다. 비록 지금 이 순간 모바일 산업에서 퀄컴의 방식으로 나아가는 보건의료 리더나 기관이 하나도 없지만 메이요 클리닉과 혁신센터가 이 리더십의 역할을 맡을 수 있다고 생각한다. 모바일 모델에서 배우는 것을 넘어서 우리는 이 모바일 기술과 미래에 대한 비전을 우리의 디자인과 디자인씽킹에 '사용'할 수 있다.

'이곳과 저곳, 그리고 모든 곳에서 지속적으로 환자와 공급자가 함께 창조하는 보건의료서비스라는 관점'을 생각할 때, 이곳에서 지금과 미래의 모바일 모델이 어떻게 변화할지 알아보는 것은 매우 가치 있는 일이다.

큰 변화를 위해 길 치우기

래리 킬리는 이렇게 말했다. "'인간사의 과정^{in the course of human events}'에는 혁명을 일으켜야 할 필요가 생겨나기도 하는데, 당신은 그것을 그냥 하는 것이 낫다." 혁명은 군대의 역사, 기술, 교육 분야에서 찾아볼 수 있지만 의료서비스 분야에서는 찾아보기 힘들다. 21세기의 의료서비스 모델로 나아가려면 진보의 '패턴'과 '속도' 모두가 개선되어야 한다. 이 산업계에 속한 사람들에게 해 주고 싶은 말은 "의료서비스 시행의 메커니즘과 경제를 재창조하는 것은 우리의 일"이라는 것이다. 오늘날의 상황을 개선하는 것이 그 어느 때보다 복잡하고 어쩌면 소용없는 일일지도 모른다. 하지만 이 사실이 그를 놀라게 만들지는 않는다. 우리는 그의 표현대로 "모호한 곡선^{confusion curve}을 지나고" 있는 것이다. 하지만 그 후에는 더 우아하고 심플한 상황이 펼쳐질 테니 지금 상황이 꼭 나쁜 것만은 아니다. 우리는 다른 많은 산업 환경에서 이와 같은 사례를 본 적이 있다.

업계 차원에서 우리는 모호한 곡선을 영원히 올라오는 중이라고 느낄지도 모른다. 하지만 〈부담적정보험법〉이 좋은 시도였다고 하더라도 부수적인 변화와 혼란을 가져왔다. 이는 장기적으로 보건의료를 표준화하고 메디케어를 시작점으로 삼아 절차적 효율성을 통해 비용 절감을 얻으려는 지속적인 노력으로 이어지게 될 것이다. 만약 5년에서 10년 뒤에 이 책을 쓴다면 그 사이에 더 많은 변화가 일어날 것이고, 그때에는 혁명이 아닌 체계를 미세하게 조정하는 주제를 논의하게 될 것이라고 소망해 볼 수 있을 것이다.

하지만 아직은 그때가 아니다. 변화는 일어나고 있다. 그중 일부는 〈부담적정보험법〉이 가져왔고, 나머지는 그 전부터 이미 시작된 여러 동력에 의해 시동이 걸렸다. 그에 대한 우리의 첫 발걸음이 중요한데, 그것은 바로 비전을 추구하는 과정에 놓인 조직 차원의 장애물을 제거하는 것이었고 그 행동은 혁신센터의 형성으로 이어졌다. 복잡한 환경에서 조직 차원의 장애물을 찾아내고 처리하는 것은 장마를 대비해 빗물 배수관을 치우는 것과 거의 비슷한 일이다. 물론 이 작업은 어느 때든 할 수 있겠지만 최적기는 큰 비가 내리기 전일 것이다.

저항의 패턴: 크고 복잡한 조직이 혁신할 수 없는 이유

우리와 같이 복잡한 산업의 복잡한 조직에 몸담고 있는 많은 독자들에게 중요한 교훈을 요약하고자 기어를 살짝 바꿔 보겠다. 새로운 기어는 혁신에 대한 저항이 어떤 모습인지 알아내도록 안내하고, 복잡한 환경에서 혁신을 어렵게 만드는 힘과 요인을 불러낼 것이다. 우리는 우리의 경험과 어디에서나 발견할 수 있는 사례들을 통해 15개의 요인을 분석했다. 풀코스라기보다는 체크리스트에 가까운 이 내용들은 아마 당신도 많이 경험해 본익숙한 내용들일 것이다. 다음에 소개할 목록들은 당신이 속한 조직과 그맥락을 평가해 볼 수 있는 좋은 평가표가 될 것이다. 이 평가표는 당신의 조직이 어디에 있으며 어디에서 시작해야 하는지를 알려 주는 데 그 목적이 있다. 내용의 순서는 큰 의미가 없다.

1. 문제가 명확하지 않거나 비전이나 전략이 불명확하거나 정리되어 있지 않다

무엇이 성공을 정의 내리는가? 우리가 가장 좋아하는 요기 베라Yogi Berra의 말은 큰 공명을 일으킨다. "어디로 가는지 모르고 있다면 당신은 그곳에 도착할 수 없을 것이다." 당신의 미래는 무엇인가? 당신의 성공은 무엇이 정의 내리는가? 성취 가능한 목표(프로그램이나 프로젝트의 결과도 괜찮다.)를 갖는 것은 좋다. 하지만 만약 그 목표가 변혁이나 최소한 신속한 진화를 가리키지 않는다면, 당신에게 시장을 혁신할 능력이 있다고 하더라도 당신은 뒤처지게 될 것이다.

2. 조직이 그 핵심이나 내부 상품에 너무 집중되어 있다

자신이 이미 하고 있는 일에 너무 집중한다거나 물리적인 상품에 과도하게 집중되어 있는 사례를 보여 주는 조직을 종종 목격해 왔다. 그들은 더 넓은 맥락과 성취 가능한 혁신을 보지 못한다. 고객 서비스, 공급 체인, 내부 조직 문제 등 더 나은 가치와 경험을 가져다줄 수 있는 것들이 도처에 널려 있는데도 말이다. 상품은 그저 당신이 하는 일의 일부라는 사실을 반드시 기억하자. 제4장에서 소개될 래리 킬리의 "혁신의 10가지 유형"을 살펴보면서 이 내용을 다시 고찰해 보도록 하자.

3. 조직은 고객 '파악'에 실패한다

맙소사, 이런 사례는 너무 많다! 당신은 고객을 다 안다고 생각하고 그들에 관해 생각하는 데 많은 시간을 보낼 수도 있다. 하지만 당신이 정말 그들을 사로잡았을까? 가장 흔한 문제는 다음과 같다.

a. 누군가에게 그 일을 맡긴다. 당신은 직접 조사를 하고 고객과 시간을 보내는가? 아니면 조직 밖의 누군가에게 하청을 주는가? 가장 유명한 사례로 애플사는 직영 매장의 디자인을 제외하면, 고객 조사를 외부 인력에 맡기는 일에 단 한 푼의 예산도 사용하지 않는다.

b. 고객의 의도나 잠재적 혹은 암묵적 필요를 보지 않고 명시적 필요만 본다. 그들이 말하는 것을 듣는 것만으로는 충분하지 않다. 고객만족도 조사를 검토하는 것만으로는 충분하지 않다는 말이다. 당신은 더 깊이 들어가 고객의 필요를 전체적으로 살펴야 한다. 이 내용은 제4장에서 더 자세히 알아볼 것이다.

c. 집단적 사고에 굴복한다. 당신의 팀원들, 특히 현장에서 일하는 직원들은 회사의 상품이나 서비스에 대한 고객의 반응에 대해 생각하고 관찰한 내용을 자유롭게 표현할 수 있는가? 조직의 역학 구도나 수직적 서열이 고객에 관한 통찰을 표현하지 못하게 억누르고 있지는 않은가? 당신의 팀원이 동일한 배경을 가졌거나 조직 내에서 동일한 역할을 맡지는 않았는지도 조심히 살펴야 한다. 그럴 경우 고객의 피드백을 해석하는 데 동일한 편견을 가질 수 있기 때문이다.

4. 위험을 반대하는 문화가 있다

당신의 조직은 신중한 위험을 기꺼이 감수하는 것을 격려하는가? 아니면 억제하는가?

a. 다르게 사고하거나 실패하는 사람들이 책망을 받는가? 조직의 보상 시스템은 실패를 장려하는가(혹은 최소한 받아들이는가)? 최근 대부분의 기업들은 그들이 '실패를 감수'하며 또한 '신속하게 실패'하기를 원한다고 떳떳하게 선언한다. 하지만 그대로 실천에 옮기는 사례는 극히 드물다. 당신의 조직은 실적 평가 또는 이사회에서의 실패를 긍정적인 것으로 바라보고 있는가?

b. "조직 차원의 항체(organizational antibodies)"가 어디에나 강력하게 존재하는가? 특정 개인이나 그룹이 누군가의 실패나 변화를 거부하는 행위를 쉽게 발견해 낼 수

있는가? 조직의 전반적인 리더들은 그들이 보는 모든 것에 대해 흠 찾기 정신을 발휘하고 있는가?

5. 일일업무가 승리한다—조직의 리더들이 단기적인 성과에 너무 역점을 둔다

기업 문화나 리더십이 혹시 단기적인 수치나 목표에 너무 몰두해서 큰 그림을 제대로 보지 못하거나 큰 그림 안에서 행동하지 못하고 있지는 않은가? 이는 다음과 같은 네 가지 방식으로 드러난다.

  a. 혁신에 전념할 시간과 자원이 충분하지 않다.
  b. "비밀 실험실^{skunk works}"처럼 계획에 직접 연결되지 않은 그 무엇도 허용되지 않는다.
  c. 리더십이 전달하는 메시지에 변형적 혁신이 조금도 들어 있지 않다.
  d. 조직의 평가 지표에는 변형적 혁신에 해당하는 항목이 없다.

6. 조직은 현재 상태를 유지하는 데만 노력하고, 건실한 조사가 뒷받침된 '확실한' 근거가 있음에도 변형적인 혹은 파괴적인 혁신에는 거부감을 보인다

이 위험은 전형적으로 마지막 두 가지가 결합되어 나타난다. a) 조직이 극도로 위험을 꺼리거나 단기 목표에 초점을 맞추고 있고, b) 팀 내의 개인들이 살아남아야 한다는 일념하에 단기적이고 명확한 보상만을 바라는 것이다. 이 그림에는 또한 "성공의 자만심^{arrogance of success}"이 들어올 수 있는데 이는 자신의 조직이 이미 승리자라는 확신에서 오는 것으로 코닥^{Kodak}과 블록버스터^{Blockbuster}에서 그 사례를 찾아볼 수 있다. 업계의 최고라면 굳이 무엇을 위해 변화하겠는가?

7. 혁신이 조직의 중심에 있지 않고 '주요' 부서로 내장되어 있지도 않다

너무 많은 경우, 혁신 팀이나 혁신 연구소가 주력 사업과 조화를 이루어 협력하는 것이 아니라 별개의 시설로 따로 떨어져 있다. 이런 경우에 해당하는 혁신 조직은 상품 배달이나 업무상 고객과의 대면이 필요한 직원이나 부서와 어떤 연관도 갖지 않는다.

8. 혁신 활동과 관련한 내부 커뮤니케이션이 미약하다

어둠 속에서 윙크한다면 아무도 당신이 윙크하는 것을 모른다는 말이 있다. 모든 레벨의 고용인과 리더들이 변혁에 주파수를 맞추고 있는가? 비전, 혁신, 혁신적인 성과, 그리고 혁신적인 '정신'은 반드시 기업의 전면과 핵심에 자리 잡고 있어야 한다. 우리는 이를 조직으로의 '확산'이라고 부르는데, 바로 뒤에서 보게 될 제5장과 제6장의 중심 주제이기도 하다.

9. 조직의 초점이 결과가 아닌 절차에 맞춰져 있다

이것은 크고 복잡한 기업, 특히 그 안에 있는 혁신 관련 부문이 맞닥뜨리는 커다란 골칫덩어리 가운데 하나다. 혁신 부문은 우선적으로 기업 내의 절차나 방법론에 맞춰야 한다. 그것이 무엇이든 상관없이 말이다. 그것은 그 자체로 중요한 것이 되었다. 절차가 결과보다 더 중요해졌다. 스스로에게 질문을 던져보자. 절차가 혁신에 도움이 되는가? 아니면 사업 계획에 있어서 단지 체크리스트 정도의 역할만 맡게 되는 식으로 혁신이 절차에 도움을 주고 있는가?

10. 조직의 피라미드가 거꾸로 되어 있다

조직의 리더십만이 혁신의 동력이 된다면 매일 고객을 경험하는 일과 관련된 아주 중요한 부문은 혁신 과정에서 제외된다. 조직의 리더들은 대개 매일 고객을 만나지는 않는다. 그 결과 혁신이 고객에게 혜택을 주는 방향이 아닌 조직을 이롭게 하는 요인에 집중하는 방향으로 흘러갈 수 있다. 최전선에서 일하는 직원들이 혁신 조직 피라미드의 최고 위치에 있어야 한다!

11. 혁신 팀이 존재하지만 다양성이 충분하지 않다

당신의 조직에 혁신 팀이 있지만 모두 엔지니어들이라면? 그들은 기술 방면에서는 매우 박식하며 상품의 모든 것을 잘 알고 있다. 하지만 세계적 안목, 실제 세계의 '형태gestalt', 문제 해결 능력 등 의상 디자이너나 건축가들이 제공해 줄 수 있는 (우리 팀에는 이 두 종류의 구성원이 모두 존재한다.) 통찰을 갖는 일은 실패할 것이다. 이 부분에 대해서는 다음 장에서 조금 더 살펴보자.

12. 당신의 조직은 핵심 산업 트렌드에 대한 이해력이 부족하다

비슷하게 당신과 당신의 팀은 당신의 사람들, 영업 팀, 디자이너로부터 듣는 내용을 인식하고 있다. 하지만 그 정보를 어떤 방법으로 산업과 세계 트렌드에 '알려 줄' 것인가? 사람들에게 현재 트렌드를 제대로 '주입'시켜야 한다. 그냥 사람들이 아니고 '트렌드워처trendwatchers*'에게 말이다. 이 부분은 제6장에서 다시 살펴보겠다.

---

* 최신 유행과 소비자의 경향을 빠르게 포착·분석하여 기업들에게 그 정보를 제공하는 일을 전문적으로 하는 사람.

13. 혁신이 프로토타입이나 실례가 아닌 2차원적인 디자인과 서류에 기반하고 있다

많은 디자이너들이 종이나 컴퓨터 화면을 통해 연구하고 실험한다. 그 결과 프로토타입prototype이었다면 더 빠르게 파악할 수 있는 미묘한 차이와 고객 편의성에 대한 통찰을 놓치게 된다. 디자인 팀은 상품이든 절차든 디자인에 들어가기 전에 '실제적인' 방법으로 그것을 익숙하게 다룰 줄 알아야 한다. 제5장에서 더 자세히 살펴보자.

14. 기업의 상황이 좋을 때만 혁신에 대한 투자와 자원 배분이 이루어진다

특히 이익을 추구하는 세계에서 혁신적 발견을 위한 자금 지원은 기업의 재정 상태가 좋을 때에만 이루어진다. 기업의 재정 상태가 좋지 않을 때는 최우선 감축 대상이 되는 상황을 자주 목격한다. 이는 거꾸로 되었다. 혁신적 활동은, 특히 변형적 혁신의 경우 길이 울퉁불퉁할 때 최대로 이루어져야 한다.

15. 협업이 너무 적거나 너무 많다

협업collaboration이 거의 없을 경우 '문제'는 직접적으로 나타난다. 사람들은 버려졌다고 느끼고, 특히 최전선에 있는 사람들은 자신의 경험과 통찰을 제공하려 들지 않는다.

하지만 메이요와 같은 일부 조직은 협업에 그 기반을 두고 있고, 가끔 협업이 너무 많이 이루어진다! 메이요는 "부회장이 2,000명인 기업"으로 묘사된 적이 있다. 이는 모든 일에 관련된 사람의 수가 너무 많아서 업무 진행이 교착상태에 빠질 위험이 있다는 뜻이다. 알맞은 수의 구성원으로 이

루어진 올바른 고리가 조직 안에 세워지고 그에 맞춰 의사소통을 하는 것
이 핵심이다.

이 체크리스트는 자기 평가를 위한 도구로 제공한 것이다. 만약 당신이
복잡한 조직에서 일한다면 이런 장애물에 부딪혀 봤을 것이고 또 언젠가
는 넘어야 될 것이다. 우리는 그 과정을 겪었다. 이 책의 남은 지면 중 많
은 부분에서 그 극복 과정을 보여 줄 것이다. 복잡한 조직에서 혁신을 한
다는 것은 먼저 맥락과 상황을 바로 세워야 한다는 것을 의미한다. 그렇지
않을 경우, 혁신의 기운이 흡수된다고 하더라도 조직 안에 존재하는 마찰
력으로 인해 그 방향이 반대로 바뀌게 된다. 제일 먼저 할 일은 이 마찰력
을 발견한 다음, 작동할 수 있는 위치를 찾아 문화와 절차를 놓는 방향으
로 움직이는 것이다.

메이요 클리닉의 혁신 방식: 복잡한 기업에서의 변형적 혁신

우리는 장애물을 제거하고 변형적 혁신 모델을 채택하는 것이 성공적인
혁신 문화를 세우는 데 가장 중요한 핵심이라는 점을 믿는다. 이런 맥락에
서 변형적 혁신이란 목표이자 과정이 된다. 고효율적인 개선 방안이 전략
적으로 '겹치도록layering' 배치한다는 변형적 혁신이라는 아이디어는 조직은
물론, 심지어 산업 전체를 변혁시킬 수 있다.

당신이 이 목표에 도달하도록 돕기 위해 우리는 변형적 혁신의 정의와
핵심 특성을 다시 살펴볼 것이다. 이 개념과 정의는 우리에게 유효했다. 우
선 그 특징은 다음과 같다.

▶ 혁신은 고객 중심이다

혁신은 고객과 함께 시작되며, 우리의 경우 고객경험에서 시작했다. 고객이 아닌 다른 대답은 칭찬받지 못한다.

▶ 접근은 반복적이고 점점 증가하며 확산 가능하다

우리는 "한꺼번에 일어나는 boil the ocean" 하나의 변화를 추구하지 않는다. 왜냐하면 종종 그 규모 때문에 교착상태에 빠지기 때문이다. 우리는 층층으로 이루어진 일련의 혁신들을 추구했다. 각각의 혁신은 성취 가능했고, 비전을 진화시키는 방향으로 맞춰져 있었으며, 모두 성공을 거두고 교훈을 남겼다. 모두 지배적인 전략에 맞춰 조정된 것들이었다.

▶ 혁신은 기존의 기술과 모든 생각이다

만약 우리가 꼭 해야만 한다면 새로운 기술을 만들어 내겠지만 대체로 오히려 방해가 되고 자원을 소모하는 결과만 만들 뿐이다. 할 수 있다면 앱이나 통신 기술처럼 이미 존재하거나 새로 각광받는 기술들을 우리의 필요에 맞게 모아서 맞추는 것이 좋다.

▶ 혁신 개발 과정은 다양한 학문을 통합한다

우리의 경우 강력한 디자인과 과학 분야를 통합했다. 우리 디자이너들과 과학자들은 철저한 과학적 절차를 고수한다. 그 말은 가설을 세우고, 검증하고, 프로토타입을 만들고, 수정하고, 연구하고, 결론을 내린 다음 기록을 남긴다는 의미다. 철저한 실험적 접근과 디자인씽킹, 그리고 디자인 연구 원칙 규율을 합친 진정한 의미의 연구소라고 할 수 있다.

▶ 혁신은 양극을 연결하는 사고방식에서 생겨난다

우리가 어떤 프로젝트를 구상하든 그 프로젝트는 큰 그림 안에 맞거나 큰
그림에서부터 나와야 한다. 더 나은 의료서비스 제공이라는 비전에 맞지
않는 프로젝트는 성공하지 못한다.

▶ 혁신은 부정적 경험을 긍정적 경험으로 바꾸어 놓는다

매번 그런 것은 아니지만 종종 변형적 혁신은 부정적 경험을 긍정적인 것
으로 '변혁'시킨다. 이는 고객이나 환자가 상품이나 서비스에 대해 좀 더
긍정적으로 생각하도록 만드는 동시에 더 개선될 것이라는 생각에 익숙해
지도록 만든다. 자동차의 전기 시동 장치나 자동변속기, 혹은 은행의 ATM
을 생각해 보자. 이런 혁신은 부정적인 경험을 긍정적인 것으로 변형시킴
으로써 그 산업의 변혁을 도왔다.

▶ 혁신은 조직 내의 타성과 '항체'를 제거하기 위해 완전히 '주입'된다

진정한 변형적 혁신은 진공 상태에서 발생하지 않는다. 그 대신 혁신이 진
행되는 데 소요되는 조직의 지원과 헌신을 필요로 한다. 그것은 조직 내 모
든 사람들의 공통 목표이자 삶의 방식이 되어, 연구소의 입구는 물론 더 큰
조직의 입구를 환하게 밝히는 불이 된다. 팀원들은 상품이 시장에 나오는
것을 보고 진심으로 기뻐하게 된다. 안정적으로 이루어지는 양방향의 공
식적 커뮤니케이션 활동은 업무를 지원할 뿐만 아니라 리더들에서부터 일
반 사원에 이르는 모든 구성원의 행보를 하나로 맞추게 해 준다.

이런 개념을 생각하며 우리가 메이요 클리닉에서 사용하는 '변형적 혁신
transformative innovation'의 종합적인 정의를 살펴보자.

99

변형적 혁신은 고객과 고객경험을 구분 짓지 않고 한 통합체로서 집중하는 진화된 혁신의 형태이다. 변형적 혁신은 디자인 학문과 과학적 방법을 사용하여 기존의 새 기술을 통합하고 배치해서 경험과 효율성을 개선하는 것으로, 부정적인 경험을 발견하여 긍정적인 것으로 변환하는 것과 종종 관련이 있다.

변형적 혁신은 그 규모에 상관없이 고객에게 영향을 준다. 변형적 혁신은 대체적으로 경험을 변화시킨다. 그 상당한 변화가 개인과 개인의 그룹에 영향을 주는지는 중요하지 않다. 크기와 상관없이 변혁적이다. 우리는 메이요 클리닉 혁신센터에서 만드는 모든 결정에 이 정의를 적용했다. 우리는 끊임없이 질문을 던진다. 우리의 행동이 보건의료서비스의 경험과 시행에 깊은 영향을 줄 잠재력을 가지고 있는가?

이 정의와 특징은 우리에게 잘 작동했다. 21세기 미래 의료서비스 모델을 순조롭게 진행하고 생각하도록 해 주었다.

이 모델 속에서 일하면서 우리는 혁신에 장애가 되는 것들을 제거할 수 있었으며, 그 모든 것이 어떻게 일어나도록 할지 들여다볼 수 있었다. 조직 차원에서 혁신센터를 만드는 것이 그 첫 단계였고(제3장에서 소개할 것이다.), 이는 전략적이고 기술적인 차원(제2부에서 설명할 것이다.)으로 이어졌다.

파괴를 일으키는 방식의 변혁—자동차 산업의 사례

우리는 우리가 충분히 훌륭하지만 결코 혼자서는 의료서비스를 변혁하지 않을 것이라는 사실을 처음으로 인정하게 될 것이다. 너무 크다. 선수도 너무 많고 도전 과제와 퍼즐 조각도 너무 많다.

그래서 우리는 다른 중요한 산업에서 여러 겹의 다양한 변혁이 파괴를 일으켜 온 사례를 들여다보았다. 그런 파괴는 존재했다. 일어났다. 하지만 개인 차원이나 조직 차원의 리더 없이 자연스럽게 발생한 것들이었다.

20세기 자동차를 살펴보자. 자동차는 교통수단을 파괴시켰고 그렇게 함으로써 상업, 사회 구조, 그리고 문명의 핵심 과정의 파괴를 도모했다. 하지만 그 파괴가 일부 리더나 조직의 변혁적 비전 때문이었을까? 아니다, 명확하게는 그렇지 않다. 헨리 포드의 비전과 혁신이 그런 역할에 가깝긴 했다. 하지만 그때에도 포드의 외부 영역에서 들어온 일련의 변형적 혁신들이 그의 비전을 가능하게 만들었고, 제대로 작동시킬 수 있었다.

그리고 우리는 수많은 변혁으로 고객경험의 주변을 둘러쌌다. 긍정적으로 바뀐 부정적 경험의 목록이 충분히 쌓인 후 그 경험이 필요한 곳에 안착될 때 고객경험의 기반에 파괴가 일어나기 시작할 것이다.

자동변속기, 전기 시동 장치, 백미러 등 몇몇 핵심 혁신을 살펴보자. 그 자체로 파괴적인가? 그 혁신 아이템들이 혼자서 사람들의 이동 방식을 변화시켰는가? 아니다. 하지만 유리창 와이퍼, 방향 지시등, 에어컨, 잘 닦인 도로, 주유소 망 등 다른 종류의 혁신이 함께 모인 일련의 변혁 과정을 통해 마침내 주요 이동 수단으로서의 정기 교통 산업을 파괴시켰다. 각각의 교통수단은 그만의 가치를 가지고 있지만, 이제는 더 큰 산업의 혁신 안에서 부품의 한 역할을 맡게 되었다.

그런 변혁들은 다른 산업에서도 일어났다. 아이팟을 생각해 보자. 애플사는 이미 존재하는 여러 기술을 통합해서 아이팟이라는 기계를 만들어 냈

(뒷면에 계속)

다. 이 아이팟은 아이튠즈^iTunes와 함께 거대한 변혁으로 이어져 고객경험이 수백만 명의 사용자를 위해 '일'하도록 만들었다. 이제 디지털 음악은 당신의 스마트폰과 통합되었고, 스마트폰은 당신의 자동차와 연결되어 있다. 아이팟과 아이튠즈로 개인의 기성 음악 세계가 명백하게 '진화'하기만 한 것이 아니다. 그것은 일련의 변형적 혁신을 기반으로 세워졌고, 이 변형적 혁신은 더 거대한 비전에 의해 구동되어 새로운 파괴된 현실을 만들어 냈다. 알려진 기술과 새로운 디자인씽킹이 결합해서 음악이 전달되는 방식을 파괴시켰고 듣는 경험을 변혁시켰다. 애플사의 경우 기업과 산업이 모두 한 명의 걸출한 개인인 스티브 잡스^Steve Jobs에 의해 끌려왔고 변혁이 이 한 사람에 의해 이끌려 오고 있지만, 이는 예외적인 사례다. 일반적인 규칙이 아니다.

메이요에서 우리는 조직을 변혁시키는 것뿐만 아니라 의료서비스 산업을 변혁할 구성 요소를 찾고 있다. 현대 자동차의 역사에 조금 더 가깝다고 생각하는 우리는 21세기 의료서비스 모델을 움직이는 데 우리가 하나의 요인으로 작용하고 있다고 믿는다.

덜 파괴적 혁신

과거로부터 영감을 받아라. 미래를 혁신하라.

메이요 클리닉 혁신센터 입구에 걸린 현판

새로운 혁신 생태계 만들기
Building a New Innovation Ecosystem

메이요 클리닉 혁신센터

21세기로 진입하면서 의료서비스 분야에서 느끼는 변형적 혁신의 필요성은 그 어느 때보다 커지고 있다. 제2장에서 살펴보았던 것처럼 현재 시스템의 비용과 복잡도는 '티핑포인트^{tipping point*}'에 근접하고 있다. 공급자와 납부자가 얽히고설킨 복잡한 상황에서 필요한 변혁들은 가장 안정적이라고 평가할 수 있는 메이요 클리닉 같은 선수에게조차 파괴적으로 작용한다.

조직 차원에서 우리는 몇 년 전부터 이런 흐름을 발견해 왔다.

왜일까? 그동안 의료서비스의 혁신이 주로 더 나은 치료법과 더 발전된 기술, 도구, 장비, 과정 등 임상적 해결책의 발전에 중심을 놓고 있었다는 것이 부분적인 이유다. 오늘날은 이 혁신의 대부분이 대학과 대학병원에서 공공 기금과 개인 기부금을 통해 이루어지고 있다. 제1장에서 언급했던 것처럼 우리는 이 혁신 공간에 꽤 연관이 되어 있다. 연구는 메이요가 지향하

---

* 작은 변화들이 어느 정도 기간을 두고 쌓인 상태로, 작은 변화가 하나만 더 발생해도 갑자기 큰 영향을 초래할 수 있는 단계.

는 진료, 교육, 연구라는 세 개의 방패 가운데 하나이기도하다.

　하지만 이런 연구의 대부분은 순수 의학과 관련된 것이다. 환자경험이나 환자경험을 지원하는 절차가 아닌 치료법, 치유, 질병 상태의 완화, 증상 완화법 등과 관련된 것이라는 말이다. 대부분의 연구는 '건강wellness'이 아닌 '질병sickness'을 그 목표점으로 삼기 때문에 의료경험의 큰 부분은 언급되지 않는다. 우리가 그러한 혁신을 비난하는 것인가? 그렇지 않다. 그런 혁신은 임상 현장에서 의료서비스가 시행되는 과정과 질에도 핵심적인 역할을 한다. 우리는 지난 몇 년간 놀라운 일들을 눈으로 보았다.

　게다가 150년 동안 인류에게 헌신하고 의학을 발전시켜 왔던 메이요 클리닉의 역사에서 우리는 암 진단법의 일환으로 수술하는 동안 조직을 냉동시키는 방법, 통합 환자 진료기록 최초 고안 및 사용, 종양의 단계를 나누는 지표의 개발, 최초 병원 기반 혈액은행 운영, 코티손의 발견으로 노벨상 수상, 미국 FDA가 승인한 최초의 고관절 치환술, 북미대륙 최초 CT 촬영기 사용, 9·11 테러 공격에 대한 후속 조치로 탄저균 중독을 찾아내는 신속 진단 절차 개발 등을 포함한 여러 가지 인상적인 업적을 만들어 냈다.

　하지만 새로운 천 년이 펼쳐지면서 우리는 점점 더 커져 가는 격차를 발견하기 시작했다. 그것은 바로 환자의 진료경험에 관련된 디자인이나 효용성에 집중한 연구 조직이 없다는 점이었다. 제2장에서 살펴보았듯이 메이요 클리닉은 초기 플러머 박사 시절부터 환자경험과 통합진료의 중요성을 이해하고 있었기 때문에, 이 연구는 우리가 당연히 밟고 올라가야 할 다음 계단으로 느껴졌다. 우리는 과거로부터 영감을 받았고 아주 커다란 기회가 남아 있음을 보았다. 만약 21세기 의료서비스 모델을 위한 변혁 과정을 주도하는 데 집중하는 흐름을 만들어 낼 경우 메이요 클리닉의 성공도 계속될 것이라고 느꼈다. 그 '초점'은 전적으로 보건의료서비스의 경험과 시행에 집중하게 될 것이었다. 임상 분야에서는 거의 시도된 적이 없었던 과학적이고 디자인적인 원리를 적용하게 될 것이었다. 그것이 성공하기 위해서는 자원과 조직 차원의 동의가 있어야 했다. 그러므로 그 연구는 반드시 공식적으로 조직 내에 세워지고 자리 잡고 있어야 했다. 또한 조직 차원에서 이해하기 쉬운 방법론을 적용해야만 했다. 그 연구가 잘 되기 위해서는 믿을 만한 리더는 물론 메이요 최상위 지도부의 지지를 바탕으로 신뢰할 수 있는 방식으로 진행되어야 했다.

오늘날 이 '조직 차원의 초점'은 아직도 존재하고 있을 뿐만 아니라, CFI와 함께 발전하고 있다. 이번 장에서는 CFI의 역사와 주된 원리, 그 탄생부터 발전 과정에서 맞닥뜨린 어려움들을 극복한 방법, 그리고 혁신에 대한 접근 방법, 메이요 클리닉이라는 큰 생태계에 자리 잡은 과정, CFI가 당신의 조직과 어떤 연관이 있는지에 대해 천천히 살펴볼 것이다.

어려움을 만나기

이 책의 공동 저자이자 CFI의 공동 설립자이며 내과 과장을 지낸 니컬러스 라루소 박사는 2001년 환자경험에 집중하는 혁신 관련 부서를 메이요 클리닉 안에 세우는 문제에 관해 심사숙고했다. 그 당시 그와 동료들은 해결해야 할 장애물이 많다는 것을 알고 있었다.

경영권 매입의 확보, 기금 조성, 직원 모집, 투자금과 투자로부터 얻을 결과에 대한 분석 등 일반적인 장애물들이 많았다. 어떤 산업이나 기업이 변혁적 혁신을 조직하려고 할 때 대부분 이런 문제를 만나지 않는가? 메이요 클리닉 역시 다르지 않았다. 유능한 직원들이 한정된 예산과 정해진 마감일에 쫓기며 자신들이 잘하는 일을 해내는 데 전념하는 일상이 펼쳐지고 있었다.

하지만 이런 과제들 말고 우리가 극복해야 할 다른 과제들도 있었다. 이 과제들은 당신의 조직에 적용될 수도 있고 적용되지 않을 수도 있다. 의사와 의료 기관에 자리 잡은 기풍 및 마음가짐과 우리가 실제로 성취하려고 하는 변형적 혁신 사이에 존재하는 끊임없는 마찰이 바로 그것이다. 실패가 곧 죽음으로 이어질 수 있는 의사의 의학적 정밀성과 우리가 혁신해야만 하는 마음 깊은 곳의 지식 사이에는 자연스럽게 긴장 관계가 형성되어 있다. 더 나아가 특히 메이요의 의사로서 우리는 환자의 건강, 안전, 웰빙과 관련하여 우리가 알고 있고 할 수 있는 것들에만 안주하려고 하는 전통과 보수주의를 지나칠 정도로 고수하는 실수를 범한다. 하지만 그렇다고 해서 임상적 실습과 진료의 혁신가로서의 메이요 클리닉의 전통을 옹호하면 안 되는 것일까?

그렇다면 그러한 환경 속에서 우리는 어떻게 혁신적인 조직을 품고 진화시켜 왔을까? 우리가 견인력을 얻어 신속하게 해낼 수 있었던 이유는 무엇일까? 우리는 우리의 진화 속도가 빠르지 못했다는 것을 인정한다. 지금 이 자리에 오기까지 11년의 시간이 필요했다. 아마 조직에서 공격적이고 변혁적인 변화를 일으키려고 노력하는 독자라면 실망할 법한 기간일 것이라고 생각한다. 우리는 크게 생각했고 작게 시작했으며 특정 영역에서는 빠르게 행동했다. 그러나 의료서비스가 너무 거대해서 초기에 빠른 속도를 내지 못했다. 어쩌면 당신의 조직에서 원하는 속도만큼 빠르지는 못할 것이다.

그래서 우리가 이 비법을 당신과 나누고 싶은 것이다. 우리는 일련의 반복적인 단계를 밟으며 매우 신중하게 CFI를 세웠다. 우리는 우리의 관심사와 비전을 선언했다. 우리는 최상위 리더들로부터 지원을 받았다. 우리는 여러 해 동안 충분한 재정 공급을 받았다. 환경이 중요하다는 것을 초기에

인지하고 혁신에 도움이 되는 가시적인 물리적 공간을 만들어 냈다. 우리는 믿을 만한 리더들을 배치했다. 절차, 관료, 위원회 등에 초점을 맞추지 않고 결과에 초점을 맞춘 절차를 만들어 나갔다. 이는 앞 장에서 제시한 혁신을 방해하는 15개의 장애물을 피하기 위한 특별한 방법이었다.

이 모든 단계가 완벽하게 작동하지는 않았다. 하지만 당신이 우리의 비법대로 따라온다면 우리보다 더 빠른 속도로 목표 지점에 도달하게 될 것이다. 우리는 이런 마찰을 이해하고 그 안에서 살고 있는 이해 당사자들과 함께 혁신을 가시적이며 동반자적으로 진행해 왔다. 시작할 때는 레이더망을 피해 날아다니는 '비밀 실험실' 모델이었지만, 이 혁신들이 모양을 충분히 갖추자 우리는 신속하게 레이더망에 모습을 드러냈다. 왜냐하면 '마찰을 겪고 있는' 참여자들과 관리팀은 레이더망에 잡히지 않는 프로그램을 특히 무서워하는 경향을 보이기 때문이다. 우리는 조직의 '앞과 중앙'을 차지하고 거기에 머물기로 했다.

우리는 우리가 사용했던 방법, 과정, 성공(그리고 실패)을 조직의 다른 사람들에게 전달하는 데 특별한 주의를 기울였다. 우리의 역할은 환자경험과 의료서비스 시행에 중점을 둔 혁신을 개발하고 실행하는 것뿐만이 아니다. 조직에 스스로 혁신할 수 있는 능력과 자신감으로 이루어진 '혁신적인 사고'라는 예방접종을 놓아 주는 것도 우리의 역할이라고 보았다.

만약 당신이 우리의 이야기와 성공으로부터 무언가를 배운다면, 당신은 조직 안에 있고 신뢰할 수 있으며 경험이 주도하는 성공적인 혁신센터를 만들어 낼 것이다. 우리가 지금 공유하고자 하는 내용이 당신을 우리처럼 성공할 수 있게 도울 것이다. 아주 짧은 시간 안에 말이다. 이것이 좋은 소식이다. 나쁜 소식은 당신 역시 메이요에서 이루어진 것에 필적할 정도의 헌신을 해야 하는데, 그것이 그렇게 쉽지는 않을 것이라는 점이다.

남은 이야기는 주로 혁신을 작동시키고 성공시키는 데 필요한 자원, 신용, 리더십을 통해 혁신의 실제가 시작된 이야기이다. 누구나 비밀 실험실을 시작할 수는 있다. 그러나 복잡한 조직에서 제대로 작동하며 빠른 견인력을 얻을 수 있는 혁신 팀을 시작하는 일은 훨씬 어렵다. 이제부터 우리는 우리가 이루어 낸 성공에 대한 이야기보다는, 혁신 팀이 어떻게 작동했고 왜 작동했는지를 알려 주는 '비밀 소스secret source'에 더 많은 중점을 두어 설명할 것이다.

CFI의 짧은 역사

메이요 클리닉 혁신센터의 이야기는 메이요 클리닉 내의 가장 큰 의사 그룹인 내과부Department of Medicine, DOM에서 시작한다. 이곳의 내과부장인 의학박사 니컬러스 라루소와 그의 행정 파트너인 바버라 스푸리어(이 책의 공동 저자이기도 하다.)가 지도부였다. 그들의 팀에는 내과외래부장인 의학박사 마이클 브레넌Michael Brennan과 당시 DOM의 내과부부장이고 현재는 혁신센터의 의학 디렉터를 맡고 있는 의학박사 더글라스 우드Douglas Wood가 포함되어 있었다. DOM은 이미 메이요의 연구진이 승승장구하고 있었던 임상적 혁신을 넘어 환자 중심의 혁신이 필요하다는 사실을 깨달았다. 이 혁신 활동이 단계적으로 진화했다.

"혁신을 촉진하자." 이 슬로건은 2001년 초반, DOM의 전략적 계획에 들어 있는 여섯 개의 목표 가운데 하나로 자리 잡았다. 이 목표는 정식으로 디자인 연구소의 창립으로 이어졌다. 이곳은 보고, 계획하고, 행동하고, 다듬고, 소통하는 연구소the See, Plan, Act, Refine, Communicate(SPARC) Lab로 알려졌다. SPARC와 다른 부서의 계획들은 정식 DOM 프로그램에 합쳐졌고, 이는 혁신적인 의료서비스 시행 프로그램으로 알려지게 되었다. SPARC는 쇼케이스이자 주력 상품이었고, 디자인씽킹과 혁신 규율을 적용한 초기의 몇몇 성공을 만들어 냈다. 2008년 여름 이 프로그램이 조직 내에서 더 넓게 자리 잡으면서 오늘날의 CFI가 형성되고 시작되었다.

다음은 그 과정에서 있었던 몇 가지 흥미로운 일들이다.

초기 SPARC

공동 저자인 니컬러스 라루소는 초기에 메이요와 환자경험이 직면한 도전 과제에 대해 몇몇 동료들과 논의했다. 특히 그들이 궁금했던 것은 임상진료가 연구되고 발전했던 것처럼, 의료시행 과정이 체계적으로 연구될 수 있는가에 관한 것이었다. 초기의 논의는 니컬러스와 마이클 브레넌 사이에 일어났다. 더블린에서 태어난 아일랜드인인 브레넌 박사가 내오는 기네스 맥주 몇 병을 앞에 두고 오랜 시간 동안 논의가 오고 가곤 했다.

그들은 자신이 하기를 원하는 것과 의학계 밖에 있는 사람들이 하는 것 사이의 연관 관계를 살펴보았다. 특히 서비스 산업 분야에서의 시도들이 눈에 들어왔다. 그렇게 해서 외부 전문가 및 컨설턴트와 약속을 잡았고 마침내 협업으로 이어졌다. 함께 협업을 진행한 가장 대표적인 사례로는 디자인 혁신 컨설팅 그룹인 IDEO를 비롯하여 대형 사무가구 회사인 HGA 아키텍츠 앤 엔지니어HGA Architects and Engineers, 스틸케이스Steelcase 등이 있다. 이 관계는 아직까지도 이어져 오고 있다. 특히 스틸케이스의 전임 최고경영자인 짐 해킷Jim Hackett과 IDEO의 창립자이자 최고경영자이며《디자인에 집중하라》의 저자인 팀 브라운과는 아직도 밀접한 관계를 유지하고 있다.

당시뿐만 아니라 지금도 유효한 핵심 사고는 바로 디자인 규율, 즉 디자인 중심의 사고방식이 의료서비스 안으로 들어올 수 있게 발달시키는 것이

그림 3.1. 초기 SPARC 연구소

다. '디자인씽킹'에 대해서는 제4장과 제5장에서 더 많이 살펴보게 될 것이다. 그러므로 여기에서는 디자인씽킹이라는 것이 고객의 진정한 필요를 위한 빈틈없고 맥락적인 분석과 그 고객을 이롭게 하는 혁신을 시행하는 데 접근하는 열린 방식들을 통합시키는 것이라고 말하는 정도면 충분하다.

DOM 리더십 팀은 '비밀 실험실' 연구소라고 부르는 SPARC(그림 3.1)를 세웠다. 2002년에 시작된 연구소에는 네 명의 직원이 있었다. 이들은 메이요 건물 안에 있는 특별한 디자인으로 건설된 업무 공간에서 시작했다. 이 무렵 이 책의 공동 저자인 바버라 스푸리어가 행정 책임자로 DOM에 합류했다.

SPARC는 설립 첫해에 환자의 흐름을 살펴보았다. 환자가 대기실과 진료실을 어떻게 활용하는지, 의사들과 어떻게 교류하는지, 더불어 장치들이 어떻게 배치되었는지 등을 들여다보았다.(그림 3.2) 그 결과 '진료실의 재디자인'이라는 혁신이 시작되었다. 공간을 넓히고, 날카로운 모서리를 없앴다. 회전식 컴퓨터 모니터를 설치한 덕분에 의사와 환자가 앉은 자리에서 모니터를 들여다볼 수 있게 되었다. SPARC는 이 "잭앤질 진료실Jack and Jill rooms"을 탈의, 진찰, 회의 공간으로 나누어 각각의 목적에 맞게 꾸며 놓았다.(그림 3.3) 이 프로젝트에는 환자들이 새로 디자인된 진료실에서 자신이 받는 진료에 대한 참여도가 더욱 높아진다고 느낄 것이라는 가설이 깔려

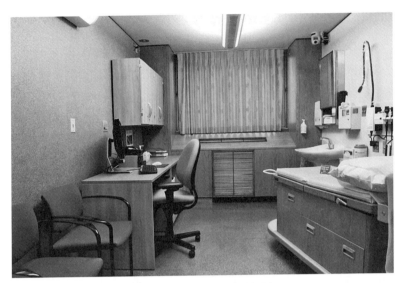

그림 3.2. 리모델링 전의 진료실 모습

그림 3.3. 리모델링이 끝난 '잭앤질 진료실'

있었고, 이는 사실로 드러났다. 당뇨병 환자를 위한 의학적 식이요법과 단계를 설명하는 '의사결정 안내문'도 마찬가지였다.

SPARC의 초기 성공은 혁신 과정을 단계별로 밟아 갔던 것과 특히 '디자인씽킹' 덕분이었다. 더불어 DOM에서 이어 온 리더십 팀의 초기 신뢰 덕분이었다. SPARC의 성공과 헌신을 지켜본 의사들은 "SPARC의 친구들"이 되었고 초기 SPARC 프로젝트에 함께했다. 또한 공식화한 활동의 결과로 외부 후원자의 선물이 들어왔고, 이는 이 개념이 더욱 빠르게 전진하는 데 큰 도움이 되었다. 강력한 리더십 팀과 조화를 이룬 내부 절차, 조직 차원의 관심 끌기가 초기 성공의 비결이었다.

처음에 우리는 일반적인 '비밀 실험실들'처럼 레이더망 아래에서 움직였지만 그때에도 프로젝트는 많은 결실을 맺었고, 최고를 자부하는 조직적인 리더십 팀의 헌신을 바탕으로 더 많은 공식 프로그램을 진행했다. '비밀 실험실'이라는 말은 록히드 마틴Lockheed Martin*에서 유래된 말이다. 비밀 실험실은 높은 수준의 자주권과 자원을 가지고 시간이 장부에 기록되지 않는 관료 영역의 바깥에(그리고 종종 조직의 외부에) 존재한다. 때로는 비밀스러운 프로젝트도 진행한다. 우리의 프로젝트도 이렇게 시작했다. 그러나 의료계와 같은 조직의 헌신과 지원을 얻기 위해서는 반드시 더 공식적이고, 가시적인 노력을 해야만 한다는 것을 빠르게 깨달았다.

우리는 비밀 실험실이었을 수도 있고 아니었을 수도 있다. 우리는 그저 새로운 것을 시도하고 있었고, 이를 위한 보호막이 필요했을 뿐이다. 그때 DOM이 그 가림막을 제공해 주었던 것이다. 하지만 우리는 더 좋은 것들이

---

* 1995년 록히드 코퍼레이션(Lockheed Corporation)과 마틴 마리에타(Martin Marietta)의 합병으로 탄생한 미국 최대의 방위산업체.

우리 앞에 놓여 있음을 깨달았다. 그것은 바로 우리가 좀 더 눈에 띈다면 메이요 지도부와 의료진의 지원을 받을 수 있게 된다는 사실이었다.

우리는 CFI가 비밀 실험실의 가장 좋은 특징(독립권의 보장, 엄격한 계층 구조의 부재, 관료주의의 부재, 비전통적인 절차 등)을 정식으로 탑재한 동시에, 제대로 된 직원을 갖추고, 눈에 잘 띄며 '공적인' 내부 조직이라는 특징이 복합된 혼합체라고 생각한다. 실제로 의료 기관에 통합된 최초의 디자인 영역이라는 명성은 현재까지도 유효하다.

혁신센터가 탄생하다

SPARC는 두 가지 점에서 성공적이었다. 우선 공간 디자인과 환자 흐름 patient flow 및 생명에 관한 환자 소통에 있어서 유용하고 신뢰할 만한 혁신을 일으켰다. 그러나 이 두 번째가 더 중요하다고 할 수 있다. 그것은 바로 환자 중심적이고, 디자인에서 이용 가능한 혁신을 그 특징으로 하는 '내장형 디자인 연구소 embedded design lab'라는 개념을 메이요의 진료와 문화에 보여 주었다는 것이다.

'소통 Communicate'을 의미하는 SPARC의 'C' 역시 성공담의 중요한 부분이 되었다. SPARC 프로젝트와 그 성공은 조직의 다양한 부분에서 제시되었다. 관련 책자가 인쇄되고 활동을 소개할 수 있는 인터넷 사이트가 구축된 것이 그 예다. 의사들은 웹 사이트에 들어와 디자인 샘플 개발에 참여했고, SPARC 안에서 프로젝트를 상상하고 시작할 수 있었다. 이러한 소통의 노력은 니컬러스 라루소가 DOM의 수장으로서 메이요 안에 쌓아 놓은 신뢰성과 잘 맞아떨어졌고, 시간이 흐르면서 SPARC는 메이요의 지도부와 DOM의 외부에 있는 개인들의 관심을 사로잡았다.

실제로 SPARC는 더 공식적인 환자 중심의 혁신 조직을 위한 디자인 프로토타입으로 등장할 수밖에 없었다. 2007년 로체스터이사회[the Rochester board of governors]와 당시 메이요의 최고경영자이자 회장이었던 의학박사 글렌 포브스 사이에서는 조직 차원에서 구조적으로 확장된 노력이 더욱 필요하다는 논의가 공식적으로 시작되었다. 이는 결국 혁신센터의 출범으로 이어졌다. 포브스 박사는 DOM의 혁신적인 의료서비스 시행 프로그램을 폭넓게 신뢰해 주는 사람이었고, 이 노력이 더 넓은 조직 차원에서의 능력으로 발전할 수 있도록 메이요의 리더들을 격려했다.

바버라 스푸리어는 니콜라스의 행정 파트너로서 팀에 합류했다. 당시 메이요 클리닉 임상진료위원회에서 혁신적인 노력을 주도하고 있었던 이 책의 공동 저자 지안리코 파루지아 박사 역시 합류했다. 메이요 클리닉이라는 거대한 조직 내에 CFI가 출현한다는 사실은 2007년 9월에 열린 심포지엄 〈**변혁**〉에서 공식적으로 발표되었다. 심포지엄 〈**변혁**〉은 의료서비스 경험의 혁신을 내·외부적으로 보여 주는 의과대학 후원 행사다. 이렇게 기반이 마련되었고, 2008년 6월 SPARC 연구소는 CFI의 공식 부문으로 통합되었다.

이번 장을 통해 당신은 CFI가 메이요 조직 안에서 작동하는 방식이 다른 복잡한 조직에 있는 혁신그룹이나 연구소와는 달리 독특하다는 것을 알게 될 것이다. 메이요 혁신센터는 비전을 가지고 시작했다. 이 부분에 대해서는 광범위하게 다룰 예정이다. 직원들 역시 독특한 부분인데, 이에 대해서 조금 뒤에 설명할 것이다. 당신은 우리의 운용 목적, 철학, 원리의 독특함과 명확성을 확인하게 될 것이다. 당신은 우리가 메이요의 내부와 외부에서 핵심적인 개인들 및 그룹들과 어떻게 파트너를 이루는지 보게 될 것이다. 그리고 마지막으로 중요한 것은, 당신이 우리가 CFI를 헌신적이고, 공적이며, 가시적이고, 디자인 중심적인, 더불어 변화 주체형이자 내장형 그룹으로서 어떻게 운영하는지 확인할 수 있다는 사실이다.

전문가들의 이야기

당신이 여기까지 우리의 글을 쭉 읽어 왔다면, 서문에서 소개한 혁신 전문가 래리 킬리와도 꽤 친숙해졌을 것이다. 킬리는 혁신 시스템 개척으로 유명한 혁신 전략 회사인 도블린의 회장이자 공동 창립자이다. 도블린은 딜로이트 컨설팅 LLP의 한 유닛으로 자리를 잡았다. 킬리는 〈블룸버그 비즈니스위크Bloomberg Businessweek〉에서 선정한 "혁신 분야를 변화시키고 있는 7명의 대가 가운데 한 명"이기도 하다. 그는 큰 조직에서의 혁신에 관해 굉장한 통찰을 제시한 사람이다. CFI에 대해서는 이렇게 이야기했다.

"저는 메이요 클리닉 혁신센터가 다양한 비즈니스 유닛과 진료 영역의 리더들의 충분한 임계 질량*을 확보하고자 노력했던 점은 아주 탁월했다고 생각합니다. 그들에게 메이요 클리닉이 혁신에 대한 관점을 가지고 있고, 혁신과 관련한 독특한 절차를 보유하고 있으며, 혁신에 헌신하고 있다는 점을 설득해서 충분한 가속력을 만들어 내고자 했던 노력 말입니다."

지원에의 설득. 충분한 가속력. 혁신에 관한 관점. 조직만의 독특한 절차와 헌신.
효과적인 재료.

---

* 핵분열 연쇄 반응을 유지하는 데 필요한 최소한의 질량.

CFI 방식: 철학과 지배 원칙

크고 복잡한 조직에 있는 대부분의 혁신 팀과 마찬가지로 메이요 클리닉 혁신센터는 그 초기부터 여러 가지 도전 과제에 직면했다. 제2장에서 왜 큰 조직이 혁신할 수 없는지, 혁신을 하더라도 그 과정이 왜 어려운지에 대해 15가지 이유를 들어 설명한 바가 있다. 또한 우리는 디자인 기반의 혁신적 사고와 우리가 함께 일하는 의사들의 마음속에 있는 모험을 두려워하는 보수적인 기풍 사이에 내재하는 마찰에 대해서도 전반적으로 설명했다. 이 모든 요소와 명성, 위원회 중심으로 접근하는 의사 결정, 과거와 현재 성취한 것들에 대한 자부심, 그리고 솔직히 말하자면 그 성공에 대한 '자만' 등 메이요 조직 차원의 "세로 줄무늬들^pinstripes"을 결합하면 혁신센터로서 함께하기에는 굉장히 까다로운 결합물이 나타난다.

물론, 당신이 적당한 준비 작업을 하지 않았을 경우에 말이다.

초기에 우리는 CFI에 맞는 형태, 구조, 비전, 지배 원칙을 아주 주의 깊게 고민했고, 조금은 허우적대기도 했다. 우리는 혁신이 번성할 수 있는 '문화'와 기능을 만들었고, CFI가 조직 전체에서 혁신의 촉매제와 기폭제 역할을 맡기를 원했다. 우리와 함께 일한 전문가들은 우리에게 제대로 작동하는 것들과 그렇지 않은 것들을 구분할 수 있는 통찰력을 주었다. 사우스 벤드^South Bend에 있는 메모리얼 병원^Memorial Hospital과 메드트로닉^Medtronic 같은 의료 기관이나 IBM, 프록터 앤 갬블^Proctor & Gamble, 카길^Cargill, 3M, 스틸케이스, IDEO 같은 다른 분야의 혁신 리더 조직들도 방문했다. 우리는 혁신에 관한 모든 책을 살폈고, 우리의 구성 안에서 그 개념들을 실험했다. SPARC와 함께한 1단계 계획에서 얻은 성공과 실패들을 관찰했다. 마지막으로 우리는 미세 조정을 거친 (반복 사용이 가능한) 지배 원칙을 만들어 냈다.

당신에게 경험을 통해 확인한 이 8개의 원리를 소개하고 〈그림 3.4〉에

서 핵심 키워드를 보여 주도록 하겠다. (그리고 책 전반에 걸쳐 다른 원리들도
찾을 수 있을 것이다.)

1. 혁신 규율을 세워라

키워드는 '규율'이다. 그것을 세우고 실천하며, 조직 내에서 그 규율을 옹
호하라.

2. 다양한 팀원을 모집하라

디자이너, 프로젝트 매니저, 엔지니어, 건축가, 상품 디자이너, 인류학자 등
의료계 외부의 사람들은 다양한 배경지식과 사고방식을 제공할 수 있다. 여
기에 과학자들과 조직 관련 전문가들을 합친 뒤 자주 잘 섞어 주어라.

3. 창의력과 디자인씽킹을 포용하라

고객 중심, 실험과 프로토타입, 예술과 과학이 모두 수렴한다. 실패는 당연
한 것이며, 용납되어야 한다.

4. 환경이 중요하다

실리콘밸리 스타일의 열린 실험 공간을 만들어 실제 공간을 시뮬레이션할
수 있도록 하자. 이런 공간은 실제성, 협업, 창의성을 만들어 낸다.

5. 고객과 이해 당사자와 함께 공동 창조하라

당신이 진행하는 프로젝트의 모든 단계에 공동 창조의 기회를 포함시켜
라. 당신의 생각만이 아닌 고객과 이해 당사자의 생각이 만들어지고 가속
화될 수 있는 플랫폼을 제공하라.

6. 큰 아이디어 플랫폼을 중심으로 조직하라

모든 프로젝트는 큰 그림과 비전에 맞는 것이어야 한다. 큰 아이디어의 수는 최소화해서 분명하게 표현하고, 그 아이디어와 관련하여 체계화하자.

7. 내부 및 외부와 협업하라

분야별로 적당한 선수를 선발하고, 상황에 맞는 외부의 참여와 파트너십 및 후원을 연결하자. 상아탑 같은 연구소는 절대 안 된다!

8. 당신의 비전, 과정, 결과를 끊임없이 공유하라

비전에 관해 교류하고 혁신의 원칙과 도구에 관한 내용을 조직에 '주입'하자. 함께하기 위해서는 눈에 보여야 하고, 쉬워야 하며, 유용해야 한다. 이는 제6장의 주제이기도 하다.

혁신으로 부터 얻은 교훈

· 혁신 규율을 세워라
· 다양한 팀원을 모집하라
· 창의력과 디자인씽킹을 포용하라
· 환경이 중요하다
· 고객과 이해 당사자와 함께 공동 창조하라
· 큰 아이디어 플랫폼을 중심으로 조직하라
· 내부 및 외부와 협업하라
· 당신의 비전, 과정, 결과를 끊임없이 공유하라

그림 3.4. 혁신 지배 원칙의 핵심

이 8개의 항목은 우리의 기풍을 정의하며, CFI에서 일어나는 모든 행동

에 스며들어 진화하는 문화 청사진이다. CFI의 모든 팀원은 이 원칙을 이해하고 이에 따라 살아간다. 이는 또한 우리를 메이요 공동체에서 살아남고 발전하도록 해 준, 외부 세계에서 살아남고 발전하게 해 줄 우리의 특징이기도 하다.

CFI 방식: 생각은 크게, 시작은 작게, 행동은 빠르게

미네소타 주의 캐논 폴스Cannon Falls는 로체스터와 트윈시티의 중간쯤에 자리 잡은 아주 작은 중서부 마을이다. 이곳이 유명한 이유는 첫째, 버락 오바마 대통령이 2012년 대통령 선거를 시작한 곳이자, 둘째, 너바나Nirvana를 비롯한 가수들이 음악 녹음 작업을 한 패치덤스튜디오Pachyderm Studio가 있는 곳이며, 셋째, 멀리 떨어진 의사와 의사, 의사와 환자 사이의 교류를 가능하게 해 주는 통신 수단인 메이요 클리닉의 e컨설트 플랫폼의 첫 원거리 테스트 장소이기 때문이다.

어쩌면 당신은 캐논 폴스에 대해 전혀 들어 본 적이 없을지도 모르지만, 우리가 캐논 폴스를 언급한 것은 한 가지를 강조하기 위해서다. 그 한 가지는 우리의 운용 문화의 다른 특징적인 부분과 연결되고 발전된 것으로, CFI 운용 철학의 트레이드 마크로 자리를 잡았을 뿐만 아니라 부서의 모토이자 서브 브랜드subbrand가 되었다.(그림 3.5) 그것은 바로 이 책의 제목이기도 한 "생각은 크게, 시작은 작게, 행동은 빠르게"이다.*

자, GE의 "더 나은 삶We bring good things to life"이라든지 코카콜라가 "코카콜라

---

* 《덜 파괴적 혁신》의 원서 제목은 'Think Big, Start Small, Move Fast'이다.

그림 3.5. CFI의 운용 철학

와 함께라면 더욱 신이 나요. ^{Things go better with Coke}"를 내거는 것처럼, 이런 모토는 여러 곳에서 찾아볼 수 있다. 서브 브랜드가 무엇이기에 이렇게 특별할까? 시엠송? "엘리베이터 피치^{elevator pitch}*"? 우리가 TV 광고를 찍으려는 것도 아닌데 왜 중요한 것일까?

중요한 점은 바로 우리의 디자인과 실행 규율에서 항상 이 개념을 가지고 활동의 틀을 세운다는 것이다. 우리는 의료서비스라는 우주에 '영향을 미칠 수 있는' 정말 중요한 것들에 대해 "크게 생각"한다. 큰 규모나 복잡한 실행법을 가지고 한꺼번에 모든 것을 해내려고 노력하지 않고, "작게 시작" 한다. 따라서 우리는 캐논 폴스에 메이요가 운영하는 클리닉을 열고, 알래스카의 앵커리지에 유방암 센터를 열어 우리의 'e컨설트' 아이디어를 실천해 보기로 결정한 것이다. 우리는 프로토타입에서 배우고, 이 프로토타입을 근거로 조직을 설득하여, 더 크고 반복적이고 단계적으로 일어나는 실행을 일으키기 위해 "빠르게 행동한다."

우리가 만약 이 프레임워크를 사용하지 '않았을' 경우 어떤 일이 일어날지 들여다본다면 그 중요성이 훨씬 잘 이해될 것이다.

---

* 어떤 제품이나 서비스 또는 기업과 그 가치에 대해 빠르고 간단하게 요약하여 설명한 것.

▶ 만약 '크게 생각'하지 않았다면, 우리는 결코 의료서비스 산업을 변혁시킬 수 없었을 것이다. 우리의 프로젝트들이 성공을 거두었다 해도 지속적으로 계속되는 지원을 모으기에는 충분하지 않았을 것이다. 사소한 이슈에 너무 많은 에너지를 사용해 버렸을 것이다.

▶ 만약 '작게 시작'하지 않았다면, 우리의 프로젝트들은 너무 크거나 복잡해서 그 실행이 느려지고 모호해졌을 것이다. 그뿐만 아니라 다시 반복하지 못했을 것이고, 그 과정을 지나오면서 아무것도 배우지 못했을 것이다. 프로그램이 작동하는 데 너무 많은 시간이 걸렸을 것이고, 어쩌면 차선의 결과만 만들어 냈을지도 모른다. 혁신은 관념적인 동시에 실제적이어야 한다.

▶ 만약 우리가 '빠르게 행동하지' 않았다면, CFI보다 더 큰 우리의 조직인 메이요가 관심을 잃어버렸을 것이다. 우리의 '내부 선수들' 역시 관심을 잃어버렸을 것이다. 혁신가들은 혁신이 시장에 나오는 것을 보고 싶어 한다. 궁극적으로 우리는 변혁을 이끌 기회를 잃어버렸을 것이다.

그렇기 때문에 우리의 모든 프로젝트는 중요한 혁신이라는 큰 그림에 들어맞아야 했고, 빠른 시행과 풍부한 프로토타입을 얻을 수 있을 정도로 충분히 작게 구성되어야 했다. 우리는 프로젝트에 착수한 뒤 최소한 6개월 안에 중요한 프로토타입을 시행하려고 노력한다. 이 부분은 제3부에서 자세히 살펴볼 것이다.

CFI 방식: 성공을 위한 구조

큰 조직 내에서 혁신 능력이나 내부적인 혁신 역량을 세우고자 할 때, 처음부터 구조에 대해서 너무 많은 생각을 하지 않는 것이 당연하다. 아이디어, 범위, 직원, 공간, '문화'에 대해서는 생각하지만 대체로 활동의 '구조'에 대해서는 많이 생각하지 않는다. 많은 사람들이 구조를 아이디어가 흘러가는 흐름을 역행하는 것으로 볼 뿐만 아니라, 시간이 흐르면서 아이디어가 스스로 체계를 잡아 가는 것이라고 생각하는 경향이 있다. 그러나 우리는 그 생각에 동의하지 않는다.

구조의 중요성

만약 우리의 믿음처럼 혁신이 규율이라면 처음부터 구조를 세우는 것은 아주 중요하다. 어떻게 하면 비전을 깔끔한 칸으로 나눠 효과적으로 다룰 수 있도록 구조화할 수 있을까? 어떻게 하면 프로젝트들이 각 칸으로 나뉘어 들어가서 이탈하거나 비전에 반대되지 않도록 구조를 잘 짤 수 있을까? 구조는 그 어떤 혁신적 투자에도 중요하다. 특히 크게 생각하고 작게 시작하고 빠르게 행동하려는 혁신 팀에게는 더욱 그렇다. 사실 우리에게 효율적인 작업 구조가 '없었다면', 크게 생각하고 작게 시작하며 빠르게 행동하는 혁신을 이루어 낼 수는 없었을 것이라고 생각한다.

그렇다면 '구조'는 무슨 의미일까? 구조는 조직도가 아니다. 우리의 경우 '구조'는 '업무의 구성'이다. 우리의 프로그램과 프로젝트가 변혁적인 비전의 중요한 목표인 플랫폼에 맞춰 조정될 수 있을까? 어떻게 하면 조직 차원의 자원을 조정하고, 우리의 비전과 성취 및 더 높은 수준의 혁신 역량을 조직의 나머지 구성원에게 '주입'하여 이런 활동을 지원할 수 있을까? 이것이 바로 '구조'의 의미이다.

우리의 업무와 의무를 구성하는 것은 세 가지 중요한 도움을 준다.

▶ 그 팀에 어울리는 적당한 인재를 배치할 수 있다.
▶ 유닛 안의 개인은 각자의 활동이 어떻게 어우러지는지 볼 수 있다.
▶ 그룹 밖의 사람들은 비전을 보고 맞추며 또 우리와 어떻게 일할지 이
해할 수 있다.

아마도 마지막 결과가 가장 중요하다고 할 수 있다. 시각적인 구조를 갖
는 것이 우리의 구성원들과 파트너들로 하여금 우리가 하고 있는 일과 그것
이 더 큰 비전에 어떻게 부합하는지를 들여다볼 수 있게 해 주기 때문이다.
구조는 우리의 능력과 성취를 제시할 때 가장 중요한 부분이 된다.

CFI 업무 구성: 플랫폼, 핵심, 연구소

'구조'를 설명하는 가장 좋은 방법은 지난 세월 동안 발전해 온 우리 스스
로의 구조를 보여 주는 것이다. 〈그림 3.6〉은 메이요 클리닉 혁신센터의 본
질을 구조라는 관점에서 보여 준다. 의료서비스의 패러다임을 바꾸려고 하
는 지배 비전은 모두 "나를 위해 항상 그곳에Always be there for me"라는 문구로 표
현된다. 이는 계속 진행 중인 '보건'과 오늘날 의료서비스로 알려진 '건강상
의 문제'가 진행되는 동안의 효율적 시행, 이 두 가지 부분으로 나뉘어 있
다. 다시 말해 우리는 질병의 치료뿐만 아니라 보건'에서도' 특정 역할을 감
당한다. 이 비전은 다음 부분에서 좀 더 자세히 설명될 것이다.

일의 앞뒤가 바뀐 것 같지 않은가? 일반적으로 먼저 비전을 제시하고,
'그런 다음에' 그 비전을 실행하는 구조의 필요성이 논의되지 않던가? 우
리가 조금 다르게 접근하고 있는 것이 사실이지만, 이 접근법은 제대로 작

동해 왔다. 구조 안에서 비전을 설명할 때 그 반대의 경우보다 좀 더 효과적으로 설명된다. 핵심은 그 두 가지가 함께 작용하며, 비전과 구조가 제대로 세워지기 위해서는 많은 반복이 필요하다는 것이다. 때때로 구조는 비전을 정의하는 데 도움이 될 수도 있다. 이 점은 이 섹션과 다음 섹션에서 더 명확하게 이해할 수 있을 것이다.

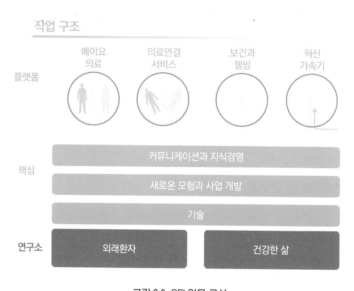

그림 3.6. CFI 업무 구성

우리 구조의 핵심은 다음과 같다.

▶ CFI 플랫폼

CFI는 '변혁을 위한 전략적 기회 영역'이라고 할 수 있는 네 개의 플랫폼으로 구성되어 있는데, 그것은 바로 메이요 의료, 의료연결서비스, 보건과 웰빙, 그리고 혁신가속기다.

● 메이요 의료

메이요 의료 플랫폼은 환자 진료를 기반으로 하는 건물 시설, 외래 진료, 병원 환경 등을 개선하기 위한 계획을 포함한다. 이 계획은 방문 이전, 방문, 방문 이후 과정, 공간 디자인, 정보 수집과 기록 시스템, 진료 교육과 학습 도구 등을 포함하지만 거기에 국한되지는 않는다. CFI 플랫폼 안에서 진행된 계획이 결과로 나오는 과정은 메이요 의료에만 적용되는 것이 아니라, 궁극적으로는 다른 의료 시행 기관에서도 모방될 수 있다.

● 의료연결서비스

의료연결서비스는 그 이름에서 알 수 있듯이, 의료 기관 시설 밖에서 의사의 참석 없이도 환자에 대한 진료가 가능하게 해 주는 일련의 장치들을 말한다. 의료연결서비스 프로젝트는 의사나 다른 의료 공급자를 환자와 직접 연결시키거나, 더 나은 의학적 자문을 얻고 싶어 하는 지역 의사들을 메이요의 의사와 연결시켜 주는 방식이다. 의료연결서비스 프로젝트는 네트워킹과 모바일 기술을 통합해서 일반 진료나 특정 질병 혹은 만성 질병 관리 등에 활용될 수 있다.

● 보건과 웰빙

보건과 웰빙은 개인과 가족의 보건과 '웰빙'을 최적화시키는 것에 관한 플랫폼이다. 웰빙은 건강의 유지와 의학적 치료를 피해 가는 것 모두에 적용된다. 보건과 웰빙 프로젝트는 개인들이 자신의 보건을 최적화하고 기능적인 상태를 유지하거나 개선할 수 있는 결정권을 증대시켜 준다.

● 혁신가속기

혁신가속기 플랫폼은 메이요 조직 전반에서 일어나는 혁신을 교육하고 배양하고 시각적으로 나타내는 프로그램을 포함하고 있다. 이 플랫폼에는 메이요 클리닉 직원들의 아이디어를 크라우드소싱하는 인터넷 기반 도구와 CoDE라고 하는 배양기가 있는데, 이는 매년 10개 정도의 아이디어를 선택하고 자금을 모으고 지원하는 내부 벤처 캐피털 회사 같은 역할을 맡는다. 또한 이 플랫폼에서 매년 국제적인 심포지엄인 〈변혁〉을 개최해서 내·외부적인 양력을 제공하고, CFI의 활동을 시각적으로 보여 준다. 혁신가속기 플랫폼에 대해서는 제6장에서 조금 더 자세하게 살펴보게 될 것이다.

▶ 핵심

여기에는 우리의 프로그램을 지원하고 이 프로그램이 조직의 다른 부서나 조직의 외부와 연결되도록 하는 일련의 기술과 서비스가 포함되어 있다. 정보 기술, 커뮤니케이션, 기업 개발 같은 서비스가 메이요 안의 담당 부서로부터 도입된다. 자원들은 공식적으로 담당 부서에 보고되고 이는 광범위한 내부 네트워크를 만들어 내는 데 도움이 되지만, 이 자원들은 CFI 그룹 안에서 사용되고 배치된다.

▶ 연구소

이곳은 우리가 새 모델을 실험하고 프로토타이핑하는 물리적인 연구 공간이다. 행정 처리의 본부인 CFI 사무실 외에 '다학제 간 디자인 외래환자 연구소Multidisciplinary Design Outpatient Lab'라는 독립적인 공간이 있다. 이곳은 실제 외래환자 환경을 시뮬레이션하고 프로토타입의 요구에 따라 실제 환자를 다룰 수 있도록 구성되어 있다. 또한 '건강한 노후와 독립적인 삶 연구소Healthy Aging and Independent Living Lab'를 운영한다. 이곳은 메이요가 소유 및 운영하고 있는 '지속적인 돌봄과 은퇴 커뮤니티Continuing Care Retirement Community, CCRC'인 '차터하우스^{Charter House}'에 거주하는 노인들의 실제 거주 환경을 시뮬레이션할 수 있는 기능 중심의 연구소이다. '건강한 삶 연구소^{Healthy Living Lab}'는 2015년에 새롭게 오픈될 예정으로 집과 사무실에서 보건과 웰빙 서비스 및 관련 장치를 실험하고 프로토타입을 만드는 데 집중하게 될 것이다.

너무 최소한의 설명만 제공된 것처럼 느낄지도 모른다. 하지만 플랫폼, 핵심, 연구소에 관한 이야기는 앞으로도 자주 등장하게 될 것이다.

플랫폼은 우리의 작업을 구성하는 것을 돕는다. 하지만 우리의 작업을 관리하는 구조가 없다면 완벽하지 않다. 그래서 우리는 '프로그램'과 '프로젝트'를 네 개의 각 플랫폼 안에서 정의한다.

▶ 프로그램

프로그램들은 플랫폼 안에서 특정 진료 분야나 활동을 위한 기술 기반에 맞춰진 주요한 전략적 활동이다. 프로그램은 각각의 프로젝트들을 개별적으로 관리할 때보다 더 큰 효용성과 효율성을 얻기 위해 관련된 프로젝트를 통합·관리한다. 의료연결서비스 안에는 'e헬스^{네트워크 커뮤니케이션}'와 'm헬스^{모바일}', 그리고 특정 질병 프로그램이 있다. 출산을 앞둔 임산부를 지원하는 OB네스트나 당뇨병 환자를 위한 지원 플랫폼 등이 그것이다. 보건과 웰빙 프로그램에는 노년층을 위한 건강 증진, 학습과 생활을 위한 학생 웰빙, 그리고 지역사회의 보건을 개선하고 자원을 편성하는 일을 디자인하는 공동체 프로젝트 등이 포함되어 있다. 메이요 의료 플랫에는 '화성 외래환자 진료 재디자인^{Mars Outpatient Practice Redesign}'이라고 하는 큰 프로그램이 포함되어 있다. 이는 전문의 진료의 효율성을 높이고 비용을 줄이는 것을 그 목적으로 한다.

▶ 프로젝트

마지막으로 지금 막 소개했던 프로그램 산하에 100개가 넘는 프로젝트가 진행되고 있다. 이 프로젝트는 전략적이고, 일시적이며, 주어진 시간 안에 시행이 될 수도 있고 시행되지 않을 수도 있다. 완료되는 시점은 모두 다양하며, 자원이나 실험 스케줄의 영향을 받아 잠시 동안 실행되지 않을 수도 있다. 프로젝트 리스트에는 CoDE에서 매년 수상과 지원을 진행하는 프로젝트가 포함되어 있다. 프로젝트를 위한 이 구조는 CFI를 처음 세웠을 때도 완성된 형태는 아니었다. 비전이 발전하는 것에 따라, 프로젝트와 관련된 아이디어가 흘러들어 옴에 따라, 사업의 필요가 변화함에 따라, 그리고 우리가 성장함에 따라 프로젝트의 리스트 역시 발전했다. 실제로 현재의 구조는 CFI 2.0 버전이다. 부록 B에 현재 진행 중인 프로젝트를 열거해 두었다. 메이요 클리닉의 CFI 파트너 목록은 초기부터 정리되어 부록 A에 제시되어 있다.

우리가 메이요 단체 안에서 주류로 성장함에 따라 우리의 플랫폼, 연구소, 핵심 구조는 계속해서 발전했다. 플랫폼은 더욱 정교하고 명확해졌다. 2008년 초기에는 다섯 개였던 것이 현재는 네 개로 바뀌었고, 다양한 프로그램과 특정 프로젝트 및 성과 지표로 이루어진 포트폴리오를 구성하고 있다. 경험을 바탕으로 조언하자면, 혁신 부문을 시작할 때는 구조를 최대한 빨리 세우고 필요에 따라 발전시켜야 한다.

CFI 방식: 성공을 위한 비전

이제, 마침내, 혁신센터의 비전이자 21세기 의료모델인 의료서비스를 변혁하려는 지배 비전에 도착했다. 당신이 지금까지 읽은 모든 역사, 구조, 맥락을 따라 자연스럽게 이 비전에 도착했다. 그리고 이 비전은 다시 우리가 하는 모든 일을 인도한다.

이 비전은 간단명료하게 한 문장으로 말할 수 있다. '나를 위해 항상 그곳에.' 어쩌면 그 뜻을 이해하거나 행동으로 실천하기에는 너무 높아 보일지도 모른다. 하지만 실제로는 개인과 조직 사이에 형성되는 장기적인 관계를 의미하는 것으로, 그 관계는 일련의 처리 과정과 사건을 초월하는 평생의 파트너십을 말한다. 이상하게 보인다면, 고객과 단지 고장 난 자동차를 고쳐 주는 것을 넘어서는 관계를 맺기 위해 열심히 노력하는 회사와 산업을 생각해 보면 된다.

비전: 나를 위해 항상 그곳에

우리가 더 나은 기술과 메이요 팀의 힘을 합쳐 고객과 계속적인 관계를 유지한다면, 더 나은 환자경험과 더 높은 환자만족도 및 낮은 비용이라는 의료적 성과를 제공할 수 있을 것이라고 생각한다. 더 이상 '아파서 병원에 간다.'가 아니다. 우리의 새로운 모델은 '빠르고, 친절하며, 효과적인' 방식으로 언제든지 지속적인 의료서비스를 제공하는 것이다.

좀 더 자세하게 풀어 보자면, 우리의 비전은 '이곳과 저곳, 그리고 모든 곳에서의 보건의료서비스'라고 할 수 있다. 이것은 단지 질병을 고치는 것뿐만이 아니라 보건에 관한 것이다. 지속적인 보건과 그 유지에 관한 것이다. 이는 모바일 장치를 사용하거나 여러 장소에서 실시간 진료를 제공하는 의료서비스 팀을 활용해 어느 곳에서든 이루어지게 될 것이다. 현재와 미래의 기술들을 통해 우리는 대부분의 병원 방문을 구식으로 만들 수 있다. 그 대신 사람들은 자신이 생활하고 일하는 곳에서 진료와 치료를 받게 될 것이다.

우리의 모든 플랫폼과 프로그램, 그리고 프로젝트는 의료서비스가 급성 환자의 치료를 넘어서도록 확대되는 아이디어를 중심으로 이루어진다. 이는 병원과 진료실에서 우리가 이용할 수 있는 것을 뽑아내고, 진료실 등의 설비를 더 나은 경험으로 변혁시키는 일과 동시에 성취될 것이다. 이 모든 것이 우리의 미션으로 수렴된다.

미션: 보건의료서비스의 시행과 경험을 변혁하라

'오직 이곳'에서 '이곳과 저곳, 그리고 모든 곳'으로의 변혁

자, 좋다. 하지만 어떻게 그곳에 다다를 수 있을까? 어떻게 하면 오늘날 우리가 설비 중심의 '고장—수리' 의료 패러다임을 질서 있게 이행시킬 수 있을까? 우리 역시 아주 오랫동안 고민했다.

〈그림 3.7〉의 도표는 시간의 흐름에 따른 21세기 의료서비스 모델의 진화를 보여 준다. 물론 동시적으로 발생하는 것은 아니다. CFI의 세 개의 시행 플랫폼인 메이요 의료, 의료연결서비스, 그리고 보건과 웰빙을 통해 이루어질 것이다.

X축은 당연히 시간이다. 점진적이면서도 꾸준하게 21세기 모델로 발전해 나가는 것을 볼 수 있다. 그 발전은 단순한 치료를 위한 의료서비스를 넘어서는 곳으로 우리를 데려다줄 것이다. 또한 무게중심이 의사의 진료실과 병원으로부터 환자의 집과 마을로 이동하게 만들 것이다.

우선 우리는 메이요 의료 내에서 환자경험을 개선시킨다. 개선된 외래환자 설비와 워크플로우, 병원경험, 환자의 지식, 그리고 스태프 간의 더 나

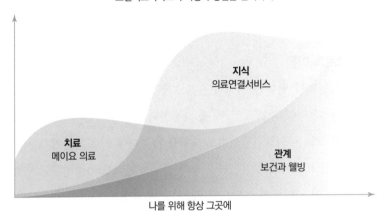

지식
의료연결서비스

치료
메이요 의료

관계
보건과 웰빙

나를 위해 항상 그곳에

그림 3.7. CFI 비전: 21세기 의료서비스 모델

은 균형은 의사를 방문한 사람들이 더 '빠르고, 친절하며, 효율적인' 절차를 경험하도록 만들어 줄 것이다. 이것이 바로 복합적이고 강화된 오늘날의 의료 모델이다. 시간이 흐르면서 우리는 의료연결서비스 능력을 개발할 것이고, 이는 유지와 치료 서비스 주기의 어느 시점에서라도 의사와 환자가 기술을 통해 연결되어 있도록 해 줄 것이다. 이런 기술이 더욱 개발되고 정교해지고 확산된다면, '이곳'의 메이요 의료는 변혁의 일부로 남게 되겠지만, 기술을 통해 더 많은 진료가 '저곳'과 '모든 곳'에서 시행될 수 있다. 마지막으로 우리는 웰빙과 건강한 삶이라는 개념을 발전시켜 의료가 시간을 초월하도록 만들 것이다. 의료연결서비스를 통해 이 모든 것 역시 '저곳'과 '모든 곳'에서 시행될 수 있다.

최종적인 결론. 우리는 보건의료서비스의 알맞은 균형점에 도달하게 될 것이다. 우리는 이 상태를 "의료의 리듬을 변화시키는 것changing the rhythm of care"이라고 표현하고 싶다. 이것이 21세기 의료서비스 모델로의 변혁의 핵심이다. 그리고 언제 이 일이 일어나게 될까? 우리는 현재 이 균형이 이루어지는 시점을 2018년으로 목표하고 있다.

좌측으로의 이동

이 다차원적인 변혁을 설명하는 또 다른 방법으로 〈그림 3.8〉에 있는 '좌측 이동 다이어그램Shift Left diagram'을 사용한다. 〈그림 3.7〉의 도표처럼 〈그림 3.8〉의 도표는 의료연결서비스 도구를 사용하여 의료 기관에서 시행되는 전통적인 의료서비스가 아닌 건강과 웰니스 관리로의 점진적인 변혁을 보여 준다. 이러한 변화는 의료서비스의 전체 비용을 줄이면서도 삶의 질을 개선해 준다.

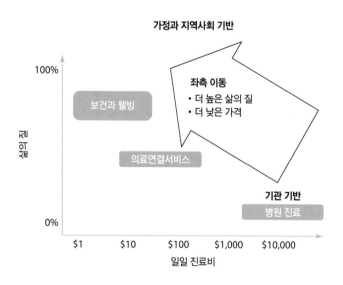

그림 3.8. 좌측으로의 이동

CFI 방식: 성공을 위한 공간

이제 우리는 혁신센터 건물이라는 개념적인 측면에서 조금 더 '실제적인' 측면으로 이동하여 CFI의 시설과 연구소를 살펴볼 것이다. 초기부터 우리는 '혁신은 특별한 장소를 필요로 한다.'고 믿었다.

많은 혁신 활동 중에서도 특히 '비밀 실험실'은 이미 존재하는 시설 중에서 안 쓰는 공간이나 심지어 기업의 실제 작동하는 주요 공간의 외부 어딘가를 임대하는 식으로 운영되어 왔다. 하지만 우리는 처음부터 정확한 위치에 정확한 종류의 공간을 가지는 것이 중요하다고 느꼈다. SPARC 때로 돌아가 생각해 보았다. 그 결과 우리는 CFI 공간이 디자인 센터의 외관과 느낌을 가져야 하며, 우리가 혁신하고자 하는 진료과와 개인들을 위해 최대한 그 중심에 깊이 자리 잡아야 한다고 결론 내렸다. "디자인 센터 같은 외관과 느낌" 부분에서 우리는 창의성을 키워 주고 아이디어를 교환하고 발전시키는 데 가장 중요하다고 생각하는 팀의 형성과 자유로운 네트워킹을 이끌 수 있도록 열려 있는 현대적이고 협업적인 공간을 원했다. '격의 없는' 토론은 그때나 지금이나 우리에게 매우 중요한 의미를 가진다.

곤다 16

원래의 공간은 IDEO와 스틸케이스의 도움으로 디자인되었다. 스틸케이스의 경우 SPARC 연구소에 가구를 제공했고, 곤다 빌딩 16층에 자리 잡은 디자인실과 본부(그림 3.9)에 많은 양의 가구를 제공했다. 메이요 클리닉 의료 기관 안에서도 지리적으로 가장 중앙에 자리 잡은 10,000평방피트* 크

---

* 약 281평 정도 되는 면적.

그림 3.9. 곤다 빌딩 16층에 있는 CFI 본부

기의 공간이다. 사무실의 배열은 계속 달라졌다. 하지만 협업이 용이하도록 책상을 가까이 마주보게 배치한 열린 공간 및 큰 테이블과 유리벽이 있는 다양한 콘퍼런스 룸, 그리고 컴퓨터와 디스플레이 면에서 최신 사양을 유지하는 것은 여전히 유지되는 특징이다.

만약 곤다 빌딩 16층에 있는 사무실에 걸어 들어간다면, 당신은 화이트 보드와 유리벽과 창문을 이용한 '메모 벽writing on the wall'을 볼 수 있을 것이다. 여기에는 팀원들이 주고받은 다양한 대화가 담겨 있다. 열린 공간, 유리벽, 포스트잇들과 프로젝트를 요약한 포스터는 협업을 용이하게 해 줄 뿐만 아니라 각 프로젝트들 사이에 투명도를 높여 준다. 팀원들은 말 그대로 서로의 작업을 들여다볼 수 있고 서로 관련되어 있다고 느낀다. 프로토타입을 전시하고 작업할 수 있는 공간도 있어서 의료연결서비스 프로젝트와 같은 프로토타입 개발 기술 솔루션을 쉽게 보고 경험할 수 있다.

우리는 그것을 우리의 혁신가들을 "방해하지 않는 공간space that doesn't get in the way"이라고 부른다. 그 공간은 우리와 다른 이해 당사자들, 그리고 메이요 구성원들 사이에 장애물을 만들지 않는다. 이 공간의 '앞 무대'는 메이요 클리닉 직원들이 활용할 수 있도록 열려 있는 곳으로 CFI와 함께 일하지 않아도 공간을 경험해 볼 수 있다. '다르게 생각'하는 마음가짐을 갖게 하는 마법 같은 주문을 걸어 준다. 우리의 공간은 중요하지만 결코 배타적으로 사용되지 않는다. 이 공간은 메이요 클리닉의 진열장으로도 유명해졌으며, 우리 존재의 기본 구조의 핵심이기도 하다.

다학제 간 디자인 외래환자 연구소와 HAIL 연구소

디자인 공간 외에도 환자경험을 연구하고 새 모델의 프로토타입을 개발할 공간이 중요했다. 그 공간은 환자를 위해서 가능한 한 최대로 실제와 같아야 했고, 기존의 행동과 새로운 행동을 관찰하기에 적합한 환경이어야 했다. 이 연구를 위해서 우리는 두 개의 전용 연구소를 갖게 되었고, 그 밖의 다른 공간도 활용했다.

공식적으로는 '다학제 간 디자인 외래환자 연구소Multidisciplinary Design Outpatient Lab'로 알려진 외래환자 연구소는 곤다 빌딩 12층에 위치하고 있다.(그림 3.10) 가구와 벽은 이동이 가능하고 벽 장식에 자석 처리가 되어 있어서 변화가 있을 경우 외관과 느낌이 어떨지 실제로 보여 줄 수 있다. 또한 여러 기술이 유용하게 사용되어서 실제 상호 교류를 시뮬레이션할 수 있으면서도 관찰자들은 관찰을 통해 필요한 정보를 수집할 수 있다. 실제 환자가 대기실에서부터 접수처, 그리고 진료실까지 가는 모든 과정을 시뮬레이션해 볼 수 있다.

앞에서 언급했던 것처럼, CFI의 'HAIL 연구소'라고 알려진 곳에서 노년

그림 3.10. 곤다 빌딩 12층의 외래환자 연구소

층의 삶에 관한 연구를 진행하고 있다.(그림 3.11) '로버트 앤 알렌 코곳 노
화센터^{Robert and Arlene Kogod Center on Aging}'와 파트너십을 맺어 운영되는 이 연구소는
물리적으로는 차터하우스에 위치하고 있다. 메이요 로체스터 센터에 근접
한 지역에 자리 잡고 있으며, 400여 명의 입주자들에게 의료를 제공하는
지속적인 돌봄과 은퇴 커뮤니티이다. 연구소의 환경은 은퇴자들을 위한 주
택 지구 아파트를 그대로 재현해서 거실과 침실, 화장실, 주방뿐만 아니라
중앙 식당 시설과 간호사실도 갖추고 있다. 이 연구소는 보건과 웰빙 플랫
폼 내에 있는 '내 집에서 나이 들기^{aging-in-place}' 프로그램의 실험 및 프로토타
입 개발을 위해 설치되었으며, 외부 기관 역시 다양한 연구 프로젝트를 목
적으로 활용하는 곳이기도 하다.

　우리는 프로토타입 개발 연구소를 위한 공간 외에도 정기적으로 환자를
찾아가 관찰과 인종적인 이해를 도모한다. 예를 들어 우리가 입원환자들
의 환자경험을 연구한다면 우리는 병원에 있는 환자 및 그 환자들의 가족

그림 3.11. HAIL 연구소

들과 어울린다. 심지어 그들의 전체 경험을 이해하기 위해 그들의 집을 방문하기도 한다. 농촌 지역 거주자의 관점에서 보건을 이해하기 위해 디자이너와 인류학자가 미네소타의 한 마을에 몇 달 동안 파견된 일도 있었다. 또한 디자이너들이 학생들의 필요를 이해하기 위해 애리조나 주립대학 같은 캠퍼스로 파견된 적도 있다. 당시의 연구 주제는 학생들의 스트레스 관리와 보건의 최적화였다.

CFI 방식: 성공을 위한 직원 모집

CFI는 디자인과 의학이 교차하는 지점에 자리 잡은 헌신적이고 다학제적인 팀이다. 우리는 의료계 안팎에서 다양한 종류의 사람들을 채용해서 팀을 꾸리는데, 이들은 우리의 디자인과 프로그램 관리에 다양한 기술과 동기를 제공한다. 우리의 그룹에 합류하는 사람들은 새로운 아이디어와 변화를 좋아하고, 현재의 상태에 머무는 것을 불편해한다. 그들은 혁신의 모호함과 까다로움을 견뎌 낼 수 있고, 바깥세상에서 얻은 교훈과 의료계의 현실을 통합하여 결과를 만들어 낼 수 있다.

4명으로 시작했던 SPARC 시절에서부터 차츰차츰 발전해 온 우리 팀은 현재 60명으로 구성되어 있으며, 우리의 학문적 배경은 아래와 같이 다양하다.

- ▶ 서비스 디자이너(14)
- ▶ 혁신 코디네이터(5)
- ▶ 행정보조인력(4)
- ▶ 진료보조인력(4)
- ▶ 프로젝트 매니저(13)
- ▶ 플랫폼 매니저(4)
- ▶ 기술 분석 및 프로그램 담당(5)
- ▶ 의사(5)
- ▶ 사업 개발 매니저(1)
- ▶ 의료 및 행정 디렉터(2)
- ▶ 운용 매니저(1)
- ▶ 디자인 전략가(1)
- ▶ 재정 애널리스트(1)
- ▶ 기타―간호사, 법률가, 시스템과 절차 및 언론 홍보 지원 서비스, 인적 관리 팀

직무 분석표: 서비스 디자이너

업무 개요

혁신센터의 팀원으로서 디자이너는 내부적으로 메이요의 의료서비스 시

행을 혁신하고자 하는 진료과, 부서, 위원회에 컨설팅을 제공한다. 디자이너는 인간 중심적이면서도 참여적인 '디자인씽킹' 방식을 사용하여 환자, 공급자, 기관 차원의 충족되지 않은 필요를 찾아내고, 이 필요를 만족시키기 위한 서비스 개념이나 사업 전략을 창조해야 한다. 이 방법에는 관찰 연구, 인터뷰, 워크숍의 시행, 내·외부의 연구 활동 담당, 연구 데이터의 통합과 관련된 개념적인 틀 마련과 통찰 형성, 프로젝트 후원자에게 명확하고 설득력 있으며 시각적인 방법으로 발견과 개념에 대해 소통하는 것 등이 포함된다. 대부분의 프로젝트는 본질적으로 다기능 팀으로 교차 진행되고, 책임은 나뉘거나 공동 부담이 되며, 다른 영역의 규율 및 인력과 함께 문제를 해결할 수 있다. 디자이너는 독립적으로 작업하기도 하고, 다른 디자이너나 프로젝트 참여자와 함께 협업할 수도 있는 필수 멤버다.

최소 학력 및 경력 요구 기준

인터랙션interaction, 그래픽, 산업디자인 혹은 커뮤니케이션 관련 전공 석사 학위 소지자로서 디자인 프로젝트, 팀, 혹은 다른 창의적 조직에서 4년 이상의 관리 경력 보유자. 또는 인터랙션, 그래픽, 산업디자인, 커뮤니케이션 관련 전공의 학사 학위 소지자로서 디자인 프로젝트, 팀, 혹은 다른 창의적 조직에서 8년 이상의 관리 경력 보유자. '디자인씽킹' 관련 지식 보유 내지는 디자인 조사 도구와 방식을 이해하고 있음을 증명할 수 있어야 함. 주요 작동 시스템과 전반적인 정책과 과정, 그리고 조직의 목적에 대한 이해를 개발하고 유지해야 함. 프레젠테이션, 협상, 설득, 팀 커뮤니케이션, 글을 통한 소통 능력 등 고도의 대인관계 기술이 요구됨.

(뒷면에 계속)

디자이너는 반드시 여러 우선순위가 포함된 프로젝트라는 다양한 업무 하중을 독립적으로 관리할 수 있어야 함. 업무의 우선순위를 정하고 문제의 본질과 전체적인 긴급성을 파악할 수 있어야 함. 컨설팅, 디자인, 연구 수행, 조직에 중요한 경제적·기능적 영향을 줄 수 있는 문제에 관한 해결책을 개발하고 실행할 수 있어야 함. 높은 우선순위를 가진 프로젝트와 때로는 변화하지 않으려고 하는 환경에서 이루어지는 복잡한 작업이기 때문에 강한 시간 관리 능력과 건강한 판단력이 요구됨.

추가적인 경력 또는 자격증

창의적인 문제 해결 기술. 궁금해하는 마음과 열정적인 직업윤리. 디자인 계획과 디자인 연구 방법에서의 경험. 의미 있는 연구로 디자인 과정을 풍성하게 하려는 열정. 모호하고 복잡한 문제에도 여유 있는 마음. 다양한 전문가와 학문 영역에서 효율적으로 일할 수 있는 능력. 복잡한 프로젝트를 효과적으로 리드하는 능력이 뒷받침되었음을 증명할 수 있는 프로젝트 관리 경험. 거친 인터랙티브 프로토타입interactive prototype을 만드는 능력. 인디자인, 포토샵, 일러스트레이터, 플래쉬 또는 드림위버를 익숙하게 사용하는 능력. 공식·비공식 프레젠테이션을 통해 동료와 고객에게 디자인 작업의 의미를 전달하는 능력. 새 직원, 인턴, 수습 직원의 멘토가 되어 주는 것. 핵심 조직 프로세스, 임상진료, 지원 영역에 대한 깊은 이해. 자신만의 고객 그룹에게 독립적으로 컨설팅을 제공하는 작업과 비슷함.

우리의 핵심 인력에는 사업 개발 매니저, IT 전문가, 커뮤니케이션 행정 직원, 프로젝트 매니저, 그래픽 디자이너, 미디어 전문가 등이 포함되어 있다. 또한 간호사, 의사, 임상간호사, 의사보조인력과 진료보조인력 등의 의료서비스 팀 소속 멤버도 포함되어 있다.

앞에서 언급했던 것처럼 우리는 다양한 기술과 경험이 팀 안에 모여 있는 것을 자랑스러워한다. 우리의 멤버들은 메이요의 다른 직원들과 비교했을 때 여러 가지 면에서 독특하다고 할 수 있다. 우선 연령대가 더 어리고, 여성의 비율이 높으며, 다양한 경력을 가지고 있다. 우리 팀원의 약 50%가 의료서비스 업계의 밖에서 온 사람이다. 우리 안에는 건축가, 인류학자, 패션 디자이너, 인류학자, 전임 IBM 주변장치 제조 엔지니어 등 다양한 커리어를 가진 직원들이 포함되어 있다. 우리는 이와 같은 학문의 다양성이 틀을 짜는 능력과 문제 해결 능력, 그리고 진정한 인간적 경험을 만드는 데 도움이 된다고 강하게 확신한다.

우리 팀의 문화적 기풍을 언급하는 것이 의미가 있다고 생각한다. 업무 분담과 부서 구조가 정교하게 정의되었지만 우리는 좀 더 느슨하고 비공식적인 '격의 없는' 종류의 방식을 선호한다. 하지만 이는 다른 조직은 물론 메이요 클리닉 내의 다른 부문과 비교해서도 전혀 뒤지지 않는다. 우리는 계급적 구조와 관료주의를 제한하고, 개인에게 가능한 한 많은 자주권과 융통성을 제공한다. 모든 직원이 서로의 직급 대신 서로의 이름을 부르고, 작업 공간은 열려 있으며, 가능할 때마다 개방적으로, 격식 없이 의사소통을 진행한다. 우리의 공간은 우리의 팀원들뿐만 아니라 메이요 조직 내의 다른 구성원들이나 우리를 방문하는 외부의 손님들에게도 동일한 안락함을 제공한다. 우리의 주안점은 구조와 형식상의 절차가 아닌 '협업'과 '업무'에 놓여 있다.

CFI 방식: 파트너링, 네트워킹, 외부 활동

파트너십은 거의 모든 기업에서 이용 가능한 자원과 지식 기반을 확장시키고 업무의 목적을 달성하는 데 유용하다. 아이디어를 교환하고 자원을 공유하는 파트너십은 그런 파트너십이 부재할 때에 비해 서로가 더 많은 것을 얻을 수 있도록 도와준다. 이는 결국 업무 달성의 속도를 높일뿐만 아니라 전략적으로 여러 자원들과 지적 재산, 또는 브랜드를 공유하기 위해 '상생win—win'하는 파트너십을 찾는 일이다.

메이요는 보다 큰 혁신 프로그램에서 '파트너링partnering*'을 하는 개념을 포함했다. 우리는 브랜드 가치를 제공할 수 있고, 일부의 경우 우리의 파트너들에게 혁신과 해결책을 제공할 수 있으며, 심지어 자격을 제공할 수도 있는데, 이는 메이요의 매출원이 된다. 파트너 측은 재정이나 지적 재산뿐만 아니라 그들의 경험을 통해 도와주거나 일부의 경우 우리의 프로그램을 실험하거나 개선할 수 있는 환경을 제공할 수도 있다.

우리에게는 상업적, 비영리적, 조직적, 학문적 영역의 파트너들이 있다. 이들 중 대부분이 미국 내에 있지만 일부는 해외 단체이기도 하다. 'e컨설트'를 위해 시스코Cisco**와 파트너십을 맺은 것처럼 우리는 특정 기업과 협업을 진행하기도 한다. HAIL 연구소 프로그램 경우와 마찬가지로 다른 재료와 전문 기술을 제공할 수 있는 파트너를 찾아 컨소시엄consortium, 협력단을 구성하기도 한다. HAIL 컨소시엄은 다양한 재료와 경험을 제공하는 의료계 외부의 산업에서 네 곳의 기업 파트너를 선정하여 함께 일하고 있다.

---

* 프로젝트 수행 과정에서 예상되는 갈등과 업무의 중복, 불공정 거래 관행 등에 대하여 프로젝트 참가자 전원이 합의하는 협정을 체결하고 프로젝트 성공을 위하여 공동 협력 체계를 구축하는 것.
** 세계 네트워크 장비 시장의 3분의 2를 석권하고 있는 미국의 네트워크 통신 회사.

▶ 베스트 바이[Best Buy]: 전자제품 판매 회사, 창립 파트너.

▶ 굿사마리탄 소사이어티[Good Samaritan Society]: 미국 전역에 240개의 노인 서비스 센터와 시설을 갖추고 있음.

▶ 유나이티드헬스케어: 미국에서 가장 큰 민간 의료보험 회사.

▶ 제너럴 밀스[General Mills]: 세계에서 가장 큰 식품 회사 중 한 곳.

HAIL 사례에서 컨소시엄은 HAIL의 전략적인 방향을 세우고 실험과 투자를 결정하는 쪽으로 연결되는데, 이는 소비자 통찰로 이어져 결과적으로 조직이 상품과 서비스의 혁신과 상업화를 가속화할 수 있도록 만든다. 컨소시엄은 결과를 확인하고 미래의 전략을 확인하기 위해 연간 두 번의 모임을 갖는다.

혁신 위스퍼러들[Innovation Whisperers]: 외부자문위원회

임상 및 환자 분야의 리더들과 환자들로 구성된 내부자문위원회[the Internal Advisory Council, IAC]의 관리 · 감독 외에도 CFI 출범 당시 외부자문위원회[the External Advisory Council, EAC]가 구성되었다. 디자인, 기술, 광고, 사업, 의료서비스 분야의 아이디어 리더들은 1년에 두 번 정기적인 모임을 가지며, 그 정기 모임 사이에도 필요한 컨설팅을 제공한다.

EAC는 효율적인 파트너십과 동맹을 조직의 외부에서 찾을 수 있도록 도와준다. 현재 EAC는 래리 킬리, IDEO의 최고경영자인 팀 브라운, UCLA 혁신센터장 몰리 코이[Molly Coye] 박사, 스틸케이스의 전임 최고경영자 짐 해켓, 스틸케이스의 연구 디렉터 테리 웨스트[Terry West], 리처드그룹의 회장인

(뒷면에 계속)

스탠 리처즈Stan Richards, 그리고 헬스 리드즈Health Leads의 창립자이자 최고경영 자인 레베카 오니 등 9명으로 구성되어 있다. 헬스 리드즈는 저소득 가정 의 보건의료 문제를 다루는 비영리 기관이다. 이 밖에도 익명을 좋아하는 멤버가 몇 명 더 속해 있다. 최근 작고한 예일 대학교의 故 윌리엄 드렌텔 교수는 EAC의 창립 멤버로 활기차고 활발하게 활동해 왔으며, 우리는 늘 그의 지혜로운 견해를 그리워할 것이다.

EAC는 전략적인 방향, 외부의 혁신 전문 지식과 경험, 외부와의 연결 고 리, 새 아이디어나 프로그램 및 전략을 듣고 견해와 조언을 제공하는 역 할을 맡는다. 위원회의 멤버는 멘토의 역할을 하며, 전략을 전달하고 견 인력을 얻는 데 도움을 줄 수 있도록 조직의 내부와 외부에서 '공중 엄호 air cover'를 제공한다.

EAC는 CFI의 발전에 없어서는 안 될 소중한 존재로 자리 잡았다. 복잡한 조직이나 산업에서 작동하는 혁신을 만들고자 한다면, 조직의 외부에 있 는 사람들로 구성된 자문 그룹을 함께 운영할 것을 적극 추천한다.

CFI 방식: 융합혁신 방법

이제는 초점을 '왜'와 '누구'에서 '어떻게' 쪽으로 이동해야 할 시간이다. 메이요 클리닉 혁신센터가 어떻게 변형적 혁신이라는 복잡한 업무에 접근 하게 되었을까? 이제 21세기 의료서비스 모델이 무엇인지, 그리고 혁신을 하는 데 있어서 내부적 · 외부적 장애물은 무엇인지 이해하게 되었으니 우 리가 이 장애물들을 다루기 위해 어떻게 CFI를 세웠고, 실제로 여기까지

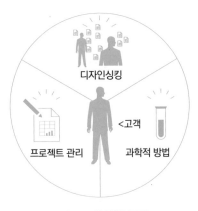

그림 3.12. 융합혁신모델

오게 되었는지에 대해 살펴보자.

이 책의 제2부에서는 그 방법론에 대해서 살펴볼 것이고, 제3부에서는 더 구체적인 사례와 방법을 제시하여 당신이 우리의 성공을 모방할 수 있도록 도울 것이다. 이를 위해 여기서 우리는 메이요 혁신 모델의 한 부분이자 "융합혁신모델Fusion Innovation Model"이라고 부르는 구성 요소를 제시해야 할 것 같다.(그림 3.12)

이 혁신 모델에 굉장히 어려운 내용은 없다. 하지만 이 모델은 우리가 성공에 필요하다고 느끼는 학문 영역에서의 지배적인 맥락과 균형을 제공한다. 예를 들어 우리는 기술에 너무 흥분하고 싶지는 않다. 기술은 종종 "문제를 불러오는 해결책solution looking for a problem"이 될 수 있다. 반짝거리고 설득력 있는 만병통치약인 것 같지만 더 큰 혁신이라는 맥락에서 제대로 다루지 못한다면, 오히려 시간과 에너지의 낭비로 이어지는 수가 있다. 기술은 전략을 '지원'해야 한다. 기술 자체가 전략이 될 수는 없다. 우리는 기술이 필요하다고 생각하지만 의료서비스의 경험과 시행을 변혁하는 데 혼자서도 충분한 조력자라고 여기지는 않는다.

따라서 기술이란 우리가 하는 일에 필요한 조력자이다. 전략 없는 기술은 없으며, 대부분 도움을 주는 기술 없이 전략을 가질 수도 없다. 물론 고객은 우리가 하는 모든 일의 중심이며, 대개는 환자가 가장 중요한 고객이다. 그 말은 즉 공급자, 직원, 지불인, 그리고 이 시스템 내의 다른 선수들도 우리의 고객이 될 수 있다는 뜻이다.

이는 우리의 혁신 모델에 세 가지 중요한 요소만을 남긴다.

▶ 디자인씽킹

이 부분에 대해서는 다음 장에서 더욱 폭넓게 살펴볼 예정이다. '디자인씽킹'이란 고객에 대한 더 깊은 이해를 사용하는 과정을 의미한다. 이는 문제의 틀을 파악하고 그 문제를 해결하는 통찰력을 기를 수 있도록 방법론적인 창의력을 적용하기 위한 것이다.

▶ 과학적인 방법

이러한 맥락에서 과학적인 방법이란 이성적이고, 열정적이며, 데이터를 기반으로 하고, 가설을 세워 구조적으로 접근하며, 실험을 진행하고, 이 모든 것을 바탕으로 논리적인 결론을 내리는 것을 의미한다. 결과를 시장에 내놓기 전에 일련의 디자인과 실험을 통해 먼저 검증이 되어야 한다. 이 단계를 밟는 것은 특히 의사들에게 중요한 의미를 가진다.

▶ 프로젝트 관리

마지막으로, 강력한 리더십과 커뮤니케이션이 포함된 열정적인 프로젝트 관리 규율은 혁신 모델의 성공에 있어 아주 결정적인 역할을 한다.

이제 우리는 실력이 시험되는 장소에 도착하게 되었다. 더 큰 맥락에서 보자면 우리의 혁신은 고객에게 중요한 무언가를 하기 위해 기술과 과정을 적용할 것이다. 하지만 우리가 어떻게 '여기'에서 '거기'로 가게 될까? 고객은 무엇을 필요로 할까? 우리가 제공해야 할 새로운 기술과 과정은 무엇일까? 우리가 선택한 과정이 정말로 그 문제를 해결할 수 있을지 어떻게 확신할 수 있을까? 그것이 제대로 작동하고, 우리의 전체 비전에 맞는 방법을 세울 수 있을 것이라고 어떻게 확신할 수 있을까? 제 시간에 시행될 수 있을지는 어떻게 장담할 수 있을까?

바로 그 지점이 〈그림 3.12〉의 디자인씽킹, 과학적인 방법, 프로젝트 관리라는 세 가지 요소가 만나는 곳이다. 실제로 앞으로 확인하게 되겠지만, 우리의 관점에서 그 세 가지는 분리될 수 없는 것들이다.

그 결과 우리는 혁신을 이룩하기 위해 세 개의 요소가 합쳐지도록 "융합 fused"해서 융합혁신모델을 만들어 냈다. 우리는 아무리 좋은 아이디어라도 조직이 그것을 실현시킬 힘이 없다면 가치가 없다는 것을 깨달았다. 융합 혁신모델은 그 중심점을 고객에게 두지만, 디자인씽킹, 과학적인 방법, 프로젝트 관리 등 이 세 가지를 균형 있게 배치해서 그것들이 현실이 되도록 만든다. 이 균형은 우리가 길에서 벗어나지 않고, 모든 프로젝트에서 최선의 결과를 얻어 그 결과를 조직에서 잘 실행할 수 있도록 돕는다. 제4장에서는 융합혁신모델에 관해 다룰 것이다.

메이요 클리닉 방식의 혁신: 혁신 생태계 만들기

우리가 각 장을 끝낼 때마다 그 내용을 요약해서 정리하지는 않지만, 앞으로 전개될 다른 내용과 관련된 출발점이 되는 CFI의 (그리고 '당신만의' CFI

를 만드는 데 있어서도 마찬가지로) 핵심 아이디어를 정리해서 제시하는 것이 좋겠다고 생각했다. 핵심 아이디어들은 아래와 같다.

▶ 가시적 · 비가시적 차원에서 모두

CFI와 사업 운영 분야 사이에 긴밀한 연관 관계가 있어야 한다. 우리의 경우는 CFI와 의과대학이었다.

▶ 신뢰할 수 있는 리더가 처음부터 필요

메이요 CFI의 최고 리더는 메이요 내에서도 가장 큰 부서의 리더였기 때문에, 다른 모든 리더들 역시 조직 차원에서 큰 신뢰성을 보여 주었다.

▶ 목적에 대한 명민한 관점

목적이 없다면 프로그램도 없고, 프로그램이 없다면 혁신도 없다. 당신의 목적과 원칙을 밝히고 그것을 모든 사람을 위한 안내등으로 삼아라.

▶ 디자인씽킹

고객의 필요를 깊이 이해하려는 구조적인 창의성이 필요하다.

▶ 다양한 팀원

CFI 팀에는 의료계 밖에서 전문 지식을 쌓고 자격증을 얻은 디자이너들과 운용 전문가들이 다양하게 모여 있다.

▶ 실행 EAC를 세울 것

단순한 운영 위원이 아니다. 전문 지식과 연합을 제공할 수 있는 사람들로

구성되어야 한다. 여기서 'E'는 '외부external'를 의미하는 것이지, '간부executive'
를 의미하는 것이 아니다.

▶ 조직에 예방접종하기
혁신에 관한 자원, 의사소통, 관점을 제공함으로써 조직 전체에 혁신의 씨
앗을 주입해야 한다.

▶ 구조
초기부터 CFI의 비전에 맞는 작업 구조를 세웠고, 그것을 필요에 맞춰 발
전시켰으며, 조직을 세우고, 그 비전에 관한 커뮤니케이션을 만들어 왔다.
구조가 중요하다.

▶ 전략적 파트너십
당신과 파트너가 되고 싶어 하는 사람이나 그들이 제공할 수 있는 것을 결
코 과소평가하지 말자. 파트너십은 자금부터 전문 지식과 서류 정리에 이
르기까지 그 무엇이라도 제공할 수 있다.

▶ 균형
예를 들어 ('모든 것을 인터넷에 보관하자.'는 식의) 기술이나 프로젝트 관리 같은
만병통치약을 과다 복용하지 말자.

▶ 재미!
혁신이 제대로 이루어질 때, 깊은 만족감을 느끼고, 기분이 좋으며, 신이
난다. CFI를 방문해 보면 이것이 무슨 말인지 알 수 있을 것이다.

제2부

생각은 크게, 시작은 작게, 행동은 빠르게

Think Big, Start Small, Move Fast

만약 내 고객들에게 무엇을 원하는지 물었다면
그들은 이렇게 대답했을 것이다.
"더 빨리 달리는 말이요."

헨리 포드Henry Ford

디자인씽킹과 과학적 정밀함 섞기
Fusing Design Thinking with Scientific Rigor

융합혁신모델

포드의 "더 빨리 달리는 말[faster horse]"에 관한 이야기는 혁신 분야에서는 아주 오래된 것으로, 혁신 관련 서적에 익숙한 사람이라면 전혀 새로울 것이 없을 것이다. 우리가 포드의 이야기를 꺼내 온 것은 거기에 새로운 통찰이 들어 있기 때문이 아니다. 우리가 가진 생각의 틀을 세우고 우리의 혁신 이야기 중 '어떻게'라는 요소, 즉 메이요 클리닉 혁신센터가 혁신을 일으키는 데 사용한 접근 방법과 모델을 소개하는 도구로 사용하기 위해서이다.

물론 포드의 말에 담긴 핵심은 바로 우리가 좁게 사고할 경우 고객이 실제로 무엇을 원하는지 알아낼 수 없다는 것이다. 그렇게 될 경우 우리의 혁신은 처음부터 궤도를 이탈해 버릴 것이다. 고객의 마음속에 '잠재되어 있는' 진정한 필요를 무시한 혁신은 대개 실패하고 만다. 그저 반짝이는 아이디어나 고객의 가치를 창조하는 데 실패한 장치나 소형 가전 혹은 상품으로 평가절하되고 만다.

우리가 '환자(고객)'에게 무엇이 필요한지 묻는다고 해도 우리는 여전히 혁신에 관한 중요한 핵심을 놓칠 위험에 노출되어 있다. 왜일까? 왜냐하면 많은 경우 고객들은 자신들이 진짜로 필요한 것을 우리에게 말해 줄 수가 없기 때문이다. 다르게 표현하자면, 고객들은 이미 존재하거나 유용한 것으로 알려진 것 안에서 질문의 답을 찾는 경향이 있기 때문이다. 이는 자주 인용되는 '더 빨리 달리는 말'과 같은 맥락이다.

CFI에서 우리는 긴급하고 명백한 필요를 넘어서는 영역을 목격하곤 한다. 특히 의료서비스 시행의 과정은 유동적이고 기술적으로 복잡한 부분이 많기 때문에, 대부분의 고객들은 자신들이 원하는 것이 무엇인지 분명히 말할 수가 없다. 특히 그것이 가능하다고 생각하는 범위 안에서는 더욱 어렵다. 게다가 대부분의 고객은 아주 오랫동안 현재의 의료서비스 시행 기준 안에서 살아왔다. 그 결과 그들의 기대치가 낮아졌으며 실현 가능한 것들에 대한 비전도 제한되어 있다. 그렇기 때문에 의료서비스 시행의 수준을 현재의 환자(고객)의 기대를 넘어서는 곳으로 상상하고 확장시키는 역할은 우리의 몫이다.

의료서비스 안에는 부수적인 복잡성이 많이 들어 있다. '환자(고객)'의 필요를 향해 확고한 초점을 유지하는 것은 아주 중요한 일이지만 그것만으로 충분하지는 않다. 의료서비스 시행을 재창조해 내지는 못하게 된다는 말이다. 왜일까? 부분적인 이유로는 우리가 의사와 의료서비스 공급자들로 이루어진 큰 조직에서 일하고 있으며, 이 분야는 전통적으로 그 상품 시행에 조금이라도 위험이 있는 것은 수용하기 어려워한다는 점을 들 수 있다. 그 밖에도 우리가 지불인, 2차 공급자, 정부 기관을 비롯하여 우리의 일에 이해관계를 가진 사람들의 요청에 따라 일하기 때문이다.

게다가 변화란 것이 우리가 무엇을 하고 있는지를 입증할 때에만, 우리가 가능한 모든 대안을 이미 검토해 봤다는 것을 입증했을 때에만 좋은 것이기 때문이다. 어쨌든 환자의 목숨이 달려 있으니까 말이다. 만약 우리가 장기적인 의료적 성과를 가지고 타협해 버린다면, 단기적인 만족이나 기쁨은 중요하지 않게 된다. 더군다나 우리가 언급했던 것처럼 세계는 의료서비스 비용과 관련하여 경제학자들 집단을 훈련시키고 있다. 요약하자면 우리는 고객을 '한 사람도 빼놓지 않고' 만족시켜야 한다.

이렇게 복잡한 상황이었기 때문에, 초기에 우리는 혁신의 '방법'을 정의해야만 했다. 어떻게 하면 특출한 고객경험을 시행할 수 있을까? 앞으로 나아가는 모험을 회피하면서, 과학적 정밀함을 요구하는 내부 구성원들을 만족시키면서 말이다. 어떻게 하면 우리의 모든 프로젝트가 굴복하지 않게 할 수 있을까? 보고서를 족족 찢어 버리고 거절하면서 프로젝트를 시작하지도 못하게 만드는 '조직의 항체들organizational antibodies'에게 말이다.

처음부터

우리는 처음부터 이 점에 대해 고심했다. 우리에게는 변형적 혁신에 도달할 수 있을 만큼 유연하고 열려 있는 방법과 절차가 필요했다. 그러나 동시에 전통적인 의료 업계의 요구에 부합하며, 잘 확립된 세계적 의료를 넘어설 정도로 탄탄한 구조도 갖추고 있어야만 했다.

우리는 SPARC 연구소를 시작하고, 컨설턴트와 교류하며, IBM, 3M, 프록터 앤 갬블, 카길 등 유사하게 복잡한 산업계의 혁신을 주도하는 기업들을 방문하여 무엇이 같고, 무엇이 다른지를 배우려고 노력했다. 우리는 이 방문을 통해 배운 교훈들과 우리의 초기 경험들을 통합했다. 그리고 얻은 결론은 다음과 같다. 진정으로 고객이 주도하는 '변형적 혁신'을 이루기 위해서는 고객의 필요를 이해하는 일에는 엄격한 동시에 그 해결책을 시행하는 데는 매우 유연해야 한다는 것이다. 그리고 이 해결책들은 시장에 소개되기 전에 과학적으로 정밀한 테스트를 먼저 통과해야만 했다. 우리는 불필요한 타성과 관료주의에 스스로를 묶을 필요가 없었다.

우리에게는 '크게 생각하고, 작게 시작하며, 빠르게 행동할 과정'이 필요했다.

실제로 우리는 딱딱하게 정의된 과정보다는 혁신의 '모델'을 추구했다. 그 모델은 고객 주도적이고, 창의성이 높으며, 정밀함을 제공한다. 그뿐만 아니라 조직적인 기반들을 포함하고 엄격하게 적용할 정도로 충분히 구조화된 것이어야 했다. 너무 느슨하게 만들면 아무도 동의하지 않을 것이었다. 시장에 도착하지 못할 멋진 생각을 만들게 되는 셈이었다. 그렇다고 너무 빡빡하게 만들면 새롭게 일어나는 일이 거의 없게 될 것이었다. 최선의 가능성은 이미 알려진 것을 약간 수정하는 것 정도의, 즉 절차 중심적인 변혁을 하나 더 늘리는 것 정도의 의미밖에는 없었다.

이 모든 것을 고려해서 우리는 '융합혁신모델The Fusion Innovation Model'이라고 하는 결론에 도달했다. 융합혁신모델은 디자인씽킹, 과학적인 방법, 프로젝트 관리라는 중요한 세 영역을 '융합'하여 하나의 사고 과정을 만들고, 그 아래에서 모든 것을 운용하는 것을 말한다. 또한 이 모델은 프로그램을 실행하는 '프로세스플로우process flow'를 '제안'하면서도 '명시'하지는 않는다. 우리는 정의된 과정의 '글자'가 아니라 '융합혁신도구'라는 '정신'을 가지고 생각하고 살고 호흡한다. 그 결과로 얻어진 균형과 유연성은 더 '유기적'으로 작동했으며, 우리의 디자이너들과 프로젝트 매니저들 및 의사들에게 발견하고 디자인하고 변형적인 혁신을 시행할 자유를 주는 동시에 그들이 관료주의의 영향은 피해 갈 수 있게 해 주었다.

'융합혁신모델'은 우리로 하여금 크게 생각하고, 작게 시작하며, 빠르게 행동할 수 있도록 해 주었다.

이번 장에서는 융합혁신모델의 기저를 이루고 있는 핵심 원리인 디자인 씽킹과 과학적인 방법, 프로젝트 관리를 제시하고 설명할 것이다. 또한 프로젝트를 진행할 때 우리가 사용하는 일반적인 흐름을 간단하게 살펴볼 것이다. 제5장과 제6장에서는 "주입transfusion"이라는 요소를 하나 더하여, 우리가 어떻게 융합혁신에 영양분을 공급하고 그에 관한 활동이 조직과 연관되도록 하는지 보여 줄 것이다. 마지막으로, 제7장에서는 혁신 실행을 관리하는 리더십 모델을 어떻게 발전시켜 왔는지에 대해 소개할 예정이다.

융합혁신모델 형성

대부분의 사람들은 메이요 클리닉과 같은 조직에 아주 자세하고 조직적인 혁신 과정이 있을 것이라고 쉽게 예상할 것이다. 데이터를 기반으로 모든 것을 처리하고, 수많은 회의를 거치며, 아주 길고도 탄탄한 프로젝트 보고서가 동반된 그런 과정 말이다. 큰 조직에 몸담았던 사람이라면 아마도 이런 과정을 경험해 보았을 것이다.

그 이유는 비교적 명확하다. 혁신가들은 자신이 하는 일에 대해 설명할 필요가 있다. 모든 사람은 당연히 검증되고 입증된, 모든 이해 당사자들의 동의가 들어간 아이디어를 바란다. 모든 사람들은 자신이 투자한 것에 대한 좋은 결과를 원하며, 특히 많은 투자를 한 경우 아주 좋은 투자 수익률을 기대한다. 왜곡되거나 시장 가치가 없는, 비용 면에서 실수를 저지르는 사기꾼 같은 혁신 팀을 원하는 사람은 없다. 다시 말해 혁신은 조직에 긴장감을 형성한다. 투자와 변화를 둘러싼 일반적인 긴장감을 넘어서, 혁신은 또한 조직이 선택하는 혁신 방법이나 모델에 있어서 균형을 맞춰야 한다는 의견을 이끌어 낸다.

▶ 직관 vs 과학

과학적 근거가 없는 직관은 틀릴 수 있다. 직관이 없는 과학은 기회를 놓치고 너무 오랜 시간을 허비한다.

▶ 속도 vs 정밀함

정밀함이 결여된 속도는 용납할 수 없는 실수를 만들고, 목숨에 위협을 가한다. 속도가 없는 정밀함은 기회를 놓친다. 잘못된 일은 아무리 제대로 되었다고 해도 잘못된 일일 뿐이다.

▶ 구조 vs 자유

구조는 방법에 확신을 주지만, 자유는 열린 사고를 가능하게 한다. 열린 사고는 '더 많은' 기회를 제공하며, 또한 타성을 줄일 수 있다.

▶ 고객 주도 혁신 vs 과정 주도 혁신

고객이 주도하는 혁신은 시장을 변혁시킬 가능성이 높고, 과정이 주도하는 혁신은 혁신에 관한 중요한 사실들을 놓치기 쉽다. 많은 조직에서는 과정 자체가 고객이 '되어 버렸다.' 고객이 아닌 과정에 도움이 되는 혁신은 성공할 가능성이 훨씬 낮으며 더 많은 자원을 낭비할 가능성이 높다.

▶ 알려진 것 vs 알려지지 않은 것

우리를 알려지지 않은 것에게로 데려다줄 모델이 정말로 필요하다. 그 모델이란 가능한 한 많이 '알려지지 않은 것'을 '알려진 것'으로 바꾸면서도 우리가 이미 알고 있는 것 때문에 막히지 않는 그런 것이다.

▶ 위험성 vs 확실성

확실성은 좋은 것이지만 시간이 너무 오래 걸리며 제한적일 수 있다. 물론 우리는 목숨이 달린 일에 너무 많은 위험을 감수할 수는 없다. 하지만 그렇지 않은 일일 경우, 앞으로 나가기 위해서 기꺼이 많은 위험을 감수할 수 있어야 한다.

▶ 창의성 vs 사업적 제약

단순하게 말하면 좋은 아이디어를 시행하는 데는 너무 많은 돈이 들 수 있다. 하지만 만약 우리가 언제나 사업적 제약을 이유로 좋은 생각을 억누른다면 결국 우리의 활동은 약화될 것이다. 명백한 사업 모델이 부족하더라도 급진적인 혁신을 막지 말아야 하는 때가 있다. 비결은 바로 당신의 기업이 언제, 그리고 몇 번이나 이런 상황을 감수할 수 있는지를 아는 것이다.

▶ 창의성 vs 효율성

가차 없이 효율성만을 강조하는 것은 기업의 창의성을 떨어뜨린다. 이런 기업은 진보나 행동으로부터 멀어져 일상에 안주하게 된다. 우리는 옳지 않은 일을 하면서도 아주 효율적일 수 있다.

▶ 개별적 vs 계속적

과정 중심의 기업은 혁신을 포함한 대부분의 활동을 제각각 분리된 일련의 단계로 보는 경향이 있다. 업무의 착수, 업무의 시행, 업무의 마무리, 업무 검토, 그리고 그 다음 업무를 시작하는 것을 늘 순서대로, 언제나 '같은' 순서대로 진행한다. 강조점은 업무의 '시작'과 '끝' 혹은 업무의 '도중'에 놓인다. 대조적으로 '계속적' 접근 방법은 검토 및 체크포인트가 있다. 한 번에 많은 일을 하지 못할 수도 있고, 새로운 것을 발견하거나 개발하기 위해 앞 단계^{전 단계}로 돌아갈 수도 있다.

▶ 반복적인 것 vs 직선적인 것

앞의 항목과 비슷하다. 유연한 과정은 의사, 디자이너, 프로젝트 매니저로 하여금 전 단계에서 발견한 것들을 탐색하고 실험할 수 있게 해 준다. 혁신은 같은 '단계'를 여러 번 반복하면서 진행될 수 있다. 순서는 진정한 발견보다 중요하지 않으며, 혁신가들은 "프로젝트가 이끄는 곳 어디라도" 갈 수 있는 자유로움을 갖는다.

이런 긴장 구도는 명백해 보일 수도 있다. 하지만 복잡한 기업에서의 혁신을 관찰한 결과를 보면, 시간이 흐르면서 점점 구조적이고 과정이 주도하는 혁신으로 바뀌어 간다. 비록 처음에는 그렇게 시작하지 않았더라도 말이다. 심지어 고객이 혁신의 목적을 정리한 리스트에 거의 등장하지 않는 경우도 있다. 우리가 방문했던 기업들 중 다수가 그들이 생산해 낸 특허의 개수로만 성공을 평가하는 함정에 빠진 것을 확인했다. 공정하게 말하자면 많은 기업에게 특허가 중요한 것은 사실이지만, 이 특허들 중 일부가 시장에서 실행되는 것보다는 과정만을 돕는 방향으로 날카롭게 다듬어져 있다는 것도 의심할 여지가 없다. 큰 기업일수록, 모델에 대한 재평가를 계획하고 반복적으로 실행하는 동안 그 기준점이 창의성보다는 과정으로 이동하기 쉽다.

메이요의 혁신 모델을 개발하는 과정에서 우리는 특허 공장이 되지 않기 위해 노력했다. 다시 말해 "과정을 돕는 혁신^{the innovation served the process}"이 이루어지는 조직이 아니라 "혁신을 돕는 과정^{the process serving the innovation}"을 만들어 내고자 노력했다. 이 아이디어를 형성하는 과정에서 3M과 했던 초기의 논의가 특히 깨달음을 주었다. 우리는 복잡한 기업 안에 혁신 부서를 배치하는 방식을 배우기 위해 세인트폴St.Paul에 있는 3M의 본사를 방문했다. 당시 3M은 최고경영자가 제임스 맥너니James McNerney, GE 출신에서 조지 버클리George Buckley로 바뀐 지 얼마 되지 않은 상황이었다. 맥너니는 품질 개선과 혁신을 통합했고, "효율에 대한 끊임없는 강조"를 주도했다. 버클리의 생각은 달랐다. 그는 성장을 향한 문화를 회복시키려고 했고, 그것은 특히 오늘날의 "아이디어 기반의 디자인에 목매는 경제idea–based, design–obsessed economy"에 중요한 의미를 갖게 되었다. 3M 팀은 그 과정과 품질 개선이 "정확성, 일관성, 반복을 요구"했으며 혁신은 "다양성, 실패, 뜻밖의 기쁨"을 필요로 했다고 기록했다.

이 논의와 관찰의 결과를 통해 '긴장 구도' 목록을 해결해 나가기 시작했다. 그것은 바로 고객에 대한 깊은 이해와 창의적인 해결책이 포함된 인간 중심의 유연한 모델이었다. 동시에 과학의 원칙을 고수하면서도 관리할 수 있는 충분한 구조를 남겨 두는 것이었다. 우리는 너무 많은 조직과 절차가 축복보다는 부담이 되어 결과물을 약화시킬 것이라는 것을 강하게 느꼈다. 또한 메이요 클리닉의 다른 부문에서 품질 관리를 진행하고 있었기 때문에, 우리는 자유롭게 고객에게 초점을 맞춘 혁신만을 쫓아갈 수 있었다.

이 모든 과정이 '융합혁신모델'로 이어졌다.

융합혁신모델은 '무엇인가?'

'융합혁신모델'은 실제로 사고방식이자 사고 과정이다.

사고 과정으로서의 융합혁신모델은 디자인씽킹, 과학적 방법, 프로젝트 관리라는 규율을 하나로 섞는다. 제3장의 마지막에서 제시한 〈그림 3.12〉가 설명한 것처럼, 이 세 개의 지배 원칙은 개별적이 아니라 하나로 '융합'되어 운용된다.

융합혁신모델은 실제로 융합된 규율이라고 하는 '진리' 안으로 흡수되는 것이며, 이는 단독적 원칙, 즉 단독적인 안내등이 되어 그에 대한 깊은 헌신으로 나타난다. 이것은 월요일과 화요일에는 디자인씽킹을, 수요일과 목요일에는 과학적인 방법을, 금요일에는 프로젝트 관리를 하는 식으로 한 번에 하나씩 따라가야 하는 정책이나 성명서, 또는 체크리스트가 아니다. 우리는 '항상 세 가지를' 한다. 이상적으로 보일지도 모르지만 그렇지 않다. 우리는 매일 이 원칙에 따라 스스로를 점검한다. 이 융합혁신모델은 혁신 과정에서 우리가 더욱 균형을 이루고 효율적으로 움직일 수 있도록 도와준다.

융합혁신모델은 아래와 같이 세 개의 구별된 규율을 담고 있다.

1. 디자인씽킹

창의적 디자인과 사업적 제약을 바탕으로 한 고객에 대한 깊은 공감과 이해를 도달 가능하고 시장화할 수 있는 통찰력과 잘 섞어라.

2. 과학적인 방법

통제 가능한 실험과 측정 가능한 근거를 편견 없고 검증된 해결책으로 바꾸기 위해 노력하라.

3. 프로젝트 관리

혁신이 의도한 성취를 확신할 수 있는 시간표 및 구조적 이정표와 단계를 이용하여 프로젝트를 관리 가능하고 입증 가능한 방향으로 이동시켜라.

이 규율은 이번 장에서 실제 사례를 통해 설명되고 제시될 것이다.

융합혁신모델은 과정이 아닌 고객이 주도한다. 과정은 고객과 조직의 목표를 성취하기 위해 자연스럽게 융합된다. 고객이 옳다고 하는 일을 한다면, 특히 조직의 내부와 외부에 있는 '더 폭넓은' 고객의 방향에 맞춘다면, 당신은 제대로 하고 있을 가능성이 높다.

마지막 날이 되면 융합혁신모델은 우리가 고객과 고객경험, 과정과 과정의 정밀함 사이에서 올바른 균형이라고 생각하는 것을 성취해 낼 것이다. 이 유기적인 균형은 프로젝트의 속도를 늦추는 조직의 장애물과 항체를 극복하여, 더 많은 발견을 이루고 더 빠르게 혁신이 빛을 볼 수 있도록 도울 것이다. 궁극적으로 우리는 이것이 보다 큰 메이요 조직과 21세기 의료서비스 모델의 시행을 변혁하는 최선의 방법이며, 그 어떤 복잡한 환경에도 혁신을 일으킬 수 있는 최고의 방법이 될 것이라고 믿는다.

우리가 믿는 '융합혁신모델'은 아래와 같다.

▶ 더 큰 통합을 성취한다
융합혁신모델은 우리 자신의 경험과 문화를 메이요 외부의 3M, 프록터 앤 갬블, IBM을 비롯한 다른 복잡한 조직에서 관찰한 것과 도블린 및 IDEO를 비롯한 혁신 아이디어 리더들에게서 들은 것들을 융합한 것이다.

▶ 더 심플해진다
융합혁신모델은 엄격한 '과정'이 아니라 유연한 사고방식에 가깝다.

▶ 기술을 올바른 방식으로 도입한다

기술이 포함되어 있지만 혁신과 전략에 기여하는 것이지 그 자체로 전부인 것이 아니다.

▶ 갈등을 해결한다

융합모델은 처음부터 균형을 강조하기 때문에 '디자인', '과학', '관리'가 제각각 나서서 진행 상황 전체를 장악하지 않는다. 진정한 중심점은 과정이 아닌 고객에게 놓인다.

▶ 많은 주인을 만족시킨다

환자경험은 무엇인가를 '얻는다.' 대부분 과학적이고 회의적인 우리의 구성원들도 그렇다. 환자뿐만 아니라 공급자와 납부자도 소득이 있다.

▶ 어느 정도의 자유를 허락한다

프로젝트 팀은 정확한 공식을 따르지 않고도 상상하고 창조하고 실험할 수 있다. 과정은 혁신을 돕지만, 혁신은 과정을 돕지 않는다.

▶ 프로젝트의 본질에 대해 유연하다

하나의 엄정한 과정이 모든 것에 적용되지는 않는다. 오히려 여러 구성원들을 위해 그 종류와 크기가 다양한 프로젝트들이 존재한다. 융합혁신모델은 엄격한 체크리스트가 아닌 사고를 위한 프레임워크로, 그 안에 있는 다양한 사람들이 일하기 쉽게 만들어 준다.

▶ 더 빨리 달리는 말, 조직의 항체, 그리고 타성을 피한다

이것은 여러 특징 가운데 가장 최상의 특징이다. 융합혁신모델은 고객에게 진실하며, 우리가 제공해야 하는 것들을 최대한 활용한다. 재미있고, 매력적이며, 우리 모두에게 창의적인 도전을 던진다. 또한 관리하기에 더 흥미롭다.

▶ 팀 전체와 개별적 개인을 신뢰한다

코드나 프로토콜을 엄격하게 고수하는 대신 팀원의 관점에 따라 프로젝트에 유연하게 접근하게 해 준다. 우리는 혁신 전과 도중, 그리고 이후에 일어나는 고객경험을 평가하는 법과 실험하고 그 실험을 입증하기 위해 데이터를 사용하는 법, 그리고 과정을 발견하고 결과를 입증하는 법을 잘 알고 있는 영리한 팀원들을 신뢰한다.

이제부터 우리는 메이요 클리닉 융합혁신모델의 세 가지 융합 학문인 '디자인씽킹, 과학적 방법, 프로젝트 관리'에 대해 계속해서 설명할 것이다. 설명은 아주 살짝 디자인씽킹 쪽을 중점으로 이루어질 것인데, 왜냐하면 디자인씽킹이 우리 모델에서 가장 손에 잡히지 않는 요소일지도 모르기 때문이다. 과학적인 방법이나 프로젝트 관리가 덜 중요한 것은 아니지만, 사람들이 비교적 그 분야에 대해 더 잘 이해하고 있으며 이미 대부분의 조직에서 사용되고 있는 요소이기 때문이기도하다.

디자인씽킹은 무엇인가?

제1부에서는 메이요의 초기 역사에서 발견할 수 있는 혁신 관련 이야기와 혁신센터의 초기, 그리고 새롭게 개선된 경험 주도의 의료서비스 모델

을 만들고자 하는 우리의 계획을 보여 주었다. 여정을 시작하면서 우리는 세상을 바라보고 그 안에서 '변형적인' 혁신을 정의 내릴 수 있는 운용 철학을 개발해야 한다는 사실을 깨달았다.

초기 IDEO와 관련을 맺을 당시 "디자인을 통해 영향력을 창조한다.^{We create impact through design}"는 그들의 슬로건이 우리에게 깊은 울림을 주었다. 우리는 창립자인 데이비드 켈리와 팀 브라운을 만났다. 팀은 현재 IDEO의 회장이자 최고경영자로서 디자인씽킹이라는 주제에 관한 탁월한 책인《디자인에 집중하라》를 집필했다. 브라운은 CFI 외부자문위원회의 위원을 맡고 있다.

IDEO는 디자인의 개념을 주로 어떤 것을 합체하고 그것을 작동하게 만들고 이미 정해진 설명이나 요구 사항에 맞춰 좋아 보이게 만드는 분석적인 것으로부터 인간과 조직 차원의 필요와 행동에 대한 더 전략적인 이해를 포함하는 것으로 바꾸어 놓았다. IDEO에게 이 개념은 모두 '디자인씽킹'이라고 부르는 것으로 수렴된다.

IDEO의 표현에 따르면 디자인씽킹 접근법은 "기술적으로 실현 가능한 것과 경제적으로 실행 가능한 것을 인간의 관점에서 바람직한 방법으로 합치는 것"이다. 디자이너는 작동하는 상품을 디자인한다. "디자인씽커^{design thinker}"는 고객의 필요를 수집하고 이해하는 것부터 시작하여, 패턴을 찾아내고 그 필요에 대한 강력한 직관을 개발해 낸다. '그리고 나서' 디자이너는 초기 디자인 콘셉트를 검증하기 위해 디자인 도구 및 적정량의 확인과 실험을 지원한다. 중요한 것은 당신이 디자인씽킹을 이해하고 적용하는 디자이너가 될 필요는 없다는 것이다. 이는 배우고 가르칠 수 있는 지식의 실체를 가진 학문이다.

우리가 알고 있듯이 디자인은 전술적이고, 디자인'씽킹'은 발명을 혁신으로 바꾸는 전략적인 요소를 첨가한다. 이 요소들은 혁신을 '변형적' 혁신으로 바꾸어 놓는다. 우리에게 디자인씽킹은 고객으로부터 '시작'하며, 그 디자인씽킹은 고객에 대한 이해뿐만 아니라 그들에 대한 깊은 '공감'까지 포함한다. 그것은 우리가 "맥락적인 창의력^{contextual creativity}"이라고 부르는 것을 더해 준다. 그것은 고객에 대한 참된 이해가 적용되고, 기술과 사업과 조직의 필요 안에서 작동하는 창의력이다.

크라우드소싱된 '위키피디아'에 나오는 '디자인씽킹'에 대한 정의가 바로 우리에게 꼭 들어맞는다.

> 디자인씽킹이란, 문제의 맥락에 대한 공감, 통찰력과 해결책을 만들어 내는 창의력, 해결책을 문맥에 맞게 맞추어 분석하는 이성을 결합하는 능력이다.

디자인씽킹에 대한 전문가들의 생각

IDEO의 회장이자 최고경영자인 팀 브라운은 '디자인씽킹'을 이렇게 정의했다. "디자인씽킹은 디자이너의 도구 상자에서 나온 혁신에 대한 인간 중심의 접근법으로, 사람들의 필요와 기술의 가능성 및 사업적 성공에 대한 필요조건을 통합한 것이다."

토론토 대학교 로트만 경영대학원^{Rotman School of Management}의 학장인 로저 마틴^{Roger Martin}은 이렇게 덧붙였다. "디자인씽킹은 분석적 사고와 직관적 사고 사이에 균형이 이루어지게 해서 조직이 기존의 지식을 이용하고 새로운 지식을 창조할 수 있도록 만든다. 디자인씽킹을 하는 조직은 지식을 효율적으

(뒷면에 계속)

로 발전시킬 뿐만 아니라, 존속적이면서도 재생하는 경쟁적인 발전을 성취할 수 있다. 마틴 박사의 유명한 농담이 있다. "이 새로운 경제에서의 승자는 '재고하는 사람re-thinker'이지 '예산 삭감자re-trencher'일 수는 없다."

맞는 말이다. 의료서비스에 있는 우리들도 이제는 더 깊은 구멍을 파는 것을 그만두어야 할 시간이다.

개념에 대해 장황하게 논의하도록 만드는 위험에도 불구하고, 융합혁신모델은 디자인씽킹에서 멈추지 않는다. 그 대신 디자인씽킹과 과학적인 방법, 그리고 프로젝트 관리를 합쳐서 일련의 일들을 디자인씽킹이 논증할 수 있는 올바른 방법으로 진행시킬 수 있도록 했다. 디자인씽킹은 혁신이 정말 중요한 의미를 갖게 만드는 비밀 소스다. 고객과 사업적 필요에 대한 이해와 도움, 가능성에 대한 탐색, 알려지지 않은 것을 '알리는 것' 등으로 이루어져 있다. 과학적 방법은 개념을 정밀하게 시험한다. 프로젝트 관리는 알려진 것을 진행시켜 그것을 '가능한 것'으로 만든다.

사례를 들여다보는 시간

자세한 설명을 위해서 우리가 하는 일을 실제로 보여 줄 수 있는 몇 가지 사례를 살펴보고 지나가겠다. 이 사례를 이용하여 융합혁신모델의 원칙에 대한 우리의 논의를 제시할 것이다.

먼저 '천식 의료연결서비스 앱'을 살펴보자. 현재 시행 단계에 있는 프로젝트로 이미 혁신 부문 에디슨 대상을 수상했다. 이 앱의 핵심은 천식을 앓는 10대가 자신의 질병을 더 효율적으로 관리하며, 담당 의료진과 직접 연락을 주고받을 수 있도록 돕는 것이다. 두 번째는 현재 프로토타입 단계에 있는 '스마트거울'이다. 둘 다 의료연결서비스 플랫폼에 속한 프로젝트다. 의료서비스 사건 전후에 계속해서 보건과 웰빙을 지속적으로 증가시키기 위해 고안되었다는 점에서 보건과 웰빙 플랫폼과도 깊은 연결 고리를 갖고 있다. 세 번째 프로젝트는 '잭앤질 진료실'로, 메이요 의료 재디자인 플랫폼에 속해 있다. 우리가 초기에 올린 성과들 중 하나인 잭앤질 진료실은 전통적인 환자 진료실을 재디자인해서 환자와 의사 및 병원 직원과의 교류를 개선하고, 가족을 포함한 제3자가 더욱 편안하게 진료 과정에 포함되게 만들어 준다.

묶여 있기: 천식 의료연결서비스 앱

'천식 의료연결서비스 앱'(그림 4.1)은 2011년부터 2012년 초기까지 디자인 단계와 시험 단계를 거쳤다. 이에 대한 '작은 그림'은 만성적이고 '지속적인' 천식을 앓기 때문에 일주일에 한두 번은 진료를 받아야 하는 13세에서 19세에 해당하는 청소년 환자의 건강에 도움이 되는 식이요법을 유지할 수 있는 방법을 찾는 것이었다. 이는 의료 공급자와의 연결을 유지함으로써 치료와 건강을 개선시켜 갑자기 상태가 나빠져 병원이나 응급실로 실려오게 되는 위험을 방지하기 위한 것이다.

'큰 그림', 즉 더 큰 목표는 의료연결서비스 앱을 통해 만성적 질병을 가진 환자들을 위한 폭넓고도 지속적인 진료가 가져오는 효과를 보여 주는 것이었다. 환자들과 의료진 사이에 데이터 교환을 통한 '비동기적asynchronously' 연결 혹은 필요할 경우 문자 메시지 교환을 통해 '동기적synchronously, 실시간'으로 연결하는 방식으로 말이다. 우리는 청소년들이 의료연결서비스 앱을 통해 더욱

그림 4.1. 천식 의료연결서비스 앱

든든함을 느끼고, 공급자들이 의료적 결정을 내릴 때 필요한 데이터를 더 많이 확보하게 되어 예전에는 드러나지 않았던 추세가 나타날 것이라고 생각했다. 결국 우리의 직관은 들어맞았고 우리는 이런 환자들을 연결하는 방법을 포함한 효율적인 원거리 질병 관리에 대해서 많은 것을 배우게 되었다.

천식 의료연결서비스 앱은 의료의 무게중심을 전통적인 의사 중심의 진료실에서 환자의 집과 직장, 학교, 그리고 마을 등 그들의 일상으로 옮겨 놓음으로써 우리가 의료서비스 시행을 변혁하고 있음을 보여 준다.

다른 사람의 눈에 보이는 대로 자신을 보기: 스마트거울

'스마트거울'은 노년층을 위해 디자인된 프로토타입 거울이다.(그림 4.2) 스마트거울은 화장실에 있는 거울처럼 사용된다. 이것은 환자인 사용자가 아침마다 '하루를 준비하며' 일상을 위해 거울을 들여다보는 것처럼 스마트

그림 4.2. 스마트거울

거울을 보는 동안 올라서도록 되어 있는 작은 매트와 연결되어 있다. 거울에는 전자 디스플레이 화면이 달려 있고, 바닥의 매트뿐만 아니라 외부 연결을 위해 휴대폰 네트워크와도 연결되어 있다. 이 거울은 사용자가 정해진 약을 복용해야 한다는 알림을 제공하며, 사용자가 약을 복용하면 그 정보를 수집한다. 매트는 또한 환자의 몸무게 정보도 수집한다.

이 정보는 해당 사용자를 책임지는 의료 기관의 간병인에게 전달된다. 또한 사용자의 가족 등 환자의 활동이나 외양 등을 확인할 수 있도록 미리 설정된 기관 외부의 사람들에게도 전달된다. 간병인이 울혈성 심부전의 판단을 위해 환자의 몸무게를 확인하거나 식단 및 복용하는 약의 적정량을 살필 수 있다. 천식 앱과 같은 이 개념은 노인 의료서비스뿐만 아니라 더 넓은 환자 분야에 응용이 가능한데, 예를 들어 피부 질환처럼 나이와 관계없는 만성 질환에도 유용하다. 나노 테크놀로지와 내장형 환자 센서와 같은 더 광범위한 데이터 수집 도구를 사용한다면 그 가능성은 무한해진다. 또한 천식 앱에서와 마찬가지로 강조점은 전통적인 질병 진료가 아니라 보건과 웰빙에 놓이게 된다. 현재 이 프로토타입은 CFI의 HAIL 연구소에서 개발되고 있다.

두 모델은 모두 가능성 있는 기술과 합쳐져 고객에게 더 이상적이고 실현 가능한 모델을 제공할 수 있게 해 준다. 추가적인 것은 (그리고 더 중요한 것은) 의료서비스가 기술적으로 구현 가능한 시행을 잘 통합해서 마침내 다른 산업을 뒤따라 잡으면서, 실행 가능한 사업 모델들이 새롭게 등장하고 있다는 것이다.

외래환자 진료실 다시 생각하기: 잭앤질 진료실

천식 앱은 방문 진료에 대한 의존도를 감소시키기 위해 고안된 것으로 스마트거울 역시 어느 정도는 그렇다고 할 수 있다. 하지만 방문 진료가 실제로 발생한다면 우리는 자연스럽게 그 경험에서도 탁월함을 추구하게 된다. 그래서 우리는 환자—의사의 소통을 고찰하는 프로젝트를 만들었다. 이는 환자뿐만 아니라 의사와 직원, 그리고 환자와 동반할 수 있는 환자의 가족들 모두에게 검사와 결과에 대한 논의 과정이 더욱 편하고 효율적으로 이루어지도록 하는 것을 목적으로 한다. 프로젝트를 시작한 계기는 바로 가구의 페인트 색이나 장식을 제외하고는 외래환자 진료실이 1900년 이후로 거의 변화하지 않았다는 사실을 관찰한 결과였다. 앞으로 보게 되겠지만 프로젝트의 이름은 우리의 발견에서 '시작'되었다. 그러나 초기에는 관심을 끌지도 못했다.

CFI 디자이너 팀은 환자—의사의 소통과 가족의 개입을 연구한 후 몇 가지 문제점을 발견했다. 컴퓨터가 설치된 덕분에 의사들은 모니터를 쉽게 볼 수 있었지만, 환자들은 그렇지 못했다. 환자의 가족을 위한 공간은 거의 없고 대부분의 공간을 진료 테이블, 드레싱 공간, 싱크대, 진료 도구가 차지했다. 초진 이후의 진료가 대부분 그동안의 환자의 이야기나 증상을 듣는 데 할애되는 것을 볼 때 불합리한 공간 사용이었다. 실제로 우리가 조사한 바에 따르면 진료실에서 사용되는 시간의 80%는 대화에 사용되었고, 20%만이 검사에 사용되었다.

관찰과 실험이 끝난 후 실제 크기의 프로토타입 진료실이 몇 개 구성되었다. 처음에는 폼코어foamcore, 판지cardboard 등 CFI 연구소에서 사용하는 것과 비슷한 재료들을 사용해서 만들어졌고, 그 다음에는 실제 프로토타입으로 사용되었다. 가장 많은 지지를 받은 부분은 바로 출입구와 연결된 개별적인 상담과 검사 공간이었다. 상담 공간에는 원형 테이블과 네 개의 의자, 그리고 회전 고리가 장착된 컴퓨터 모니터가 설치되었다. 새로운 배치 상태에서 실제 환자와의 의사소통이 관찰되었다. 연구자들은 환자들이 더욱 편안함을 느끼고 느긋해졌으며, 더 많은 질문을 하고, 더 주동적으로 집에서의 의료서비스 계획을 세웠다고 기록했다.

하지만 하나의 이슈가 남아 있었다. 이 이중 공간이 요구하는 추가 사항은 무엇일까? 이와 같은 혁신이 성공하기 위해서는 사업적 제약에 들어맞아야 한다. 디자인 팀은 두 개의 진료 공간과 중앙의 검사 공간을 공유하는 해결책을 가지고 왔다. 이는 바로 1970년대 TV쇼인 〈브래디 번치The Brady Bunch〉의 "잭과 질"이 화장실을 공유했던 것에서 모티브를 얻은 것이다. 방음 처리가 된 견고한 문, 조명 변화, 그리고 안에 사람이 있는지를 알려 주는 시스템이 새로운 디자인을 더욱 유용하게 해 주었다. 이 디자인은 환자와 환자 가족들의 폭넓은 지지뿐만 아니라, A 진료실에서 처방전이나 진단서 등의 서류를 작성하는 동안 B 진료실에서 환자의 교체가 이루어진다는 점에서 의사들의 지지도 받았다. 직원들은 옆방에서 상담이 이루어지는 동안 다음 환자를 위해 검사 공간을 청소하고 정돈해 놓을 수 있게 되었다. 개선된 환자 흐름은 추가로 필요한 공간에 대한 보상 그 이상의 효과를 내 주었다. 잭앤질 진료실은 제3장의 〈그림 3.3〉에 제시된 바 있다.

지금까지 소개한 것은 아주 간단한 내용으로, 이 프로그램에 대해 더 나눠야 할 이야기가 아직도 많이 남아 있다.

고객에 대한 깊은 이해 얻기

사업에서, 그리고 혁신에서, 대부분의 사람들은 고객에 관해 이야기한다.

만약 당신이 혁신그룹이나 조직의 일원이지만 최근에 고객에 대해서 이야기하고 있지 '않다면,' 당신은 초점에서 벗어나 있는 것이다. 좋은 혁신이란, 아이디어나 반짝이는 기술 또는 기존의 상품에서 시작되는 것이 아니라는 사실을 모르고 있는 것이다. 좋은 혁신은 고객에게서 시작된다. 아이디어나 발명을 혁신으로 바꾸려면 궁극적으로 고객을 위한 가치를 창조해야 하고 그것이 그들에게 받아들여져야 한다. 그 밖의 다른 생각은 해당되지 않는다.

많은 사람들이 고객에 대해서 이야기하고, 고객의 활동을 측정하고, 고객의 의견을 수집하고, 고객만족도 조사 결과를 자세히 읽으며, 고객을 네 개의 깔끔한 시장 영역들 중 하나에 집어넣는다. 하지만 사람들이 정말 고객을 '이해'하고 있는 것일까? 고객이 원하고 필요로 하는 것뿐만 아니라 고객의 통점과 불만 요인이 무엇인지도 알고 있는 것일까? 그들이 정말 깊고 '잠재적인' 요구와 필요를 이해하고 있을까? 고객들도 매번 표현해 내거나 생각해 내지 못하는 그런 것들 말이다. 그들이 정말 '경험'을 전체론적으로 보고 있을까?

더 빨리 달리는 말 피하기

혁신을 위해서 우리는 그저 더 빨리 달리는 말을 넘어서는 어떤 것을 창조해 내야만 한다.

만약 고객의 의견을 단순하게 겉으로만 평가하거나 고객이 원하는 것에 대한 큰 그림을 놓친 채 상품을 개발한다면, 우리는 아주 빠르게 교착상태에 빠지게 될 것이다. PC 산업이 그동안 어떻게 발전해 왔는지 생각해 보자. 정말로 기업이 더 빠른 프로세서나 더 많은 저장 공간, 더 빠른 인쇄 속도, 더 나은 인쇄 품질 등 고객들이 더 많은 '스피드와 피드speeds and feeds'를 원했기 때문에 그것들을 제공한 것일까? 아마도 그러한 필요는 '있었을' 것이다. 이런 특징들은 컴퓨터의 작업 속도가 현재의 경험 안에서 더욱 빨라지게 만들었다.

하지만 당신이 만약 스피드와 피드에만 집중했다면 당신은 기회를 놓친 셈이 된다. 사람들이 정말로 원했던 것은 다른 사람들과의 연결 고리, 기업들과의 연결 고리, 바로 인터넷이었다. 우리가 아주 나중에 발견한 사실은 사람들이 바로 이것을 위해 단순한 태블릿 포맷tablet format을 원했다는 것이다. 그런 이유로 산업에서 더 빨리 달리는 말을 계속해서 생산하면서도 소비자의 필요와 욕구를 만족시키는 데는 너무 오랜 시간이 걸렸던 것이다. 오늘날의 PC 산업은 '의미'를 찾기 위해 분투하고 있다.

일반 대중인 고객이 인터넷을 원한다고 직접 '말했었나?' 그들이 태블릿을 원한다고 '말했었나?' 거의 그렇지 않았다. 이런 혁신은 '잠재적인' 고객의 필요를 분석한 끝에 등장한 것이다. 그것들은 강렬한 관찰과 직관, 그리고 고객경험에 관한 일부 실험을 통해 생겨났으며, 고도로 통합된 비전과 가능한 것이 무엇인지를 정확히 보는 관점, 그리고 이것저것을 기꺼이 시도해 보려고 하는 마음의 결과로 생겨난 것이다.

게다가 헨리 포드도 더 빨리 움직이기 위해서는 더 빨리 달리는 말을 찾아야 한다는 관념을 초월했다. 그는 한 마리의 말 위에 타고 있는 어떤 한 사람보다 더 많은 것을 얻어 내는 것이 어렵다는 것을 알게 되었다. 말은 끊임없이 돌봐 주어야 하는 존재다. 말은 통제하기 어려울 수도 있다. 바로 이런 통찰을 이제 막 등장하기 시작한 기술들(그리고 그 뒤로 개발된 기술들)과 통합해서 자동차라는 결론에 도달한 것이었다.

하지만 당시에 자동차를 원한다고 '말한' 고객은 단 한 명도 없었다. 그들은 그것이 가능하다는 사실조차 알지 못했다. 그들은 그런 니즈needs* 와 사용 가능한 기술들을 통합해 더 큰 그림의 비전으로 만들어 낼 수도 없었다. 혁신가들은 관찰, 직관, 그리고 고객경험에 대한 깊은 이해를 바탕으로 그 비전을 이해해 냈다.

명시적 필요에 부응하고 그것을 넘어서기

의료서비스가 복잡하며 대부분의 고객들이 그것에 대해서 잘 모르고 있다는 것은 명백한 사실이다. 고객들(환자들이나 건강을 유지하기 위해 정보를 수집하려는 사람들)이 자신이 의료서비스 영역에서 진정으로 원하는 것이 무엇인지 말하도록 하는 것은 터무니없는 요구다. 왜냐하면 그들은 무엇이 가능한지 모르고 있기 때문이다. 대부분 알 수가 없다.

대부분의 사람들이 의료서비스와 관련된 경험을 조금씩은 가지고 있다. 그들은 오래된 잡지를 읽으며 진료실 앞에서 오랫동안 대기하고 있어야 하는 등의 몇 가지 문제를 설명할 수 있다. 그들은 진료 상황에서 겪은 육체

---

* 필요, 요구, 욕구를 뜻하는 말로 그 의미가 종합적일 때가 많으므로 맥락에 따라 영어와 우리말을 혼용할 예정이다.

적 고통을 당신에게 이야기하거나 보여 줄 수 있으며, 우리 역시 그런 것들을 완화하기 위해 의료계에서 많은 일을 해 왔다. 하지만 전체의 경험은 어떠한가? 방문 진료를 넘어서는 더 넓은 의미의 의료경험은 어떠한가? 아마 그렇지 않을 것이다. 고객들은 의료서비스 시행에 대해 낮은 기대치를 갖고 있으며, 이는 고객들이 그들의 삶의 다른 영역에 대해 갖는 기대치보다 낮다. 그러므로 그들이 필요한 것을 우리에게 말해 줄 능력은 종종 제한적이다. 그렇다고 해서 그들이 더 많은 것을 원하거나 필요로 하거나 받을 가치도 없다는 의미는 아니다. 많은 사람들은 그저 현재의 상태를 단순하게 받아들인다. 말로 표현되지 않은 이러한 니즈를 이해하는 방법을 찾는 일은 우리에게 달려 있다.

고객을 진정으로 이해하는 일은 전체 경험을 살펴보는 것에서 시작해 그 안에 있는 크고 작은 기회를 포착하는 것으로 이어진다. 그것은 환자들이 실제로 원하고 필요로 하는 것이 무엇인지에 관한 깊은 이해를 얻는 것에서 시작해야 한다. 이는 포커스그룹focus group*이나 만족도 조사, 인터뷰 등 오늘날의 의료서비스 영역에서 주로 사용하는 전통적인 방법으로 발견할 수 있는 것들을 넘어선다.

우리는 '명시적, 암묵적, 잠재적' 필요를 알아내야만 한다.

〈그림 4.3〉에 나온 모델은 1950년대의 지식과 학습 분석에서 사용하던 것이다. 분석표에서 알 수 있듯이 일부 지식은 명시적이고, 언어로 표현될 수 있지만, 그 외에는 마치 자전거를 타는 것처럼 '암묵적'이다. 따라서 그 일을 하는 방법을 무의식적 차원에서만 알기 때문에 그 방법을 설명할 수

---

* 여론조사나 시장조사를 위해 각 계층을 대표하도록 뽑은 소수의 사람들을 일컫는 말.

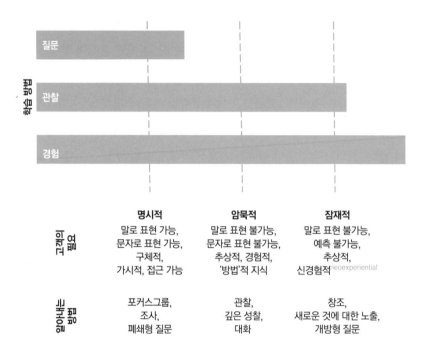

	명시적	암묵적	잠재적
연구 대상	말로 표현 가능, 문자로 표현 가능, 구체적, 가시적, 접근 가능	말로 표현 불가능, 문자로 표현 불가능, 추상적, 경험적, '방법'적 지식	말로 표현 불가능, 예측 불가능, 추상적, 신경험적neoexperiential
연구방법론	포커스그룹, 조사, 폐쇄형 질문	관찰, 깊은 성찰, 대화	창조, 새로운 것에 대한 노출, 개방형 질문

그림 4.3. 고객의 니즈에 대한 지식 체계: 명시적, 암묵적, 잠재적

없고, 다른 사람들에게 알려 주기도 어렵다. 오로지 관찰만이 가능하다.

우리는 이 모델을 거꾸로 뒤집은 다음에 한 층을 덧입혀서 복잡한 환경에서 일어나는 혁신의 실제를 살펴보기로 했다. 그것은 바로 고객과 공급자 양측에 '잠재된' 니즈를 통합하는 것이다. 우리는 변형적 혁신이란 이 잠재된 니즈가 채워지고 초과되어야만 성취될 수 있다고 생각했다.

먼저 우리는 이 모델에서 지식에 대한 니즈를 대체했다. 어떤 니즈는 '명시적'이라서 고객들은 그것을 말로 표현할 수 있다. 다른 니즈는 그들의 행동과 경험에서 나타나기 때문에 고객들은 그것을 쉽게 표현하지 못한다. 이런 것이 바로 '암묵적' 니즈다.

만약 당신이 고객들에게 묻는다면, 그들은 분명히 대기 시간의 단축이나 읽기 쉽고 이해하기 수월한 치료 프로그램 같은 '명확한' 니즈를 말할 수 있을 것이다. 무의식적인, 다시 말해서 '암묵적인' 필요는 말로 표현하기 어렵다. 하지만 고객의 행동을 관찰한다면 그 니즈가 무엇인지 간단하게 분간할 수 있다. 마이크로소프트 윈도우즈Microsoft Windows에 대한 니즈와 그 도래가 아주 좋은 사례다. 고객들은 포커스그룹이나 조사를 통해서는 데스크탑에서 사용할 멀티플 윈도우즈가 필요하다는 것을 결코 말로 표현할 수 없었다. 하지만 소프트웨어 디자이너들은 고객들이 프로그램을 하나 열고 닫은 다음에 다른 프로그램을 여는 행동을 계속해서 반복하는 것을 보면서 그 필요를 명확하게 확인할 수 있었을 것이다.

우리는 명시적/암묵적 구조물에 '잠재적' 니즈라는 또 하나의 층을 덧댔다. 잠재적인 필요는 부지불식간에 영향을 미치기 때문에 소비자나 공급자가 그 필요를 말로 표현할 수 없을 뿐만 아니라 그것을 실생활에서 관찰하기도 쉽지 않다. 그저 고객이 제공하거나 관찰한 데이터들을 보고 추론하거나, 거기에 깊은 사고, 시각화, 그리고 가능한 기술이라는 맥락에서의 실험 등을 겹겹이 통합해야만 파악할 수 있다.

잠재적인 사고의 힘

자동차나 태블릿뿐만 아니라 그 밖에 우리 시대에 등장한 위대한 변형적 혁신은 누군가의 커다란 비전과 패턴 인식 능력, 통합, 고객 의견의 수렴, 실현 가능한 것에 대한 이해를 바탕으로 한 관찰 등이 어우러진 결과이다. 이는 시장에서 성공 가능한 강력한 '잠재적' 니즈에 도달하게 된 것을 의미한다. 이 잠재적 니즈에 대한 진정한 큰 그림을 알아보는 것이 첫 번째 단계이다. 두 번째 단계는 고객에게 가능한 해결책을 함께 (혹은 부분적인 해결책이라도) 제시해서 그들이 '진정으로' 원하는 해결책인지 생각해 보게 하는 것이다. 이 단계들이 함께 제대로 진행된다면 당신은 변형적 혁신을 일으킬 수 있게 될 것이다.

천식 앱: 나를 위해 항상 그곳에

CFI에서는 모든 고객경험에 잠재된 니즈를 알아보려고 한다. 천식 앱을 예로 들면, 고객들이 원하는 것은 그저 약의 복용을 관리하거나 치료받을 시기를 알려 주는 기능이 전부가 아니다. 참신함이 사라지면 어차피 사람들은 그 앱을 더 이상 사용하지 않게 될 것이다. 우리는 사전 외부 조사를 통해 이 사실을 알게 되었다.

더 깊이 살펴보면, 고객들이 사용 가능한 보건의료서비스 관련 앱들이 이미 어지러울 정도로 많다. 애플의 아이튠즈 앱스토어에서 "건강health"을 검색하면 4만 개가 넘는 앱을 찾을 수 있는데, 체중 감소나 신체 단련부터 일반적인 건강 관련 질문이나 문제를 다루는 것까지 아주 다양하다. 2013년 건강 카테고리에 포함된 앱을 다운받은 횟수가 7억 회가 넘는 것을 볼 때 이런 주제에 관한 수요가 매우 많다는 것을 알 수 있다. 하지만 IMS 의료정보연구소IMS Institute for Healthcare Informatics가 작성한 보고서에 따르면, 대부분의 앱들이 고객들의 건강과 웰빙을 개선하는 데 사용하지 못할 데이터들을 방출하고 있다.

고객들이 진정으로 원하는 것은 자신들의 일상에 지장을 주고 시간을 잡아먹는 병원 방문을 피하는 것으로, 이는 우리가 목표로 삼은 13~19세의 청소년들에게는 특히 그렇다. 그들은 또한 증상이 바뀔 때마다 혹은 평소의 일상과 다른 활동을 계획하거나 다른 곳으로 여행을 가려고 할 때마다 그들의 치료를 조절할 수 있도록 의료서비스 공급자와 연락을 유지하고 싶어 했다. 그들은 어떠한 증상의 변화에도 피드백을 해 줄 살아 있는 사람을 원했다. 그런 접촉은 굳이 실시간이 아니어도 되지만(비동기적이어도 괜찮다.) 그런 존재가 있다는 것만으로도 그들이 자신감을 느끼는 데 도움이 되었고, 그로 인해 치료법을 더욱 잘 따를 수 있게 만드는 동기부여가 되었다. 그들은 자신들이 이해하고 있는 기술을 사용하고 싶어 했고 그 기술은 스마트폰이었다. 우리는 이 점을 가설로 세웠고 우리의 가설이 옳다는 것을 분명히 하기 위해 거기에 앱을 추가했다.

스마트거울: 사랑하는 사람에게 연결된 생명줄

스마트거울의 경우 잠재된 니즈는 간병인뿐만 아니라 '사랑하는 사람들'도 노인들을 모니터할 수 있게 하는 것이었다. 노인들의 일상적인 생활을 방해하거나 간병인에게 자신이 과거에 권위 있는 인물이었다는 느낌을 주지 않으면서도 말이다. 다시 말해서 우리는 가능한 한 최대의 고객경험에 대한 우리의 직관으로부터 이 잠재된 니즈를 통합해 내야만 했다. 이것은 노인들이나 간병인들과 이야기를 나누거나 그들의 행동을 관찰해서 알게 된 것이 아니다. 이 경우 간병인의 의견이 도움이 되긴 했지만 잠재되어 있는 진정한 니즈와 최종 비전을 얻기 위해 약간의 조립을 한 것이다.

잭앤질 진료실: 진료의 성공을 위한 옷차림

잭앤질 진료실을 위한 암묵적 니즈의 핵심 중 하나는 아주 단순하다. 말 그대로 우리의 코앞에 있었다는 사실이 연구소에서의 진료실 디자인 실험을 통해 드러났다.

이 이야기는 너무 간단해서 놀라울 지경이다. 실험 도중 메이요 클리닉의 환자가 자신의 의사로 하여금 진료를 멈추고 고민하도록 만들었다. 바로 다음 이야기 때문이다. "일상복을 입고 있으면 환자복을 입고 있을 때보다 더 건강해진 느낌이 들어요." 그녀는 아주 확고하고 자신 있는 어조로 옷을 입고 있는 상태와 건강한 상태를 동급으로 놓았다. "환자복을 입고 어떻게 내 건강에 대해 이야기할 수 있겠어요?" 그녀는 계속해서 다시 반복하며 강조했다. "일상복을 입고 있으면 더 건강해진 것 같아요."

실제로 잭앤질 진료실에서 환자는 환자복이 아니라 일상복을 다 갖춰 입은 채로 자신의 건강에 관해 이야기하는 시간을 보낸다. 잭앤질 진료실은 거실처럼 꾸며져 있다. 우리는 환자가 더 안락한 환경을 원하며 가족들에게는 더 쉽고 신중하기를 원한다고 가정했지만, 옷을 입고 편안한 것을 원하는 암묵적인 고객의 니즈를 발견한 것은 매우 놀라웠다. 이 니즈는 프로젝트를 통해 성취되었고 다른 프로젝트에도 교훈을 주었다.

만약 우리가 열심히 노력해서 암묵적인 니즈와 잠재적인 니즈를 이해하지 못한다면 우리는 더 빨리 달리는 말을 더 많이 만들어 낼 수밖에 없다. 우리는 대기실에 최근호 잡지를 가져다 놓거나 멋진 가운을 준비해 놓는 등 환자의 진료실 방문을 미세하게 조종할 수 있다. 그러나 이렇게 너무 즉각적이고 빠른 대응으로는 큰 그림을 놓칠 수 있다. 우리는 진정한 필요와 욕구, 즉 우리의 환자들이 의료서비스 공급자와 (반드시 의사가 아니더라도) 동기적 또는 비동기적으로라도 연결되어 있고 싶어 한다는 것을 놓쳤을 것이다. 하지만 그 대신에 환자들이 우리가 이 잠재된 니즈를 채워 주기 위해 이런 식으로 소통한다는 것을 깨닫는다면, 환자들은 그들의 건강에 대해서 더욱 긍정적인 마음을 가지게 될 것이고, 건강할 때뿐만 아니라 만성 질환을 관리해야 할 상황에서도 더 많은 연락이 가능해 질 것이다. 그 결과물이 바로 더 나은 의료와 더 적은 비용이다.

이런 경우 만약 전통적인 혁신 방법을 사용했다면, 우리는 암묵적이고 잠재적인 니즈를 놓쳤을 것이다. 이런 경험들을 통합하고 만들어 내고 모델링하기 위해, 즉 이전과 이후의 경험들을 '상상'하기 위해 몇 가지 더 추가적인 단계를 거치고 나서야 우리는 고객과 우리 조직에게 '아하!' 하는 깨달음의 순간을 줄 수 있었다. 우리는 다른 사람들이 그러는 것처럼 고객의 말에 귀를 기울였다. 우리는 가능한 경우 허용되는 범위 안에서 그들의 행동을 '관찰'했다. 우리는 한 걸음 더 나아가 전체 경험을 '느끼고' 상상하고 그들의 반응을 포착하기 위해 새로운 아이디어를 보냈다.

명시적, 암묵적, 잠재적
듣고, 보고, 느껴라
발견하고 상상하라

이 과정을 외부에 위탁하지 말자

이것은 매우 중요하다. 이 과정을 다른 사람에게 위탁하고 그저 돈을 지불한 뒤 잊어버려서는 안 된다. 당신의 고객을 진정으로 이해하기를 원한다면 시장조사 회사나 다른 외부인들에게 돈을 주어서는 안 된다. 왜일까? 결과를 나타내는 그림이 명시적 니즈에만 국한될 것이기 때문이다.

최고의 혁신은 관찰한 내용을 스스로 통합하는 것에서부터 시작한다. 마케팅 담당자뿐만 아니라 관리직이나 조직 구성원을 포함한 모든 팀원들이 참여해야 한다. 우리는 CFI 팀에 전문 디자이너를 채용하는 추가적인 단계를 포함시켰다. 학문적인 의료 기관에 디자이너들이 직접 배치된 것은 처음 있는 일이었다. 그 이유는 경험 평가나 최종 디자인은 외부에서 올 수 없다고 믿었기 때문이다. 우리는 암묵적인 니즈와 잠재적인 니즈 모두를 놓치고 싶지 않았다. 물론 외부에 있는 회사가 할 수 있는 역할이 아무것도 없다는 의미는 아니다. 우리는 시작부터 IDEO와 도블린의 놀라운 전문 지식을 활용했고, 몇몇 프로젝트에서는 여전히 그들과 협업을 진행한다. 우리는 훌륭한 아이디어에 귀를 기울이지만, 다른 사람에게 우리의 상상을 모두 맡겨 버리는 것을 원하지 않는다.

전체를 아우르는 사고의 힘

많이 알려진 표현인 "새로운 사고를 하라.^{Think outside the box}"는 말을 들어 보았을 것이다. 지금쯤이면 독자들은 메이요 클리닉에서 우리가 진료실을 벗어난 새로운 사고를, 심지어 클리닉과 시멘트와 벽돌로 지은 건물을 벗어난 사고를 하고 있다는 것을 깨닫게 되었을 것이다. 그 말은 네 개의 벽으로 둘러싼 내부에서 일어나는 일을 생각하지 않는다는 것이 아니라 더 넓은 맥락에서 생각한다는 의미이다.

물리적인 상품인 상자를 생산하는 회사에게 연습이란 그 상자를 벗어나서 생각하는 것이다. 만약 당신이 그 시행, 공급망, 서비스와 지원, 그리고 당신의 상품을 경험으로 바꾸어 놓는 것들의 안팎에서 혁신을 한다고 가정해 보자. 당신은 더 큰 성공을 거둘 뿐만 아니라 그 시장을 변혁하고 분열시킬 것이며, 마침내 주도하게 될 것이다.

다시 한번 우리의 컨설턴트이자 친구이며 CFI 외부자문위원회 위원인 래리 킬리에게 돌아가 이 주제에 관한 아주 멋진 논증을 살펴보자. 그의 책 《열 가지 유형의 혁신: 돌파구를 만드는 수련법》(2013년, 와일리출판사)에서

'열 가지 유형의 혁신'을 설명하고 있다.

〈그림 4.4〉에서 우리는 킬리가 언급한 열 가지 유형의 혁신을 배열, 제공, 경험이라는 세 개의 카테고리로 묶어서 제시했다. 주의할 점은 우리가 일반적으로 생각하는 관점의 '상품'은 제공 카테고리의 일부라는 것이다. 그의 전제는 당신의 사업 안의 나머지 9개의 영역 안에서 '전체' 상품을 더 나은 것으로 만든 후, 그 분야에서 시장을 주도하는 리더의 자리를 얻어 혁신하고 '차별화시킬 수' 있다는 것이다. 킬리는 왜 그렇게 많은 회사들이 그저 상품에만 초점을 맞추는지에 대한 문제의식을 제기한다. 더 나아가 실제로 회사의 행동을 몇 년 동안 분석한 킬리는, 만약 당신이 열 가지 유형 중 다섯에서 여섯 가지 정도를 성공적으로 혁신해 낸다면 아주 순조롭게 당신의 기업이 속한 산업을 분열시킬 수 있게 될 것이라 말한다.

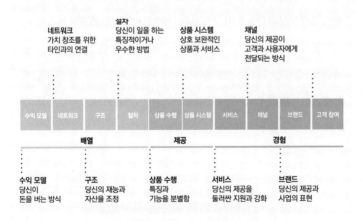

그림 4.4. 열 가지 유형의 혁신
(도블린의 래리 킬리에게 허락을 받고 인용함.)

(뒷면에 계속)

이 열 가지 유형 전부는 아니지만, 그중 많은 부분에서 혁신을 아주 잘 해 낸 기업의 사례를 찾는 것은 어렵지 않다. 아마존Amazon, 스타벅스, 애플, 사우스웨스트 에어라인Southwest Airlines 등이 상품뿐만 아니라 새로운 과정, 채널, 브랜드, 사업 모델을 효율적으로 창조하는 혁신을 만들어 냈다.

지금까지의 내용은 당신의 사업에 제공하는 교훈이자 우리의 혁신에 대해서 생각하는 틀을 보여 주기 위한 것이다. 우리는 가능성에 대해 3차원적으로 생각한다. 이는 킬리가 주장하는 열 가지 유형의 혁신을 가로지를 뿐만 아니라 의료서비스라는 연속체도 가로지른다.(그림 4.5)

그림 4.5. 의료서비스 연속체

핵심: 고객경험에 대한 디자인 조사를 할 때 전체의 경험과 프로세스, 그리고 당신의 기업이 전달하는 상품을 모두 다룰 수 있도록 창조적인 사고를 '열어라.' 그렇게 해서 찾아낸 해결책은 더 재미있을 것이고, 더 큰 영향을 줄 것이며, 상품을 더 잘 전달할 수 있는(더 많은 고객층을 확보할 수 있는) 더 새롭고 푸른 초원을 발견하게 만들 것이다.

동향 파악하기: 어떤 새로운 것이 있을까?

우리는 자신만의 관찰과 생각을 통해서 얻은 고객에 대한 깊은 이해는 충분하지 않다는 것을 깨달았다. 21세기 의료서비스 모델을 개발하기 위해

서는 외부 세계에서 무슨 일이 일어나고 있는지 '자세히 들여다보기'를 해
야만 한다. 특히 외부 세계가 어떻게 '변하고 있는지'를 살펴야 한다.

디자인씽킹 과정에서도 간단하게 소개한 '살펴보기와 틀 세우기[scanning and
framing]' 과정의 일부로, 우리는 사회, 기술, 경제, 환경, 정치, 정보 발전 등
을 대표하는 외부 세계의 수백 개의 트렌드를 자세히 살피고 카테고리로
나누었다. 이런 학습이 공유되는 방법은 바로 그것들을 CFI와 메이요 직원
들이 이해 가능한 '트렌드카드[trend card]'로 분류하는 것이다. 각각의 카드는
"도전받는 통설[orthodoxy challenged]"을 나타내는데, 이는 변화시키거나 다른 방
법을 적용하기 어렵다고 판단되는 분야를 말한다. 트렌드카드에는 데이
터와 발견한 내용, 때로는 해결책을 요약한 내용이 담겨진다.(그림 4.6)

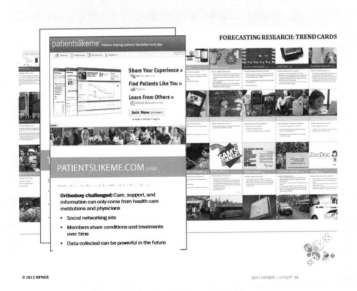

그림 4.6. 트렌드카드(PATIENTSLIKEME.COM)

(뒷면에 계속)

이 경우, "의료, 지원, 정보는 의료서비스 기관과 의사들로부터만 온다."는 통설이 PatientsLikeMe.com이라고 하는 비교적 새로운 의료계 소셜 미디어 웹 사이트의 등장으로 도전을 받았다. 이 웹 사이트에서는 같은 질병이나 증상을 가진 환자들이 자신의 경험, 상황, 치료 등을 공유하면서 이에 대한 주목할 만한 데이터를 창조해 낼 수 있다. 이렇게 등장한 도구에 익숙한 디자이너들은 이 웹 사이트의 내용과 그 밖의 유사한 정보들을 합쳐서 그들의 니즈에 대한 평가와 디자인에 사용할 수 있다.

이러한 트렌드카드는 쉽게 접근할 수 있으며, CFI의 직원이나 보다 큰 조직인 메이요의 직원들에게 현재 등장하는 트렌드와 관련한 '낙숫물drip irrigate'을 제공한다. 물론 이런 것들이 외부 정보의 유일한 자원은 아니다. 우리는 어떤 분야에서 프로젝트를 진행하든지 간에 수량화할 수 있는 트렌드와 수량화할 수 없는 트렌드를 조사해서 합친다. 천식 의료연결서비스 앱의 경우 스마트폰 사용, 사용자의 수, '충성도stickiness', 즉 앱을 계속해서 기꺼이 사용하려는 마음 등을 평가했다.

근거를 주세요: 과학적인 방법

지금까지 우리는 고객 중심이면서도 사업적 제약을 반영한 접근법인 디자인씽킹에 대해 살펴보았다. 많은 조직에게 있어 디자인씽킹은 혁신의 핵심적인 모델을 제공한다.

의료서비스 환경에서 자연스럽게 발견되는 연구와 정밀함의 제약 및 복잡성 때문에 우리는 반드시 더 멀리 나가야 했다. 우리의 혁신은 반드시 근거와 실험이라는 요구 조건을 만족시켜야 했고, 그 근거와 실험은 증명된 절차와 변화에 대해 회의적인 태도를 보이는 의사와 과학자들의 철저한 검증을 즉시 만족시켜야 했다. 그 결과 우리는 반드시 실험하고, 근거를 수집해서 제시해야만 했고, 그 무엇보다도 정확하고 선입견이 없는 접근법을 계속해서 유지해야 했다.

바로 이 지점에서 과학적인 방법이 등장했고 다른 모델 요소들과 융합되었다. 과학적인 방법은 측정 가능한 근거를 기반으로 하고, 다른 변수를 통제하는 동안 한 번에 한 변인에 대해서만 실험한다. 본질적으로 개념을 시험하고 증명하는 선입견 없는 접근법이라고 할 수 있다. 과학적인 방법에는 네 가지 요소가 있다. 관찰하기, 관찰을 바탕으로 가설 세우기, 가설을 바탕으로 예측하기, 가설이 틀렸음을 증명하기 위해 실험 방법 사용하기 등이 그것이다. 가설에서 더 이상의 오류가 발견되지 않을 경우 시행 가능하고 소통 가능한 결론이 된다.

새로운 발견과 아이디어 및 앞에서 시행한 테스트에서 생겨난 가설 등을 포함해서 필요한 것을 위해 여러 번의 실험이 반복될 수 있다. 과학적인 방법이 반드시 연속적이거나 순환적일 필요는 없다. 과학적인 방법은 견고하고 실제적이며 근거가 뒷받침된 결론을 찾아내려고 한다. 게다가 한 프로젝트나 실험에서 알아낸 지식은 쉽게 다른 영역으로 이동된다.

과학적인 방법은 시험, 실험, 관찰, 통합, 기록으로 구성된 혼합물을 동반한다. 우리는 팀원들에게 과학적 방법을 위한 프레임워크를 제시하지 않는다. 그저 과학적인 접근법을 요구하고 그들로 하여금 최선의 방법을 이해하도록 할 뿐이다.

프로젝트에 따라 세부 사항은 다르게 나타난다. 프로젝트에 관한 프레젠테이션을 할 때, 우리는 팀원들이 우리에게 (그리고 의사 구성원 공동체에게)

기록된 과학적 근거를 보여 주기를 기대한다. 우리의 프로젝트 프레젠테이션은 결과를 측정하는 그래프와 차트로 가득하다.

매 프로젝트마다 우리는 끝을 마음에 담고 시작한다. 아주 간단하다. 가능한 한 빨리 프로토타입을 얻으면 된다.

물론 실행까지 하고 싶지만 실행은 너무 먼 길이다. 건너야 할 아주 긴 다리처럼 느껴진다. 왜일까? 만약 우리가 그 지점까지 모든 것을 제대로 했다면, 실행은 마치 직선도로처럼 느껴질 것이기 때문이다. 물론 우리가 실험조차 해 보지 못한 아이디어들을 실행한다는 생각 때문에 프로젝트의 초기 단계에서부터 교착상태에 빠지고 싶지는 않다. 한 가지 더. 그것은 이미 결정된 결론으로 이끌고 갈 수도 있다. 이는 결코 좋은 현상이 아니다.

동시에 우리는 혁신하고자 하는 강한 욕구와 성공이 보이는 '황금 타이밍', 그리고 프로젝트에서 느끼게 되는 '아하!'의 순간은 초기 단계에서 진행된 것들과 관련이 있다는 것을 깨달았다. 개인 기술 관련 상품을 만드는 디자이너들의 대부분은 가지고 놀 프로토타입이 손안에 쥐어질 때 가장 큰 흥미를 느낀다는 점에 동의할 것이다. 이와 같은 원리는 의료서비스나 그 밖에 복잡한 환경에서 찾을 수 있는 더 크고, 때로는 더 추상적인 프로젝트에도 동일하게 적용된다.

4단계 접근법

우리의 프로젝트 관리 접근법은 자세한 절차를 따르는 방법을 피하고 있다. 물론 뒤에서 소개하겠지만 절차가 하나 있기는 하다. 하지만 융합혁신

그림 4.7. CFI 혁신플로우

모델의 다른 원리와 마찬가지로 우리는 이 과정이 자유롭고 유연하게 흐를
수 있도록 두고자 노력한다. 각각의 프로젝트가 요구하는 프로젝트 관리의
정확성은 각 프로젝트에 따라 그 정도가 다르다. 우리는 그 부분을 팀에서
결정할 수 있도록 결정권을 주었다. 더 중요한 것은, 우리가 프로젝트 흐름
이 순차적으로 일직선을 이루는 경우가 거의 없다는 점과 대부분의 프로젝
트가 새 아이디어나 앞선 실험에서의 결과를 시험하는 곳으로 순환해서 돌
아오게 된다는 점을 이해하고 있다는 것이다. 우리는 최고의 결과를 얻기
를 원한다. 가장 빠른 결과를 반드시 요구하는 것은 아니다. 앞에서 말했듯

이 우리는 각 단계의 처음과 끝이 아니라 단계 '도중에' 무슨 일이 일어나는지에 집중하는 것을 좋아한다.

〈그림 4.7〉은 우리가 가진 개념적인 "혁신플로우innovation flow"를 보여 주는데 거기에는 '살펴보기와 틀 세우기, 실험, 프로토타이핑, 그리고 실행'이 포함되어 있다. 한 가지 언급해야 할 것은, 이 플로우를 진행하는 동안 우리가 끊임없이 지속적으로 디자인씽킹, 과학적인 방법, 그리고 전통적인 프로젝트 관리로 이루어진 융합혁신모델의 원칙을 적용한다는 것이다. 더불어 다시 한번 말하지만 이러한 순환이 반드시 순차적으로 발생할 필요는 없다. 각 프로젝트 팀에 맞게 직선적인 흐름과 순환적인 흐름이 섞여서 진행된다. 예를 들어 잭앤질 진료실 프로젝트에서 우리가 그랬던 것처럼, 암묵적이고 잠재적인 니즈를 발견하고 설명하기 위해서 살펴보기와 틀 세우기를 하면서 몇 번의 시험 단계를 살짝 맛보게 되기도 하는 것이다.

요약하자면 혁신플로우의 네 단계는 아래와 같다.

▶ 살펴보기와 틀 세우기

이 단계에서 프로젝트가 고안되고 기본 조사가 시작된다. 데이터 수집, 고객에 대한 이해 적용, 더 깊은 고객 이해가 필요한 부분이 어떤 건지 정의하고 프로젝트를 시작할 팀이 꾸려진다. 우리는 산업 트렌드를 두루 살피고 성공 가능한 지점에 우리가 돕는 그룹의 단면을 보여 주는 모습을 개발한다. 우리는 자세한 프로젝트 맵에서 이 단계를 명백한 '착수' 단계와 '계획' 단계로 분리했다. 프로젝트의 크기가 정해지고 자원이 제공된 다음에, CFI 포트폴리오 로드맵에 자리를 잡는다. 이는 다른 프로젝트와의 연결 관계를 극대화하고, 중복을 막으며, 선행 지식을 끌어내기 위한 것이다. 이 단계에서 우리는 가설과 어떤 방법으로 무엇이 시험되어야 하는지를 설명하고, 프로젝트에 대한 전체 방향을 제시한다.

▶ 실험

가장 중요한 실험 단계는 고객 니즈의 현실을 발견하고, 그 필요에 대한 아이디어와 실행 가능성을 시험하는 단계다. 실험 단계는 조사로 시작되고 알려진 것과 관찰될 수 있는 것으로 나누어 설명된다. 실험이 뒤따르는데, 이는 아직 알려지지 않고 반드시 발견되어야 하는 것을 얻는 과정이다.

디자인 팀은 자유롭게 실험을 수행한다. 일부 실험은 연구소에서 진행되지만 개별 진료과에서 진행되기도 한다. 심지어 메이요 외부에서 진행되는 실험도 있다. 목표는 관찰과 데이터 수집을 통해 암묵적이고 잠재적인 필요를 찾아서, 가능한 해결책들을 폼코어 모델처럼 생산 단가가 낮은 방식으로 거칠게 엮어 내는 것이다. 실험 단계에서는 '실패'가 종종 발생한다. 하지만 제대로 작동하지는 않더라도 다른 지식과 결합해서 새로운 실험을 만들어 내는 지식이 창출되는 단계이기도 하다. 실험을 통해 우리는 실제적인 환경에서 사용할 수 있는 더 공식적이고 완벽한 시험인 프로토타입을 개발한다. 반복적이고 오래 지속되는 실험이 이 단계에서 생겨날 수 있으며, 시간표는 '프로젝트 계획마다' 달라진다. 조사 보고서와 프로토타입 계획이 실험 단계의 결과물로 인정된다.

▶ 프로토타이핑 Prototyping

프로토타이핑으로 이동하면서 우리는 실험 단계에서 찾은 발견들을 통합하고, 가능한 해결책이나 대안적인 미래 단계를 개발한다. 우리는 프로토타이핑에서 이 해결책이 품고 있는 개념의 근거를 인증하고 생산한다.

프로토타입은 더 완벽하고 실제적이며 현장 중심적인 방식의 개념을 말한다. 이는 환자와 의사와 직원들에게 혜택을 주고 투자와 재정 성과 지표에 대한 결과를 단언하도록 디자인된 것이다. 프로토타입은 우리의 연구소나 동네 진료소, 병원, 혹은 고객의 가정에서 만들어질 수 있다. 프로토타입에는 기술의 작동 사례를 포함하며 시험 대상인 모델에 따라 필요한 직원들을 모두 동원할 수 있다. 일반적으로 상품에 대한 마무리 처리와 미세한 조정이 이 단계에서 이루어진다.

▶ 시행

프로토타이핑은 그 개념이 안정적이 될 때까지 시간이 좀 더 걸릴 수 있다. 따라서 이 단계 동안 우리는 메이요 안의 다양한 구성원들에게 그 개념을 '근거와 함께 제시한다.' '프로젝트 스토리'가 구성되어 (다음 장에서 소개될) 우리의 커뮤니케이션 엔진을 통해 배포되며, 자료를 얻기 위한 계획이 만들어지고 시행 훈련이 진행된다. 그리고 프로젝트가 소개된다. 많은 경우 운용 부서가 프로젝트의 초기 단계부터 참여하기 때문에 시행 단계에서 손을 떼는 일이 훨씬 쉬워진다. 조직으로서의 CFI는 가치와 결과를 생산하는 역할을 감당하기 때문에 결코 시행 레버를 당기지 않는다!

구조에 대해서 더 알고 싶다면……

지금까지 제시한 융합혁신모델은 우리가 그동안 해 온 일들을 기반으로 설명되었기 때문에 조금 헐겁거나 비공식적으로 보일 수도 있다. 혁신에 대해 좀 더 구조적이고 자세한 운용적 접근을 이해하고 싶어 하며 특히 프로젝트 관리가 궁금한 사람들을 위해 이 부분에서 좀 더 자세히 보여 주고자 한다.

게다가 우리는 〈그림 4.8〉에서처럼 구조적인 운용 절차를 가지고 있다. 실제로 우리는 이 절차를 책임지고 기록하며 전반적인 체크 포인트를 담당하는 '운용 매니저operation manager'도 있다. 물론 우리는 유연하다. 하지만 그렇다고 해서 우리가 구조를 완전히 무시하는 것은 아니다.

작업 방법론 요소와 업무							
CFI 목표	니즈와 그것을 채워 주는 디자인 서비스, 상품, 비즈니스 모델을 알아내기 위해 인간 경험에 집중		접근 가능하고 비용 지불이 가능하며 가치 주도적인 방식으로 의료서비스 시행을 혁신 내외부적인 협업 가능		지속 가능한 시행 모델 서비스와 상품을 통해 수익을 제공함으로써 경제적인 가치를 창출		
	단계0		**단계1**		**단계2**		
	착수	담당	조사와 실험	담당	개발과 이전	담당	
단계	기회의 전략적 정렬, 능력과 적합성을 파악 (문제 명시)		기회의 틀을 짜기 위해 세계 트렌드와 고객의 해결되지 않은 필요를 이해 (문제 이해)		프로토타이핑, 최종 사용자 및 운용 부서와의 공동 창조를 통해 정제되고 실제적인 모델을 반복하고 인증		
목표	프로젝트의 가치에 접근, 계획 단계를 맡을 프로젝트 매니저와 디자이너를 정의하고 임명	플랫폼 주도	조사 및 프로토타입 계획 결과물을 승인, 운용 부서를 인지	플랫폼 주도	프로토타입 인가 승인, 운용 부서로의 이전 시작 준비	플랫폼 주도	
	명시된 대로 특정 팀에게 기회 이전하기		추가 자원에 대한 필요를 승인 (IT, 디자인 등)	플랫폼 주도 IT 주도	투입 승인, 이전 과정 수용 준비 승인	운용 부서	
			제안된 프로토타입의 사업 개발 가능성 결정	사업개발부			
결과	기록과 정의된 최초 자료 샅샅이 살피기	플랫폼 주도 혹은 프로젝트 스폰서	서류와 보수서 운용 지침 인가	프로젝트 매니저	운용 부서와 기관 파트너가 포함된 인가 보고서와 확산/이전 계획	프로젝트 매니저	
			비판적 체크포인트, 통찰, 추천 보고서 등이 포함된 조사 계획	디자이너와 디자인 전략가	디자인 통찰과 최종 프레젠테이션	디자이너와 디자인 전략가	
			사업 계획, 영향 분석 (무엇이 성공인지)	혁신 코디네이터	체크리스트와 최종 보고서 이전	프로젝트 매니저	

(뒷면에 계속)

활동	플랫폼은 플랫폼 매니저, 디자인 전략가, 사업 개발부와 교류를 통해 해당 정보 내용을 구축한다. 팀은 필요한 만큼 최초의 이해 관계자들과 회의를 진행한다.	디자인은 해당 사용자(환자) 연구를 즉시 시행해야 한다. 이와 함께 2차 연구가 기회 영역을 고지해야 한다. 프로젝트 내용에 대한 잠재적 후원 그룹을 알아내고 접촉한다. (예: S&P, e헬스 등)	프로토타입 추천에 명시된 대로 진행한다. 프로토타입은 만들어진 뒤 조직의 운용 부서와 지원 구조와 교류를 통해 제3자의 인가를 받아야 한다. (예: 진료과, MSS, S&P, e헬스) 부드러운 이전을 위해 제한된 시행에 대한 권리와 후속 지원을 운용 부서로 이전한다.		
시간표	프로젝트의 시작	1-3개월	3-9개월		
통제권	리더십 승인	플랫폼 리더에게 월말 보고	플랫폼 리더에게 월말 보고		
		정의에 따른 주의 기준 혹은 심각 기준	정의에 따른 주의 기준 혹은 심각 기준		
		주의와 심각 항목은 전략 회의에 회부됨	주의와 심각 항목은 전략 회의에 회부됨		
성과 지표	자원 업무	최초 사용자 인터뷰/ 관찰 진행	첫 프로토타입 완성과 접촉한 사람의 숫자		

그림 4.8. CFI 방법론적 요소와 업무 성과 지표

사업의 도구

이 시점에서 우리는 많은 혁신 조직에서 종종 간과한다고 느끼는 몇 가지 도구(혹은 스킬)를 공유하고 싶다. 팀들은 종종 자신들이 제대로 하고 있다는 잘못된 가정을 한다. 이 스킬들은 우리 활동의 초점이다. 이 초점이 혁신에 대한 우리의 접근법을 차별화시키고 더욱 원기 왕성하게 만들며, 더욱더 실재하도록 만들어 결실을 맺을 가능성도 높아진다.

그림 4.9. CFI 프로젝트 공간과 포스트잇들

관찰의 힘을 이용하기

우리가 시각 문화에 속해 있다는 것은 의심할 여지가 없는 사실이다. 우리는 어떤 것을 몸소 보려 하는 경향이 어느 정도 있다. 그래서 환자와 의사의 소통에 관한 몇 가지 조사를 시행하기보다는 오히려 그 소통을 관찰하려 한다. 왜일까? 그 이유는 실제 소통 장면을 관찰하면 우리가 진정한 그림을 얻을 수 있다고 느끼기 때문이다. 그렇지 않을 경우 암묵적인 필요나 행동을 결코 관찰해 내지 못한다고 느끼기 때문이다. 그래서 우리는 관찰에 아주 많은 무게를 두고, 우리가 시험하는 행동과 활동을 '그림자'처럼 따라다닌다.

가능하다면 우리는 이 소통 상황을 녹음하거나 녹화한다. 우리는 조심스럽게 기록하고, 우리가 본 것을 '해석하고 통합하기' 위해 그 영상을 공개적으로 논의한다. 우리에게는 포스트잇들로 가득한 프로젝트 공간(그림 4.9)

이 구비되어 있다. 우리는 크고 작거나 상세한 요점을 찾기 위해 노력하며 그 가운데에서도 '놀라움을 주는 행동'을 찾고자 애쓴다. 눈을 열고 마음을 열고 생각을 열어라.

브레인스토밍 brainstorming

모든 사람이 브레인스토밍을 하지만 모두가 많은 것을 얻는 것은 아니다. 브레인스토밍 기간은 따분할 수 있고, 그 결과는 조직 차원의 장애물이나 프로토콜에 의해 약화될 수도 있다.

우리는 브레인스토밍을 규율로 보고 아주 많이 진행한다. 브레인스토밍 세션에는 다양한 구성원들이 참가하며, 진료 팀도 그중 하나다. 우리는 브레인스토밍 시간이 시각적이되도록 격려하고, '다듬어지지 않은 거친 의견을 환영'한다. 더불어 그것들이 많이 생산되고, 가능한 것들과 연결되도록 장려한다. 하지만 우리는 브레인스토밍 팀이 결정을 내리게 하지는 않는다. 결정은 프로젝트 팀과 그들이 통합한 실험, 그리고 프로토타입 결과에 의해 내려진다.

프로토타이핑

우리는 프로토타이핑에 크게 의존하고 있으며, 우리가 아주 잘하고 있다고 믿고 있다. 우리의 프로토타입은 완벽하고 현실적이지만, 빠르게 만들어지고 신속하게 개념에 대한 근거를 제시한다. 우리는 약간은 '거친' 프로토타입이 세상에 나와 작동하는 법을 보여 주는 것을 두려워하지 않는다. 우리는 환자, 의사, 직원, 설비, 시스템 등 프로토타입에 관련된 요소들을 최대한 빠르게 준비한다. 프로토타입이 세팅된 후에도 조정하거나 수정하는 것을 부끄러워하지 않는다. 우리의 프로토타입은 개념을 증명해 줄 뿐만 아니라, 협업할 수 있고 우리의 프로그램을 보여 줄 수 있는 매개체 역할도 한다.

메이요 클리닉 방식의 혁신: 융합혁신모델

이번 장에서는 우리가 혁신을 상상하고 착수하고 시행하는 데 사용하는 방법과 지배 철학을 개략적으로 제시했다. 다음 장으로 넘어가기 전에 이번 장에서 살펴본 내용을 다시 한번 정리해 보는 것도 의미 있을 것이다.

융합혁신모델 창조 과정에서 우리는 디자인씽킹과 과학적인 방법이 강력한 도구일 뿐만 아니라, 어느 정도의 제약도 있다는 점을 인정했다. 데이터가 주도하는 과학적인 방법은 그 결론에 이르기까지 종종 큰 투자를 필요로 한다. 디자인씽킹은 우리의 고객, 우리의 직관, 우리의 창의력에 집중하지만 결과물을 수량화하기는 어렵다. 의료서비스와 같은 크고 복잡한 환경에서 변화는 종종 위협으로 다가오고 그 실수의 대가는 크기 때문에, 변화를 일으키기 위해서는 고도의 객관적 접근법이 필요하다.

융합혁신모델을 만드는 과정에서 우리는 이런 개별적인 사고 영역을 합쳤다. 그 과정은 우리가 진행하고 있는 것에 따라 모양이 조금씩 달라졌지만, 기본적으로 우리는 집중적인 실험과 관찰 및 직관이 조금 더 포함된 데이터 수집과 과학적인 방법으로 디자인씽킹을 마무리 짓기 위해 협업적인 창의력 세션을 결합시켰다. 프로토타입 단계로 진입하기 전에 여러 번의 실험을 하게 될 수도 있다. 우리는 각각의 실험에서 데이터를 수집하고 분석해서 프로토타입을 만든 다음, 그 프로토타입을 콘셉트의 근거로 사용한다. 우리는 실험을 조정하고 진행하며 결과를 얻기 위해 프로젝트 관리라는 강한 요소를 융합한다. 그 결과인 방법론은 다음 세 가지 규율의 강점을 모두 결합한 것이다. '생각은 크게, 시작은 작게, 행동은 빠르게'라는 뼈대 안에서 진정한 혁신을 얻기 위해서 말이다.

모두 이야기를 했지만 결국 우리를 움직이는 것은 고객이다.

좀 더 구체적인 요점은 다음과 같다.

▶ CFI '융합혁신모델'은 '디자인씽킹, 과학적인 방법, 프로젝트 관리'라는 학문을 혁신을 위한 하나의 지배적인 접근법으로 융합한다.

▶ '디자인씽킹'은 고객에 대한 깊은 이해와 공감을 맥락적 창의성과 고객의 경험 및 해결책을 통합하려는 이성적인 접근법을 바탕으로 고객들과 결합한다.

▶ '고객에 대한 깊은 이해'는 '명시적' 니즈뿐만 아니라 고객의 '암묵적 · 잠재적' 필요에 대한 이해도 동반한다.

▶ 디자인씽킹과 고객에 대한 깊은 연구는 최소한 부분적으로는 조직 내부에서 성취되어야 한다. 하지만 그것을 어떻게 할지 그리고 어떻게 협업할지에 대해서는 컨설턴트에게 배워야 한다.

▶ 디자인씽킹은 혁신을 '전략적'이면서도 정말 중요한 것으로 만드는 비밀 소스다. 과학적인 방법과 프로젝트 관리는 디자인씽킹이 '가능하도록' 만들어 주는 것이다.

▶ '맥락적 창의성'은 창의력에 영양분을 주고 위험을 제거하며 당신이 당

신의 상품을 넘어서서 고객 가치를 시행하려고 하는 영역을 들여다보는 것에 관한 것이다.

▶ '과학적인 방법'은 가설이나 개념의 오류를 찾아내기 위해 측정 가능한 근거를 사용해서 선입견을 제거한다.

▶ 우리의 '프로젝트 관리' 접근법은 직관, 실험, 관찰, 협업, 프로젝트를 진척시키기 위한 깊이 있는 프로토타이핑 등을 결합한 것으로 디자인 팀에 많은 것이 달려 있다. 우리는 프로젝트 팀이 프로젝트를 가장 잘 진행하는 방향으로 디자인씽킹과 과학적 방법, 프로젝트 관리의 원칙을 통합한다.

여기에서 우리는 CFI보다 더 큰 메이요라는 조직 안에서 CFI와 그 존재를 관리하는 데 사용하는 도구와 기술, 그리고 프로세스를 살펴볼 것이다. 제5장과 제6장에서는 우리가 '주입'이라고 부르는 내부와 외부 커뮤니케이션 및 우리의 혁신적인 생각의 개발과 공유에 관해 살펴볼 것이다. 제5장에서는 우리의 커뮤니케이션과 지식경영 활동을 설명하고, 제6장에서는 혁신가속기를 들여다볼 것이다. 두 장 모두 우리를 여타 혁신 조직들과 다르게 만드는 핵심 스킬들과 투자를 보여 줄 것이다. 더 크고 복잡한 기업 안에서 CFI를 관리하고 이끌어 나가는 방법은 제7장에서 소개될 예정이다.

커뮤니케이션의 가장 크고 유일한 문제는 바로
커뮤니케이션이 일어나고 있다는 착각이다.

조지 버나드 쇼 George Bernard Shaw

융합을 넘어 주입으로
Beyond Fusion to Transfusion

커뮤니케이션과 지식경영

　우리는 예전에 이런 영화를 본 적이 있다. 아마 당신도 본 적이 있을지도 모르겠다. 그 영화는 전형적이고 진부한 일반적인 혁신센터가 주 무대다. 검은 옷을 입고 디자이너 스타일의 안경을 쓴 남자와 여자, 그리고 아주 많은 포스트잇이 등장한다. 다른 사람들의 눈에 그들이 하는 일은 미스터리다. 그들은 카드가 있어야 들어갈 수 있는 문을 사이에 두고 조직의 나머지 사람들과 단절되었고, 심지어 개별적인 건물을 사용한다.

　개별적인 건물은 상아탑이다. 상아탑은 나머지 조직과 분리되어 있을 뿐만 아니라 나머지 사람들을 내려다보는 위치에 있다. 그들이 무엇을 하는지 아는 사람은 아무도 없다. 그들의 결과물이나 '성공'이 고객에게는 물론이고 업무 현장에 배출되는 일은 거의 없다. 물론 가끔 홈런을 칠 수도 있고 새롭고 획기적인 기술이나 상품을 가지고 등장할 수도 있다. 하지만 그들이 조직의 나머지를 혁신시켰을까? 그들이 '나머지 사람들'에게서 힌트를 얻은 적이 있을까? 많지 않다.

　메이요 클리닉 혁신센터는 이런 모델을 좋아하지 않는다. 우리는 혁신이 반드시 (기존의 문구를 빌려서 말하자면) 조직과 보다 큰 의료서비스 산업에 속한 "사람의, 사람에 의한, 사람을 위한" 것이어야 한다고 믿는다. 우리는 여러 가지 이유로 조직적인 참여가 우리가 하는 일에 중요하게 작용한다는 것을 인정한다. 우리는 상아탑 같은 혁신을 피하기 위해 가능한 모든 것을 한다.

우리는 또한 변형적 혁신이 혼자서 작동하지 않는다는 것도 깨달았다. 팀은 (우리의 경우 진료과가 이에 해당한다.) 반드시 혁신해야 하고, 공동으로 창조해야 하며, 수용해야 하고, 궁극적으로는 채택해야 한다. 그리고 변형적 혁신을 수용하고 채택하기 위해서 팀은 반드시 그것의 '일부'여야 한다.

이를 위해 혁신은 혁신센터와 그보다 큰 조직 사이에서 반드시 "주입되어야transfused" 한다. 우리가 사용하는 '주입'이라는 단어는 혁신에 관한 지적 자산의 흐름을 일관성 있게 적극적으로 관리하는 것을 말한다. 이때 지적 자산이란 아이디어, 성과, 도구, 기술, 트렌드, 통찰력, 그리고 교육 자료를 일컫는 말이다. 또한 우리가 하는 일에 관한 철학, 기풍, 문화도 포함된다. 주입은 안에서 밖으로, 밖에서 안으로, 그리고 안에서 안으로 이루어진다. 그 기저에는 '커뮤니케이션Communication'을 나타내는 대문자 'C'가 자리 잡고 있다.

하지만 주입에 관한 이야기는 커뮤니케이션으로 끝나지 않는다. CFI는 메이요 클리닉 전반에서 혁신 프로세스를 가속화하고 가능하게 해야 할 필요를 발견했다. 더불어 우리가 일하는 진료과에서 생겨난 아이디어들을 깨닫고 영양분을 줄 도구들을 제공해야 할 필요도 느꼈다. 그 결과 우리는 '혁신가속기'라고 하는 플랫폼을 개발하게 되었다.

혁신가속기는 (연결하라, 디자인하라, 가능하게 하라는 의미의 CoDE 프로그램을 통해) 프로젝트가 시작될 기회를 찾고 펀드를 모금하기 위해 더 큰 커뮤니티로 활발하게 뻗어 나간다. CFI의 혁신가와 메이요 클리닉 내에 있는 구성원들에게 도구와 아이디어 플랫폼을 제공하고 외부의 강연자와 전문가를 모셔 오기 위한 것이기도 하다. 마지막으로 의료서비스 산업에서의 혁신과 변혁이라는 주제에 관해 논의하는 세계 수준의 연례 심포지엄인 〈변혁〉을 개최하기 위한 것이기도 하다. 이것이 가장 중요한 이유다.

이번 장과 제6장은 메이요 클리닉과 외부 커뮤니티를 향해 혁신을 주입하는 아주 중요한 과정에 관한 내용을 담고 있다. 우리가 어떻게 일관적으로 우리의 비전과 프로세스를 세계와 공유하고 재공유하는지에 관한 것이다. 이것은 우리 자신과 우리가 속한 커뮤니티 사이에서 지속적으로 연결되고 주입된 아이디어를 통해 우리의 혁신이 가능했던 것에 관한 이야기다. 우리가 어떻게 아이디어, 방법, 기술, 정보, 외부에서 찾은 최고의 사례 등을 CFI '안으로 주입'하는지, 그리고 결과와 과정의 업데이트 상황 및 지식과 리더십 등을 메이요와 외부 의료서비스계를 통해 '확산'시키는지에 관한 것이다. 이번 두 장은 우리가 어떻게 협업하는지, 최종적으로는 CFI와 메이요 클리닉에서 시행하는 혁신 브랜드를 어떻게 만들고 강화했는지에 관한 내용을 담고 있다.

우리는 복잡한 환경에 있는 혁신 조직들 사이에서 CFI를 두드러지게 만드는 핵심 차별점이자 중요한 점이 바로 주입 활동과 투자라는 사실을 믿는다. 주입을 통해 우리는 생산성을 높일 수 있었고, 우리의 정체성을 확립할 수 있었으며, 유의미한 자리에 남아 있을 수 있었다.

이번 장은 주입의 관점에서 커뮤니케이션과 지식경영의 전략과 작전을 살펴볼 것이다. 제6장은 혁신가속기에 관한 내용이다.

커뮤니케이션과 지식경영은 무엇인가?

"커뮤니케이션과 지식경영^{communications and knowledge management}"이라는 말 자체를 CFI와 보다 큰 조직인 메이요라는 맥락 안에서 이해하는 것은 어려운 일이 아니다.

'커뮤니케이션'은 보다 큰 조직인 메이요와 그 너머로 정보를 '주입'한다는 말을 퍼뜨리는 전략 및 작전과 관련이 있다. 우리가 무엇을 하고, 왜 하며, 어떻게 성공했는지에 대한 정보 말이다. 우리의 커뮤니케이션 자원은 인쇄물과 소셜 네트워킹 미디어를 포함한 인터넷 채널 및 외부와 내부의 청중을 향하도록 방향을 잡고 생산되는 홍보 엔진으로 구성되어 있다. 이들은 모두 일반적인 테마와 외양과 느낌을 담고 있다.

'지식경영'은 지식을 기반으로 한 CFI의 활동, 접촉, 투입 및 결과물을 추적하여 지식 기반으로 집어넣는 것을 의미한다. 거기에는 커뮤니케이션 아카이브^{archive}, 프로젝트 아카이브, 접촉 관리 데이터베이스가 포함되어 있다. 그 목적은 활동의 중복을 방지하고, 학습과 도구를 잘 이용하며, 대개는 우리의 야생오리들이 잘 날아가도록 계속해서 정보를 제공하는 것이다.

커뮤니케이션과 지식경영의 기능은 CFI 안에 속해 있을 뿐만 아니라, 메이요 클리닉의 대외 홍보부 및 마케팅 부서와도 연결되어 있다. 매니저는 대외 홍보부와 언론 홍보 지원부의 내부 자료 관리 커뮤니케이션 팀 및 특별한 업무를 위해 계약을 맺은 외부 직원들의 도움을 받아 언론 자료를 편성한다.

병 밖으로 나온 메시지: CFI의 커뮤니케이션 전략과 작전

무엇을 커뮤니케이션하고 왜 해야 하는지에 관한 주입 전략은 우리의 노력을 밝은 곳으로 드러나게 할 뿐만 아니라, 그 노력이 보다 큰 메이요 조직과 의료서비스 산업에서 사고의 부분이 되도록 만든다. 그것들은 흥미를 만들어 내고 CFI의 활동과 철학이 메이요의 전면과 중심에 자리 잡게 한다. 그것들은 또한 우리의 더 큰 조직인 메이요와 우리 내부의 직원들에게 동기를 부여하도록 디자인되었다. 주입 전략들은 의도적으로 멀티채널을 선택하고, 억양과 형태가 정교하며, 크고 단단하지만, 그래픽 디자인이나 양적인 면에 크게 집중하지는 않아서 뉴스 기사보다는 정보 전달 형식에 가깝다.

우리가 커뮤니케이션을 하는 목적

우리의 커뮤니케이션은 네 개의 특정한 목표를 향한다.

▶ 정보

우리의 우선순위는 핵심적인 정보를 제공하는 것이다. 우리는 커뮤니케이션만으로는 변화가 일어나지 않는다는 것을 알고 있다. 하지만 커뮤니케이션은 조직의 다른 사람들과 관계를 맺고, 후원을 받고, 우리에게 유의미한 것을 만들기 위한 핵심 키워드다. 커뮤니케이션은 필요한 협업이나 새로운 혁신을 전진시키기 위한 지원을 받을 길을 닦아 놓는다. 그뿐만 아니라 혁신의 채택을 위해 필요한 연쇄반응의 첫 단계 역할을 한다.

▶ 동기

우리의 커뮤니케이션은 '무엇이 차이를 만드는지'에 관한 정보를 제공함으로써 더 큰 조직이나 의료서비스 분야에 동기를 부여할 뿐만 아니라, 우리 팀에게도 동기부여가 된다. 우리의 팀원들은 그들의 작업이 매력적인 기대 '상품'이 되어 외부 세계에 등장하는 것을 볼 때, 그들은 크게 생각하고 작게 시작하며 빠르게 행동하도록 동기를 부여받는다. "내부적 영감internal inspiration"으로 작용할 수 있는 외부 커뮤니케이션의 강력한 힘을 결코 과소평가하지 말자.

▶ 전문성

우리의 커뮤니케이션에는 전문적인 모습과 느낌이 강력하게 사용되는데, 이는 조직의 외부에서 신뢰도를 높이는 결과를 가져온다. 우리는 또한 이 커뮤니케이션이 팀 내부의 전문성을 높이는 데도 자극이 된다고 생각한다. 커뮤니케이션이 우리의 전문적인 기풍을 증가시키며, 우리가 그저 사람의 발길이 닿지 않는 상아탑의 비밀 실험실이 아니라는 점을 증명해 준다.

▶ 브랜드

우리의 커뮤니케이션은 우리가 하는 공식화 작업을 통해 메이요 클리닉의 브랜드를 지원한다. CFI는 혁신에 대한 믿음, 일관성, 신뢰성을 가져온다. 그리고 혁신은 이제 메이요 클리닉의 전략적인 필수 요소가 되었다. 따라서 CFI는 보다 큰 조직인 메이요 클리닉의 브랜드 이미지를 도울 수 있는 위치에 있다고 할 수 있다.

제2장에서 등장했던 메이요 클리닉의 의사 리더였고 현재는 비댕 헬스 시스템Vidant Health System의 최고경영자인 의학박사 데이비드 허먼이 의료서비스 산업에 대한 더 큰 필요를 어떻게 구조화했는지를 상기해 보자. 그가 혁신을 위해, 즉 '소음에서 신호를 구분'하기 위해 했던 것들을 말이다. 우리의 목표와 전략이 바로 그것이다. 의료서비스 시행에서 일어날 변형적 혁

신에 관해 명확한 신호를 만들어 내는 것이다.

우리의 청중

CFI에는 메이요의 직원들인 내부의 청중과 외부의 청중 등 두 개의 중요한 청중 집단이 있다. 외부 청중들은 환자와 보다 큰 의료서비스 산업에 속한 사람들, 그리고 그들을 넘어서서 메이요 클리닉을 의료서비스 영역에서 영감을 제공하고 성취를 이뤄 낼 존재로 주목하고 있는 사람들로 구성되었다. 우리의 커뮤니케이션은 이 청중들을 향해 만들어진다.

내부 커뮤니케이션은 두 가지 목적이 있다. 첫 번째, 처음부터 지금까지 CFI의 문화와 권한은 메이요 클리닉 지도부에 의해 조직 전반에 걸쳐 만들어져 왔다. 우리의 커뮤니케이션은 그 목표를 성취하고, CFI가 더 큰 조직을 위해 만들어 내는 '가치'를 보여 주는 것이다. 특히, 지금과 같은 의료서비스 산업이 지나고 있는 큰 고뇌의 시간에 말이다. 두 번째 목적은 첫 번째보다 좀 더 실제적이다. 메이요의 직원들 대부분에게 CFI는 '잘 모르는 존재'였기 때문에, 우리는 내부 마케팅을 배치해서 직원들이 CFI와 그들이 사용할 수 있는 혁신 도구 및 교훈에 대해서 이해하도록 도와줄 여러 가지 방법을 만들어 낼 필요가 있었다.

CFI의 커뮤니케이션 방안

매년 커뮤니케이션 목표를 명확하게 전달하면 당신은 아마 우리가 "내부 테스트eat our own cookies"를 한다고 말할지도 모른다. 2014년 명시된 우리의 커뮤니케이션 목표는 아래와 같다.

(뒷면에 계속)

1. 우리가 어떻게 보건의료서비스를 변혁시키고 있으며 환자의 삶에서 차이를 만들어 내고 있는지를 담은 이야기를 공유한다.
2. CFI가 메이요 클리닉의 전략적 우선순위와 미션에 맞춰 조정되고 있음을 강조한다.
3. 혁신센터의 가치를 모든 청중에게 보여 준다.
4. 협업을 증진한다.
5. 혁신에 있어서 우리의 역할을 내·외부적으로 설명한다.
6. 내부와 외부에서 혁신센터와 파트너십을 맺을 대상을 발굴한다.
7. 이후의 커뮤니케이션과 행사를 돕기 위한 접촉과 폴로어follower를 증가시킨다.
8. 의료서비스 시행과 변형적 혁신에서의 국가적·세계적 센터로서의 혁신센터에 대한 인식을 증가시킨다.
9. 혁신센터와 메이요 클리닉 전반에 필요한 새로운 인재를 발굴한다.

외부적으로 우리의 '최종 청중'들은 공급자와 지불인 및 의료서비스 상품을 공급하는 회사들과 의료서비스에 대한 대중들의 의견이 포함된 다른 의료서비스 조직들을 총망라한다. 우리의 '중간 청중'들에는 업계의 일반적인 신문들과 언론 매체가 포함되어 있으며, 의료서비스 산업에서 무슨 일이 일어나고 있고 새로운 것은 무엇인지에 대해 이해관계나 호기심이 있는 사람이면 누구나 해당된다. 부가적인 청중은 잠재적인 파트너들로만 제한되어 있는 것이 아니라, 후원자들, 잠재적인 직원들, 고객경험을 개선하고 싶어 하는 다른 기업들도 포함된다.

메시지에 집중하라

목표와 청중은 좋지만 그들이 우리가 전달하고 싶어 하는 것을 우리에게 말해 줄 것인가? 커뮤니케이션을 시작하기 전에 그 메시지가 무엇인지에 대해 중심을 잡기 위해 약간의 생각과 집중이 필요하다.

만약 우리가 메이요 클리닉의 직원들로부터 CFI에 대해 인정받고자 노력한다면, 우리가 어떻게 존재하고 그들이 왜 우리와 함께해야 하는지에 대해 알려 주고자 한다면 탄탄한 스토리가 필요하다. 우리는 우리를 믿어 줄 뿐만 아니라 우리와 '함께 일해 줄 수 있는' 보다 큰 조직인 메이요와 의사들과 의료서비스 팀이 필요하다. 그러므로 우리는 우리가 하는 일에 대한 입소문을 만들어 낼 뿐만 아니라, 그 접근법에 있어서도 매우 실제적이고 실용적일 필요가 있다. 당신이 하는 일이 어떻게 의사들과 직원들은 물론 진짜 환자들에게도 영향을 주게 될까? 어떻게 하면 당신이 우리와 함께할 수 있을까? 당신은 우리에게서 어떤 정보를 얻을 수 있을까? 등등이다.

콘텐츠를 만들 때 주로 다음 다섯 가지 질문을 기본으로 시작한다.

- ▶ 우리가 어떻게 혁신에 접근하는가?
- ▶ 디자인씽킹은 무엇이고 어떻게 작동하는가?
- ▶ 우리의 주요 플랫폼은 무엇인가?
- ▶ 현재 진행 중인 프로젝트는 어떤 것들이고, 어디까지 진행되고 있으며, 거기서 얻을 수 있는 통찰은 무엇인가?
- ▶ 우리가 어떻게 의료서비스 시행의 변혁에 영향을 주고 있는가?

이는 아주 실질적인 질문이다. 이 질문에 대한 답은 우리의 이야기를 들려주고, 관심을 일으키며, 개인과 조직 전체의 가치를 정의 내려 준다.

그림 5.1. CFI 출입구

CFI 혁신의 특징

우리는 분위기에 마구 휩쓸려가지 않으려고 애쓴다. 동시에 전체적인 메이요 클리닉 브랜드의 일부로 강력하고 인식 가능한 혁신 정체성을 세우고자 노력한다. 우리는 긍정적인 이미지, 연속성, 신뢰성 등 우리의 모든 특징들이 강력한 정체성을 전달할 것을 추구한다.

커뮤니케이션을 위한 노력 그 자체가 바로 우리가 가진 특징의 일부이며 우리가 다음 장에서 이야기할 혁신가속기 역시 마찬가지다. 혁신가속기는 조직 전체의 혁신에 영양분을 주는 역할을 한다. 우리의 정체성은 물리적으로 분명하게 드러나는 외관과 느낌에서 시작하며, 이는 우리의 커뮤니케이션 미디어에서도 나타난다. 우리는 CFI와 관련지어 쉽게 구별할 수 있는 특정한 색깔, 기호, 서체 및 다른 디자인 요소들을 활용한다. CFI에 처음 들어오는 사람이 인지할 수 있는 CFI에 대한 느낌과 외관은 다음과 같다.(그림 5.1)

그림 5.2. CFI 스타일의 예

　흑백사진이기 때문에 아마 이 연초록색*이 보이지 않겠지만, 이 색은 우리가 로고와 디자인에 사용하는 주요 색상이다.(그림 5.2) CFI의 그래픽 템플릿graphics template은 사내의 언론 홍보 지원부와 CFI 팀이 디자인한 것이지만 마치 외주 제작을 한 것 같은 느낌을 준다. 당신은 우리의 커뮤니케이션을 통해 CFI의 스타일과 정체성의 근거를 확인하게 될 것이다. IDEO의 회장이자 최고경영자이며 외부자문위원회의 멤버인 팀 브라운은 이것을 성공한 프랜차이즈 기업에서 찾을 수 있는 단순하고도 명확하며 일관적인 브랜드 구조에 비유했다. 예를 들면, 타겟Target**과 같은 브랜드 말이다.

　하지만 그것이 상품이나 서비스 혹은 고객경험이 아닌 조직의 이미지로

---

* 《덜 파괴적 혁신》 전반에 걸쳐 사용된 별색을 참고.
** 미국의 소매 유통 업체.

만 존재한다면 그 어떤 브랜드나 브랜드 공약도 제대로 작동하지 않을 것이다. 우리는 디자인씽킹, 과학적인 방법, 프로젝트 관리, '변형적 혁신' 등의 우리가 '하는' 일들을 통해 우리의 정체성을 지지하고자 강력하게 헌신한다. 심지어 그 헌신은 커뮤니케이션으로도 뻗어 나간다. 우리는 많은 기업의 커뮤니케이션에 담긴 기본적인 메시지가 명확하지 않거나 심지어 사실이 아닌 경우도 많이 보았다. 우리는 모든 커뮤니케이션이 메이요의 브랜드 공약을 지지하고 그 위에 세워질 수 있도록 노력한다.

배출구: 전통적이고 사회적인 미디어

전통적인 인쇄 매체와 대외 홍보 활동 및 소셜 네트워킹 웹 사이트를 포함한 인터넷 매체 등 커뮤니케이션 채널들이 점점 확대되고 있다. 이에 따라 CFI는 이 채널들에 골고루 접근해서 모두 균형 있게 사용하고 있다.

다양한 인쇄 매체를 사용하는 전통적인 미디어 전략은, 이 인쇄물을 내부와 외부의 구성원 모두에게 주로 소책자와 뉴스레터의 형태로 배포하는 것이다. 우리는 또한 메이요 클리닉이라는 큰 틀 안에서 두 개의 웹 사이트를 운영한다. 하나는 메이요의 직원을 위한 인트라넷 포털 사이트이고 다른 하나는 외부 방문자를 위한 인터넷 포털 사이트이다. 우리는 CFI 뉴스, 이벤트, 이야기를 담은 글들을 작성해서 정기적으로 언론에 배포한다. 게다가 의료서비스계 핵심 기자들과 공공 오피니언 리더들에게 보내는 기자회견 자료를 작성하여 외부의 주요 지지 세력들과 관계를 구축한다.

우리의 소셜 미디어 전략은 메이요 전체에서 주도하고 있는 소셜미디어센터the Center for Social Media에 맞춰 조정하고 있다. 이 소셜미디어센터는 2010년에 "의료서비스에서의 소셜 미디어 개혁을 주도, 모든 곳에 있는 사람들의 건강과 웰빙에 기여한다."는 미션을 가지고 출범했다. 보다 큰 조직인 메이요 차원의 주도는 건강 관련 정보를 빠르게 보급하고 건강 관련 소셜 미디어 도구를 개선하고자 하는 같은 마음을 가진 기관들의 관심을 불러 모으고 있다.

CFI에서 우리는 세 개의 목표를 이루기 위해 소셜 미디어를 사용한다. 첫째, CFI의 소식과 업데이트 내용을 빠르게 전달한다. 둘째, 전통적인 미디어에서 CFI 뉴스를 최대한 빨리 다룬다. 셋째, 우리를 학습곡선$^{learning curve}$* 의 방향으로 나아가게 하고 우리가 배운 것을 의료서비스 시행의 변혁에 적용할 수 있게 한다. 우리는 소셜 미디어 안에 커뮤니케이션을 변혁시킬 뿐만 아니라 의료서비스도 변혁시킬 수 있는 잠재력이 있다고 믿는다.

인쇄 매체

우리는 여러 종류의 '부수적인' 인쇄 미디어를 개발하고 유지한다. 대부분은 CFI의 이야기와 개별 플랫폼과 프로젝트, 그리고 혁신 방법을 담은 소책자와 인쇄물의 형태이다.(그림 5.3과 5.4) 대부분은 상품 설명서처럼 반짝이는 인쇄물이고, 일부는 스프링 제본된 책자다. 우리는 예상 청중에 따라 물리적으로 다양한 지면 배치를 사용한다. 목표 청중은 방문객, 미디어 관계자, 후원자 등 대부분이 외부 구성원이지만, 인쇄 미디어는 내부 구성원과의 교류에 있어서도 손쉽고 효율적인 도구 역할을 한다. 인쇄 매체에는 우리의 그래픽 디자인 스타일 요소를 일관되게 사용한다.

---

* 학습 후 일어나는 행동의 변화 현상을 그래프로 나타낸 것.

그림 5.3. CFI 입구에 설치된 소책자 선반

뉴스레터

뉴스레터[Newsletters]는 메이요 클리닉 어디에서나 볼 수 있다. 메이요 차원의 뉴스레터든 CFI 차원의 것이든 우리의 메시지를 전달하는 데 아주 적극적으로 활용한다. 우리는 글을 쓰고, 블로그를 운영하며, 팀원들이 〈디스위크앳메이요클리닉[This Week at Mayo Clinic, TWAMC]〉, 〈인더룹[In the Loop]〉, 〈더스코프[The Scope]〉 등의 메이요 뉴스레터에 정기적으로 기고하도록 독려한다. 기업 미디어의 모든 공간은 입소문을 낼 수 있도록 해 주고, 메이요 진료과와 다른 메이요 구성원들에게 우리가 하는 일을 보여 줄 수 있게 해 준다.

메이요 뉴스레터

〈TWAMC〉는 매달 모든 직원들에게 전자 배포되는 제일 중요한 소식지다. CFI에서는 가능한 한 자주 우리의 이야기를 소개하는 글을 실으려고

<figure>그림 5.4. CFI의 소책자 샘플</figure>

노력하며, 특히 전체 조직과 관련된 CFI의 프로그램을 소개하는 데 주력
한다. 예를 들어 CFI의 프로젝트와 성공뿐만 아니라 진료과에서 탄생한
CoDE 프로그램들이나 우리의 연례 심포지엄인 **〈변혁〉**(이 둘은 다음 장에 소

개된다.) 등이 그것이다. 또한 우리가 일하는 방식과 혁신에 있어 중요한 교훈이나 기술에 관한 이야기도 나누는데, 이는 모두 CFI를 위한 시각을 제공하거나 메이요 차원의 혁신 문화를 강화시키는 데 초점이 맞춰져 있다. 〈TWAMC〉의 이야기는 우리 연구실의 공간에 관한 사진을 보여 준다. 사진을 본 메이요 내의 다른 구성원들이 방문하기도 하고 조직의 다른 부문의 작업 공간에 영감을 주기도 한다.

　가입형 블로그인 〈인더룹〉에서는 기업 차원에서 이틀마다 '메이요 시스템 주변의 뉴스와 시각'을 제공한다. 약간은 변덕스러운 소셜 미디어 플랫폼의 형식에 맞춰진 조각들로 구성되어 있다. 블로그는 '이곳에서 일하는 사람들에게서 일어나는 이야기'를 제공한다. 주로 짧고 경쾌하고, 종종 유머러스하며, 심지어 셀프디스^{self dis*}까지 하는 분위기로 모두 '메이요 클리닉이라고 부르는 멋진 조직의 일원임에 대해 긍지를 느끼도록' 디자인되어 있다. 자연스럽게 이 뉴스레터는 CFI에 활발하고 연속적인 포럼의 역할을 해 줄 뿐만 아니라, 아이디어를 나누고 혁신에 대한 생각을 조정하는 기회도 제공해 준다. 더불어 CFI의 팀원들이 어떤 사람인지에 관해 창의적이고 유머러스한 방식으로 의사소통하는 배출구가 되어 왔다.

　2012년에 창간된 〈더스코프〉는 일주일에 세 번 발간되는 뉴스 브리핑으로 메이요의 의사들을 대상으로 한다. 특히 의사들 전체가 조직에 대한 걱정과 조직에 필요한 것들에 관한 목소리를 낸다. 의료와 관련된 내용에는 새로운 진료 방식과 경고가 담겨 있고, 진료 변화 트렌드와 소송을 초래할 만한 다른 아이템들도 들어 있다. (배경 지식이 되는 논문, 전략 계획, 수상, 포상, 공고 등은 주

---

* 자신의 치부나 잘못을 오히려 개그의 소재로 사용하여 상대방의 웃음을 유발한다는 뜻의 신조어.

그림 5.5. 〈이노베이션인사이트〉 전자 뉴스레터

로 〈TWAMC〉에서 다뤄진다.) CFI에게 〈더스코프〉는 이미 시작되었거나 앞으로 시작될 CFI의 프로그램들과 변화들에 대해서 소통하는 중요한 수단이다.

뉴스레터가 풍부한 환경 속에서 우리도 당연히 두 개의 정기 뉴스레터인 〈이노베이션인사이트Innovation Insights〉 와 〈아이온CFIi On CFI〉를 발간한다.

〈이노베이션인사이트〉

〈이노베이션인사이트〉는 CFI의 가입형 무료 월간 뉴스레터로 내부 청중들을 위한 것이다.(그림 5.5) 〈이노베이션인사이트〉는 CFI의 플랫폼과 프로젝트를 특집으로 하는 네 개의 글을 담고 있다. 이 글들은 우리가 일하는 방식과 우리가 진행하는 프로젝트의 종류에 대한 인식을 형성하도록 고안되어 있다.

〈아이온CFI〉

2010년에 우리는 메이요의 상위 리더들을 위해 간단한 업데이트 레터를 시작했다. 이 레터는 CFI의 성과와 활동에 대한 내용을 알린다는 명확한 목표를 가지고 있었다. 우리는 매달 200명의 메이요 클리닉 리더들에게 양면 인쇄된 한 장짜리 뉴스레터를 이메일로 발송한다.(그림 5.6)

간단명료하게 요점만 정리한 업데이트 자료는 큰 환영을 받았다. 메이요 클리닉의 최고경영자인 존 노즈워시 박사는 다른 부서에도 매월 이와 비슷한 한 페이지 분량의 업데이트 자료를 만들어 제공해 달라고 요청했다. 그것은 '소음에서 신호를 구분하는' 명백한 선례가 되었다.

프레젠테이션 자료들

우리는 매년 극도로 다양하게 구성된 청중들을 위해 순회 홍보를 진행한다. 싱가포르, 영국, 덴마크, 사우디아라비아에서 개최되었던 2013년 순회 홍보 행사는 우리가 더 큰 혁신 세계와 의료서비스 변혁에 자리 잡을 수 있도록 도왔다. 프레젠테이션은 조정과 동력의 공급을 도울 뿐만 아니라 우리의 업무를 홍보하는 기회이기도 하다.

우리는 내부와 외부를 합쳐 매년 열두 번 정도의 중요한 프레젠테이션을 진행한다. 여기에서 우리는 우리의 프로젝트, 플랫폼, 철학, 지배적인 영향력, 결과, 그리고 방법 등을 제시한다. 우리는 일관되게 전문적인 형

그림 5.6. 메이요 리더들을 위한 〈아이온CFI〉 업데이트 자료

태와 경험을 추구한다. 우리는 영상을 포함한 프레젠테이션의 모든 부분에서 일관된 템플릿과 그래픽 디자인을 사용함으로써 이를 가능하게 만들었다. 〈그림 5.7〉은 최근 CFI의 개요에 대해 설명한 프레젠테이션 슬라이드의 표지 샘플이다.

포스터

고도의 기술과 소셜 미디어가 급속하게 팽창하고 있는 사회에서 커다란

그림 5.7. 프레젠테이션 샘플: CFI의 개요

그래픽 디스플레이가 우선순위를 차지할 것이라고 예측할 사람은 없을 것이다. 하지만 우리는 주의 깊게 만들어진 그림이 CFI 팀과 방문객들에게 수천 마디의 말을 해 줄 수 있으며, 우리의 정체성을 확대시켜 줄 수 있다고 생각한다. 더군다나 '벽면 예술^{wall art}'로서 그래픽 디스플레이는 우리 내부의 팀들에게 많은 영감을 주고 있다.

당신이 CFI를 방문한다면, 핵심 프로그램의 전략과 전술을 설명하고 있는 여러 개의 커다란 '프로젝트 포스터들'을 볼 수 있을 것이다. 〈그림 5.8〉에 제시된 샘플은 HAIL 연구소에서 구상하고 디자인한 '노인을 위한 활동 게임' 프로젝트의 포스터이다.

그림 5.8. 프로젝트 포스터 샘플: 노인을 위한 활동 게임

인터넷에서의 CFI

우리의 인터넷 전략은 아주 간단하다.

"인터넷에서의 CFI 스토리 소유하기."

외부적으로 우리는 두 개의 웹 사이트를 가지고 있다. 하나는 혁신센터 자체의 것이고 또 다른 하나는 연례 심포지엄인 〈변혁〉을 위한 것이다. 둘 다 더 큰 조직인 메이요 클리닉의 웹 사이트 www.mayo.edu 안에 포함되어 있다. CFI의 홈페이지는 www.mayo.edu/center-for-innovation(그림 5.9) 이다. 〈변혁〉의 홈페이지는 다가올 심포지엄에 관한 특정 정보뿐만 아니

Center for Innovation

Home   What We Do   Projects   Connect   Transform   News and Events   Opportunities   Search

Share on:

The status quo in health care
is unacceptable

Where we are
Mayo takes innovation out
of the clinic, on the road,
and into other medical
practices and learning
environments

"Health care can no longer continue doing business as usual." — Douglas L. Wood, M.D., medical director
of the Center for Innovation

Research
fellowship
Our Research Fellowship
in Health Care Innovation
offers a unique opportunity
to take part in
transforming the
experience and delivery of
health care.

what we do   **connect**   **projects**

Design thinking
To design clinical
experiences that meet
patients' needs, Mayo
Clinic works hard to
understand those needs.

Contact us

Email: innovation@mayo.edu
Phone: 507-266-0900

Connect with us on

그림 5.9. 혁신센터의 외부 웹 사이트

라 앞서 열린 심포지엄의 중요한 내용을 포함하고 있으며, 주소는 www.
mayo.edu/TRANSFORM이다. 두 사이트는 검색 엔진을 통해서도 쉽게 찾
을 수 있다.

스토리를 바르게 만들기

우리는 인터넷과 소셜 미디어를 통해 얻는 여러 가지 혜택들 중에서도,
웹 사이트상에 있는 우리의 존재를 CFI 웹 사이트로 방문객들을 보내기 위

한 안내자로서 활용한다. 이 CFI 웹 사이트에는 곧 소개할 CFI 블로그도 포함되어 있다. 대부분의 전통적인 인쇄물 미디어 자료들이 CFI의 웹 사이트를 안내하고 있기도 하다. 그 결과 2011년에서 2013년 사이 CFI와 **〈변혁〉** 웹 사이트를 방문하는 방문객의 수가 200% 증가했다.

중요한 것은 우리가 가진 전략의 핵심이 가시성을 창조하는 것뿐만 아니라 대중에게 스토리를 보여 주는 것이라는 점이다. 우리는 외부인들에게 우리와 CFI의 프로젝트에 관해 글을 쓰라고 요청하지 않는다. 대신 우리는 먼저 스스로 글을 쓴 뒤 인터넷에 게시한다. 그렇게 함으로써 '그 이야기를 장악'할 수 있게 된다. 자연스럽게 우리의 웹 게시물들은 내부 청중들에게도 '공유'가 되고, 이를 통해 그들은 CFI에서 어떤 일이 일어나며 그것이 세상에 어떤 방식으로 소통되고 있는지를 보게 된다.

내용

당연히 다양한 미디어 포맷을 사용한 CFI 웹 사이트에서 여러 개의 이야기를 찾아볼 수 있다. CFI의 특정 프로젝트에 대한 요약이나 성공담에 관한 짧은 노트와 글은 더 많은 게시물이나 글 또는 영상 등 멀티미디어 포맷 등으로 구현된 보조 자료로 연결된다. 이 게시물들은 디자인씽킹과 변형적인 의료서비스 시행에 대한 우리의 전반적인 접근법을 설명하도록 도와준다. 우리의 작업 공간에 관한 사진이나 CFI의 역사에 관한 게시물뿐만 아니라 최근 뉴스나 행사에 관한 링크도 발견할 수 있다. CFI 웹 사이트는 끊임없이 업데이트된다.

CFI 커뮤니티와 소셜 미디어 플랫폼

CFI의 웹 사이트에는 CFI 커뮤니티로 알려진 멀티미디어 플랫폼으로 연결된 메뉴가 있다. CFI 커뮤니티는 신속하고 CFI가 조정 가능한 내·외부 구성원들과의 양방향 대화를 위해 디자인되었다. 그저 말을 퍼뜨리는 것보다 더 큰 목적이 있다. 그것은 바로 다른 사람들로부터 배우고 아이디어를 공유하고 함께 일함으로써 혁신이 가능하다는 것이다. 다시 말해 이는 CFI의 정체성을 세우고, 직원들이 자신의 성공담을 전시할 기회를 얻고, 개인적인 정체성을 쌓아 가는 통로가 되도록 만들어 주는 것이다. 커뮤니티 홈페이지의 주소는 다음과 같다. www.mayo.edu/center-for-innovation/connect/center-for-innovation-community

커뮤니티 안에서 당신은 CFI의 블로그는 물론 트위터, 페이스북, 핀터레스트, 유튜브를 비롯하여 현재 운영 중인 소셜 미디어 네트워크에 관한 정보를 찾을 수 있다.

▶ 트위터Twitter

우리의 해시태그는 #MCCFI메이요 클리닉 혁신센터이다.

▶ 페이스북Facebook

CFI는 "메이요 클리닉 혁신센터Mayo Clinic Center for Innovation"라는 이름으로 페이스북을 운영한다. 이곳에서 이야기를 나누고, 행사나 동영상에 관한 정보를 게시하며, 친구 그룹에게서 피드백을 받는다.

▶ 트랜스포럼TransForum

소셜 미디어 플랫폼인 트랜스포럼은 주로 연례 심포지엄인 《변혁》(다음 장에서 소개)에 관한 커뮤니티 정보를 퍼뜨리고, 커뮤니티 반응을 수집하는 용도로 사용하며, 1년 내내 운영된다.

▶ **핀터레스트**^{Pinterest}

핀터레스트는 CFI의 내부나 외부의 누구라도 CFI 관련 사진을 게시할 수 있는 공간으로, 심포지엄 **〈변혁〉**이나 작업 중인 프로젝트의 시각 자료 등을 볼 수 있다.

▶ **유튜브**^{YouTube}

특별하게 창조된 유튜브 플레이리스트는 예전에 개최된 심포지엄 **〈변혁〉** 과 관련된 100개 이상의 동영상을 제공한다.

우리는 또한 야머^{Yammer}라는 소셜 네트워킹 툴을 사용하여 메이요 클리닉 내부에서의 활발한 대화를 유지하고 있다.

CFI 블로그

우리는 소셜 미디어 전략의 일환으로 블로그를 사용하여 뉴스를 빠르게 퍼뜨리거나, 팀원들이 자신의 작업을 대중들에게 알리고 자유 기고를 통해 개인적인 존재감을 쌓도록 돕는다. 우리는 블로그 포스트와 다른 팀원들의 게시물 및 그 밖의 자료들을 활용하여 메이요의 소셜 미디어인 트위터나 페이스북, 유튜브 페이지에 게시물을 피드한다.

블로그는 CFI에서 일어나고 있는 것들을 파악할 수 있는 가장 빠르고 정확한 방법 중 하나다. 주소는 blog.centerforinnovation.mayo.edu/이다. 〈그림 5.10〉은 CFI의 의학 디렉터의 블로그 게시물로, CFI가 어떻게 의료서비스 시행의 미래를 만들어 가고 있는지에 관한 내용을 담고 있다.

Future of Health Care

Site Home / *The Center for Innovation Shaping the Future of Health Care*

Douglas L. Wood, M.D. (@dougwood) published a blog post · January 15th, 2014

The Center for Innovation Shaping the Future of Health Care

The delivery of health care in the United States hasn't changed much in over 100 years. The model created many years ago and still used today makes people travel to see a doctor on the doctor's schedule, when appointments can be fit in, rather than having a doctor try to find the best way to care for a person's need. The future of health care needs to shift to what people need, not what the current system needs. And it should shift to one of paying doctors for the health and well-being of people and patients, instead of the current emphasis on illness care and fee for service that is more costly.

The Center for Innovation at Mayo Clinic has been focused on researching, experimenting, piloting and building out new models of care delivery centered on human needs. We've been working with patients, care teams and Mayo Clinic physicians, and we've explored beyond that — in surrounding communities and people's homes. Patients tell us every day what they expect and what their experience with doctors and hospitals feels like to them. They share their fears and expectations with our team as we do our research, and they help us understand their experience and needs.

We have learned several important lessons that I find largely missing in the national conversation and should be the compass by which health care evolves. First, people fear the high cost of care more than anything else, even when they have insurance. They are confused and overwhelmed with appointment processes, the insurance processes and ever-changing information and broken promises. Most consumers are living on a thin line of financial security, and are frightened and stressed out over all these changes and the new financial expectations put on them.

그림 5.10. 블로그 게시물 샘플: 의료서비스의 미래 만들어 가기

대외 협력

우리는 주요 신문, 잡지, 우리가 관심 있는 분야의 블로그 등에서 기반을 다지는 일이 주는 이익과 기회를 오랫동안 인지해 왔다. 따라서 정기적으로 보도 자료와 기고문 및 미디어에 관한 논평을 출판 자료로 발표했다.

더불어 우리는 의료계의 핵심 기자들이나 블로거들과도 관계망을 구축

하고 있다. 우리의 경험에 따르면, 신중하게 선택한 사람들에게 유사한 방법으로 당신의 이야기를 시작하는 것이 좋다.

우리가 무엇을 아는지를 아는 것: 지식경영

메이요 클리닉 혁신센터는 활동에 대한 자료와 기록을 끊임없이 만들어 낸다. 우리는 외부 세계와 계속해서 접촉한다. 직접 방문하는 방식으로 외부인들과 만나거나 의료서비스 영역의 동료들과 미디어와 같은 다른 산업 부문에 속한 사람들과도 수많은 접촉을 한다. 그렇기 때문에 우리가 알고 있는 것, 우리가 말하거나 작성한 것, 그리고 우리가 대화한 상대에 대해서 기록하는 것은 정말 중요한 일이다.

그 결과 커뮤니케이션 역할과 가까운 '지식경영' 기능을 배치했다. 이는 '데이터베이스가 추가된' 지식 기반의 형태로 우리의 접촉 및 투입input과 성과output를 기록하고 보관하는 것이다. 이 장의 초반에 이야기했던 것처럼 이는 활동의 중복을 피하고, 우리의 학습과 도구를 강화시키며, 우리 스스로는 물론 CFI 외부인과의 대화를 관리하는 데도 도움이 된다.

지식경영 기능에는 커뮤니케이션 아카이브, 프로젝트 아카이브, 연락 관리 데이터베이스 등 총 세 가지 요소가 있다.

커뮤니케이션 아카이브

큰 기업이 이미 무엇을 했고, 누구에게 어떤 커뮤니케이션을 했는지를 기억하고 아는 "운용 경험institutional memory"은 어떤 대규모 조직이라도 도전 과제로 남게 된다. 특히 하나의 방식이 여러 영역에 따라 바뀌는 복잡한 기업과 산업일 경우에 더욱 그렇다. 우리는 초기부터 우리의 활동과 진보,

그리고 우리가 보다 큰 조직에게 그 진보를 어떻게 '전달'했는지 기록하는 것이 중요하다고 느껴 왔다. CFI의 커뮤니케이션 아카이브는 기록을 살피고 성과를 평가할 수 있을 뿐만 아니라, 우리의 '수치numbers'와 성공담을 전달할 수 있다. 이는 외부에 우리의 메시지를 명확하게 보여 주는 아주 손쉬운 방법이다.

CFI는 아주 헌신적으로 아카이브를 유지하고 있다. 도서관학 학위를 보유한 기록 보관 담당자가 그 역할을 해 준다. 그녀는 '레이더 오라일리Radar O'Reilly, TV 시리즈물인 《M·A·S·H》의 등장인물'처럼 우리에게 어떤 일이 일어나고 있는지 전부 알고 있다. 그녀는 우리가 무엇인가를 기억하거나 찾아야 할 때 반드시 만나 봐야 하는 사람이다. 그녀가 없다면 우리는 아마 TV 쇼에서처럼 쉽게 부서져 버릴 것이다.

프로젝트 아카이브

CFI는 원래 디자이너 한 명과 애널리스트 한 명으로 구성된 작은 팀인 SPARC 연구소에서부터 시작됐다. 2008년 CFI가 조직되면서 팀은 아주 빠르게 커져 갔다. 그 당시 "군살을 뺄 때까지 뺀" 젊은 팀에게 자리 잡힌 절차란 거의 없었지만, 그들이 일관적으로 '했던' 한 가지는 바로 자신들의 프로젝트 작업에 대해 정밀하게 기록하는 것이었다. 왜 그랬을까? 왜냐하면 그들이 언젠가 자신의 프로젝트에 대해 아무것도 모르는 사람들이 그 프로젝트를 보고 뭔가를 배울 필요가 있을지도 모른다고 생각했기 때문이다. CFI의 확대가 가져온 급진적인 성장으로 인해 기록하고 그 기록을 남기는 방식은 자연스럽게 더욱 개별적으로 발전했다. (포맷에 대한) 제약이 너무 많아지면 우리의 창의성이 약화될 수도 있다는 우려 때문에, 우리는 프로젝트 정보를 두 가지 포맷으로 정리해서 웹 사이트에 있는 공유폴더에 저장하기로 했다. 오늘날 팀원들은 공유폴더에서 프로젝트에 대한 일반적인 결과물을 찾을 수 있으며 보충 서류를 프로젝트 스토리에 링크할 수도 있다.

우리가 아는 것과 프로젝트를 통해 얻은 통찰을 공유하는 것이 우선순위다. CFI가 늘 받는 요청이 하나 있다. "당신이 작업했던 프로젝트와 그것들이 진료과에 미친 영향에 대해서 더 자세히 말해 보세요." 이는 "CFI의 목소리voice of CFI"의 한 부분으로 프로젝트 아카이브를 만들어 내부와 외부의 구성원들로부터 받는 이와 유사한 요청에 대해 활발하게 응대할 수 있도록 한다. 그 이후로 우리는 스토리를 구성할 필요가 있을 때 외부 웹 사이트에서 공유되는 프로젝트 스토리들을(www.mayo.edu/center-for-innovation/projects) 포함한 프로젝트 아카이브를 주요한 자원으로 활용해 왔다.

그러면서 우리는 "커뮤니케이션을 위한 프로젝트 요약Project Summary for Communications"이라는 이름의 프로젝트 스토리 견본을 개발하여 CFI 팀들이 프로젝트의 간결한 핵심을 커뮤니케이션에 활용할 수 있도록 했다.

▶ 프로젝트와 플랫폼의 이름

▶ 프로젝트 개요('엘리베이터 피치' 방식으로 30~50단어)

▶ 배경(150단어)

▶ 프로젝트 서술

▶ 성과(30~50단어)

▶ 크게 생각하라(대단히 중요한 목표, 25~30단어)

▶ 작게 시작하라(초기 단계, 프로토타입, 파일럿 프로그램, 25~30단어)

▶ 빠르게 행동하라(시행 장소와 방법, 25~30단어)

▶ 프로젝트 자료(PDF, 한 쪽 분량의 요약본, 웹 영상, 프로젝트 관련 사진 등의 링크)

▶ 프로젝트 관련 연락망(디자이너, 의사, 이해 당사자 등 관련된 사람들의 이름)

▶ 프로젝트 분석(결과와 영향, 간략하게 기술하지만 단어 제한은 없음)

▶ 현황 보고서(아직 진행 중이라면)

▶ 얻은 교훈(성공담, 장애물, 실패담, 통찰력)

▶ 종료 보고(만약 시행되었거나 중단되었다면 장소, 대상, 이유를 제시)

이 견본을 비롯한 일관된 접근으로 인해 우리는 프로젝트에 대해 소통하는 방식을 표준화할 수 있었다. 그 결과 CFI의 다른 구성원들이나 외부에 있는 사람들이 우리가 하는 일에 대해 쉽게 이해할 수 있게 되었다.

연락망 데이터베이스: 고객 관계 관리 툴에 관한 우리의 혁신

매년 CFI에서 만나는 사람들의 수는 정말 놀랍다. 우리는 의료서비스와 다른 산업 조직, 그리고 언론과 관련된 수백 명의 개인 및 그룹 단위의 방문객들과 접촉한다. 심포지엄 〈변혁〉만 하더라도 2013년에 참석한 사람들의 수가 850명이었다. 또한 매년 메이요 조직 '내부의' 수십 명의 개인들과 연락을 주고받으며 그들의 방문을 받는다.

만약 우리가 이 연락 사항을 기록하지 않는다면, 우리는 귀중한 정보와 통찰력은 물론, 함께할 잠재적인 파트너들을 아주 많이 잃게 될 것이다. 이런 이유로 우리는 접촉한 사람들에 대한 간단한 고객 관계 데이터베이스를 구축하는데, 여기에는 연락 정보와 접촉 유형 등이 포함된다. 선별적 커뮤니케이션과 특정 영역에 맞춰진 메일링 리스트를 작성할 때 이 데이터를 검색해서 활용한다.

메이요 클리닉 방식의 혁신:
커뮤니케이션과 지식경영이 당신을 위해 작동하게 하는 법

이쯤에서 주입 및 주입의 일부로서의 커뮤니케이션과 지식경영의 측면에서 우리의 전략, 강점, 경험들을 요약하는 것이 좋겠다.

▶ '주입'은 활발한 섭취^{투입}와 퍼뜨리기^{확산}에 해당한다. 여기에는 새로운 소식이나 성과 외에도 디자인씽킹과 메이요 혁신 전반에 관한 원칙 및 시행과 관련된 것들도 포함된다.

▶ 주입은 커뮤니케이션과 지식경영, 그리고 제6장에서 소개할 혁신가속기를 포함한다. 주입은 CFI의 핵심 전략이자 성공 스토리이다.

▶ 커뮤니케이션은 전형적인 대외 협력을 넘어서 기능한다. 그것은 '전략적인' 커뮤니케이션이다. 그 이름에서도 알 수 있듯이, CFI와 더 큰 혁신 커뮤니티에 대한 핵심적인 개념과 접촉의 기억을 가지고 여러 종류의 미디어를 통해 다양한 청중들과 활발하게 소통하는 학문이 포함되어 있다.

▶ 커뮤니케이션의 목표는 정보를 퍼뜨리고, CFI와 메이요 클리닉의 직원들에게 동기를 부여하고, 전문적인 형태와 느낌을 만들어 가며, CFI의 강력한 정체성과 메이요 클리닉이라는 브랜드를 개발하고 지원하는 데 있다.

▶ CFI의 정체성은 뚜렷하고 일관적인 메시지와 그 스타일, 그리고 메이요 클리닉 내부의 직원들과 외부의 구성원들 모두에게 보이는 그래픽 스타일을 포함한다.

▶ 미디어는 전통적인 인쇄 매체들뿐만 아니라, 웹 사이트와 소셜 네트워킹 미디어도 포함한다. 또한 의료계와 정보를 공유하는 전통적인 대외협력 팀도 활발하게 활동하고 있다.

▶ 우리는 일반적인 뉴스레터 포맷과 상위 리더들에게 CFI의 활동을 요약·정리해서 보고하는 한 쪽짜리 간결한 요약서인 〈아이온CFI〉를 활용한다.

▶ 온라인에서의 우리의 목표는 '웹에서의 CFI 스토리를 소유'하는 것이다. 블로그와 소셜 미디어 도구를 폭넓게 그리고 일관적으로 사용하여 우리의 메시지를 보충·전달하고 모든 채널에서 '스토리를 바르게 만들어'가며, 웹 사이트를 찾는 방문객의 수를 증가시켜 오고 있다.

▶ 지식경영을 위한 우리의 노력은 전반적으로 커뮤니케이션 아카이브, 프로젝트 아카이브의 축적과 연락 가능한 고객 관계 관리^{CRM} 데이터베이스의 구축 등으로 이루어져 있다.

이제 우리는 주입의 두 번째 중요한 요소인 혁신가속기로 이동할 것이다. 제6장에서는 CFI로부터 메이요라는 보다 큰 세계의 의료서비스 커뮤니티로 혁신을 주입하고 확산시키는 좀 더 적극적인 플랫폼에 대해 설명할 것이다.

덜 파괴적 혁신

혁신의 본질이⋯⋯변하고 있다⋯⋯.
더 이상 개인이 실험실에서 고생스럽게 연구해서
위대한 발명품을 만드는 방식이 아니다⋯⋯.
다학제적이고, 글로벌하며⋯⋯협업적이다.

샘 팔미사노Sam Palmisano, IBM 전임 최고경영자

제6장

주입 가속화하기
Accelerating the Transfusion

혁신가속기 플랫폼

제5장에서는 혁신센터가 혁신에 관한 지적 자원을 활발하게 '주입'하는 일을 가능하게 만든 방법을 소개했다. 그 주입은 커뮤니케이션 미디어와 지식경영 도구를 폭넓게 배치하는 것이었다. 그 뒤 제5장에서는 커뮤니케이션과 지식경영의 핵심에 대해서도 설명했는데, 이는 CFI와 메이요 클리닉 내부의 파트너들과 보다 큰 외부의 의료서비스 혁신 커뮤니티 파트너들과의 사이에 존재하는 폭넓고 활발한 양방향 채널의 대화다. 의심할 여지 없이 커뮤니케이션과 지식경영의 핵심은 CFI 전략의 근본적인 조각이며 우리와 전통적인 혁신 조직의 근본적인 차이점이기도 하다.

커뮤니케이션과 지식경영이 CFI와 보다 큰 커뮤니티 사이에서 아이디어를 주입하는 데 필수적이라고 여기지만, 우리는 처음부터 그 임무를 좀 더 넓게 확장시키고 싶었다. 처음부터 우리는 혁신이라는 활력을 불어넣는 데 '크게 생각하기'가 주는 이점을 알고 있었다. 이를 통해 혁신이 '외부에서' CFI '안으로' 들어오고, 다시 CFI의 '내부에서' 메이요 클리닉과 보다 큰 의료서비스 커뮤니티로 퍼져 나간다.

이런 생각들은 우리로 하여금 정말로 혁신을 앞으로 나아가게 하는 또 다른 핵심 활동에 상당한 투자를 하게 만들었다. 최초에 이 활동은 이 책의 공동 저자인 지안리코 파루지아 박사가 혁신 문화와 역량이라는 플랫폼 안에서 주도했다. 우리는 2013년에 이 활동들의 규모와 전략적 중요성을 확장시켰다. 우리는 플랫폼의 이름을 '혁신가속기'로 바꾸고 전임 매니저와 다학제적 팀을 편성했다.

혁신가속기 플랫폼은 주입 속도를 높이고, 풍성하게 하며, 커뮤니케이션과 지식경영의 핵심이 CFI의 경계를 넘어서 확장될 수 있도록 만들었다. 이 플랫폼은 외부의 교육과 자원들을 활발하게 들여왔고, 아이디어 관리 도구를 수용했으며, 메이요의 운용 조직 전반에서 아이디어와 프로젝트가 생겨나도록 디자인된 독특한 내부 배양기를 지원했다. 좀 더 단순하게 표현하자면 혁신가속기의 전략적인 목표는 "메이요 클리닉 전체의 혁신 역량을 세우고 촉진하는 것"이다.

혁신가속기 안에 포함된 일곱 개의 운영 항목 '강령'은 아래와 같다.

▶ **연결하라, 디자인하라, 가능하게 하라**CoDE **혁신 어워드**
멋진 아이디어를 만들어 가기 위한 시드펀딩seed funding이다.

▶ **〈변혁〉**
보건의료서비스 시행에 초점을 맞춘 3일간의 심포지엄이다.

▶ **다르게 생각하기: 분기별 예상치 못한 대화들**
다양한 분야에서 발굴한 혁신 전문가들이 들려주는 유명하고 신선한 강연이다.

▶ 유레카^{Eureka}

특정 도전 과제에 관해서 직원들이 아이디어를 내도록 격려하는 인터넷 기반 툴이다.

▶ CFI 혁신 툴킷

온라인 사례 연구, 도구, 자원을 모은다.

▶ 혁신촉진자^{Innovation Catalyst} 자격증

애리조나 주립대학과 협업으로 진행하는 혁신과 디자인씽킹 과정을 배우고 적용할 수 있는 거대하고 실제적인 경험을 말한다.

▶ CFI 컨설팅 서비스

외부 고객을 위한 혁신 사례를 제공하는 서비스다.

혁신을 배양하는 CoDE

서문에서 소개한 소아과 '채혈의자'를 기억하는가?

그 의자가 CFI의 프로젝트가 아니라는 사실을 알면 놀랄지도 모르겠다.

소아과 채혈의자는 메이요 클리닉 소아과에서 CoDE 프로젝트로 개발한 결과물이다. CFI로부터 시드펀딩이라는 약간의 도움을 받았지만 CFI는 결코 그 의자를 생각해 내지도 개발하지도 않았다. 그렇다면 'CoDE'는 무엇일까? CoDE는 "연결하라^{Connect}, 디자인하라^{Design}, 가능하게 하라^{Enable}"는 뜻을 가진 "혁신배양기^{innovation incubator}" 모델을 설명하는 약어다. 혁신배양기 모델은 성공담이 넘쳐나는 CFI의 혁신 분야 중 하나가 되었다.

CoDE는 CFI가 의료서비스 경험에 관한 새로운 아이디어 개발을 독식할 필요는 전혀 없다는 초기의 인식에서 출발했다. 어떤 조직에서든 새롭게 개선된 많은 종류의 아이디어는 매일매일 서비스와 상품을 제공하는 '현장에서 일하는' 사람들로부터 나온다. 각 진료과에서 일하는 직원들은 모두 멋진 생각을 가지고 있었고, 우리는 그 생각을 진전시키는 데 도움을 줄 수 있는 무엇인가를 창조하기를 원했다. 우리는 큰 조직에서 나오는 많은 훌륭한 아이디어들이 사라지는 이유가 수천 가지의 방해물(여러 층으로 된 검토 단계, '건설적 비판constructive criticism', 재정 삭감 등등) 때문이라는 것을 인식했다. 우리는 그런 아이디어들을 보호하고 싶었다.

CFI는 지식, 도구, 격려를 주는 것만으로는 충분하지 않다는 것을 느꼈다. 우리는 그들과 그저 '관련 있는' 것보다 그들이 아이디어를 개발하는 데 '직접 참여'하기를 원했다. 우리는 또한 혁신적인 조직들은 직원들에게 창의적인 생각을 가능하게 하는 핵심적인 요소인 '생각할 시간'을 제공해야 하며, 직원들 자신이 열정을 가진 프로젝트에 대해서 업무 시간 외의 시간을 활용하여 일할 수 있는 자율권을 주어야 한다고 강력하게 믿었다. 여러 기업의 사례들 중에서도 구글Google과 3M은 이런 것들을 잘하는 것으로 유명하다.

그런 이유로 우리는 처음부터 내부 혁신배양기를 만들어 관리해야 할 필요를 인지했다. 이를 위해 우리는 CoDE 프로젝트를 파악하고 선별한 후 재정을 제공할 수 있는 명확한 과정이 필요했고, 더불어 상위 조직인 메이요가 이 프로그램에 대해서 아주 잘 알게 되기를 원했다. 그래서 우리는 CoDE라는 브랜드를 만들었고, 이후 이것은 메이요 전체를 대상으로 하는 CFI 주도 프로그램으로 자리를 잡았다. CoDE는 메이요 클리닉 최초로 전 직원을 대상으로 펀딩을 제공하는 프로그램이다.

그림 6.1. CoDE: 연결하라, 디자인하라, 가능하게 하라

CoDE가 시작된 지 5년이 되었고, 이미 소아과 채혈의자와 같은 12개 정도의 일급 혁신을 이루어 냈다.(그림 6.1)

CoDE의 작동 원리

CoDE 프로젝트를 위한 CFI의 역할은 거의 내부의 '엔젤 투자가[angel investor*]'의 역할과 같다. CFI는 매년 선발된 CoDE 프로젝트를 대상으로 연간

---

* 기술력은 있으나 자금이 부족한 창업 초기의 벤처기업에 자금 지원과 경영 지도를 해 주는 개인 투자가.

보조금을 5만 달러까지 지급한다. 현재 매년 약 10개의 프로젝트가 선발되고 있다. CoDE 프로젝트는 빠른 시간 안에 상품화하여 '피처크립feature creep*'을 피할 수 있도록 1년 안에 마무리되어야 한다. 피처크립이 프로젝트의 진행 과정을 연장시키고 그 연관성은 감소시킬 수 있기 때문이다. 프로그램은 메이요 클리닉 전체의 의사들과 직원들 모두에게 열려 있다. CoDE 프로젝트는 CFI 디자인, 프로젝트 관리, 기술 자원 등을 제공받을 수 있으며, CoDE 프로젝트에서는 진료과와 CFI의 고문들과 함께 작업할 수 있다. 외부의 자원과 서비스도 구매 가능하다. 1년 안에 시행해야 하는 목적을 이루기 위해 이런 구매가 여러 차례 이루어진다.

매년 새로운 CoDE 회기가 시작된다. 2013년 회기의 경우 88개의 아이디어가 제시되었는데 그 가운데 일부는 앞으로 소개할 '유레카' 아이디어 관리 도구를 통해 수집되었다. 이 프로젝트들은 CFI와 메이요 진료과의 멤버들로 구성된 검토위원회에 의해 25개의 최종 후보로 걸러진다. 최종 선발은 프로젝트가 얼마나 혁신적인지, 메이요의 전략적 목적에 얼마나 부합하는지, 그리고 프로젝트의 전반적인 가치가 어느 정도인지 등을 평가하는 영역을 포함한 아홉 개의 기준을 가지고 이루어진다.

CoDE 어워드 수상자는 론칭 파티에서 메이요 전체를 울리는 큰 팡파레 소리와 함께 발표된다. 매년 수상 내역을 담은 소책자가 제작되어 메이요 구성원들에게 배포된다. 거기에는 앞선 CoDE 프로젝트들의 현재 성과를 소개하는 내용도 포함되어 있다.

CFI의 CoDE 사무실에는 전임 프로젝트 매니저와 디자이너가 상주하고

---

* 신제품을 디자인할 때나 발매한 후에 기능들을 하나하나 추가해서 제품을 비대하게 만드는 현상.

있다. 필요할 경우 IT나 다른 진료과의 인력 등 CFI와 메이요의 자원들이 투입된다.

CoDE 프로젝트 사례

대부분의 CoDE 혁신들은 서로 '인접'해 있고, 그 자체로 변혁적이기보다는 특정한 문제를 해결한다는 특징을 가진다. 그러나 궁극적으로 그 프로젝트들은 보다 큰 '이곳과 저곳, 그리고 모든 곳에서'라는 비전에 부합한다. 소아과 채혈의자처럼, 최종 결과는 자연스럽게 우선적으로 그 아이디어가 도출된 진료과에 직접적으로 활용이 되지만, 종종 다른 곳에서 그 개념과 도구가 사용 가능한 경우도 많다. CoDE 프로젝트는 또한 CFI가 옹호하는 원격 환자 모니터링과 같은 기술을 확장시킬 수 있다.

2009년부터 시작되어 다섯 번째 회기를 마친 CoDE 프로젝트를 정리하면, 32명의 의사들이 47개의 상을 수상했고, 62명의 다른 직종의 직원들이 총 15개의 상을 수상했다. '다른 직종의 직원들'이 수상을 했다는 것은 CoDE 프로그램이 메이요의 의사들뿐만 아니라, 모든 직원들에게 열려 있다는 것을 증명한다. 그런 면에서 CoDE는 아주 독특하다고 할 수 있으며, 누구도 혁신을 독점할 수 없다는 사실을 분명하게 보여 준다고 할 수 있다.

CoDE 어워드를 수상한 몇 가지 프로젝트를 소개하겠다.

▶ 척추 수술 건수의 최적화

그간의 경험과 수술실 이용 개선을 통해 척추 수술 전과 후의 환자경험을 재디자인한다.

▶ 운동 중의 뇌진탕 원격 평가

뇌진탕과 가벼운 외상성 뇌손상을 모니터링하기 위한 것이다.

▶ 노출 기반 불안 치료 앱

환자에게 노출 기반 불안을 치료하는 의료진과의 연결을 제공하는 앱이다.

▶ 메이요 클리닉 앱

환자들에게 메이요 방문에 대한 정보를 제공하고 메시지를 보내는 광범위한 앱으로, 환자들이 어느 진료과에서 진료를 받아야 하며 무엇을 준비해야 하는지 알려 준다. "e—컨시어지^{e—concierge}"와 같은 앱처럼 작동하며 메이요의 다른 정보를 제공하기도 하는데, 이 앱에 대해서는 제8장에서 다시 설명될 것이다.

▶ 혼자 죽는 사람은 없다

오리건 주의 간호사가 개발한 모델을 채택한 것으로, 임종 전 마지막 48시간 동안 가족이 없는 환자의 곁을 지켜 주는 자원봉사자 네트워크를 제공한다.

▶ 옥시스티뮬레이터^{Oxistimulator, 산소자극제}

가벼운 마취 중인 환자의 혈중 산소 농도를 모니터링하는 도구로 수치가 떨어지면 자동적으로 수치를 높인다.

▶ 휠체어 사용자를 위한 환자 영상

스마트폰 앱과 센서로 압력 이미지를 찍는다. 일상에서 욕창이 일어날 가능성이 높은 부위를 모니터링한다.

▶ 뇌졸중 원격의료
원거리나 교외에 거주하는 환자들을 진단하고 상담할 수 있는 영상을 연결한다.

▶ 수술병리검사를 위한 원거리 상담
디지털 글래스 슬라이드에 놓인 컴퓨터화된 큰 스케일의 이미지로, 기존의 현미경 슬라이드와 큰 이미지 슬라이드를 대신한다. 임상적 합의에 도달하기 위해 협업적인 진료와 논의가 가능하다.

▶ 소아 염증성 장질환^{Inflammatory Bowel Disease, IBD} 자가 진단 도구
염증성 장질환을 앓는 소아 환자를 교육하기 위한 인터넷 기반의 게임으로, 치료와 다양한 약물 반응에 대한 조언을 제공하고, 영양 균형 및 일반 질병 관리의 유익성과 관련한 정보를 제공한다.

이런 프로젝트에서 다양성을 확인하는 것은 어렵지 않다. 네 번의 회기를 통해 CoDE는 아래와 같은 프로젝트를 만들어 냈다.

- ▶ 의료 시행 모델 14건
- ▶ 발명품 발표 12건
- ▶ 특허 분야 6건
- ▶ 특허 상품 5건
- ▶ 서비스 제공 2건

▶ 임상 실험 2건

▶ 교육 시행 모델 1건

▶ 임상 합의 도구 1건

CoDE가 중요한 이유

어떤 일을 시작할 때 여러 단계의 승인을 거쳐야 하는 메이요 클리닉과 같은 바쁘고 복잡한 조직에서는, 자원에 대한 논의는 말할 것도 없고 혁신적인 생각과 프로젝트에 사용할 시간을 확보하는 것 자체가 어렵다. 당연히 일상이 환자와의 약속으로 분할된 의사의 경우 '자유' 시간을 잠깐 마주치기조차 어렵다.

이것이 바로 CoDE를 만든 가장 큰 이유다.

CoDE는 환자들과 직접 접촉하는 의사들과 직원들로부터 혁신적인 아이디어를 모으는 공식성을 갖춘 통로인 동시에 재정력도 뒷받침되어 있다. CoDE는 조직 전반에 걸쳐 창의력과 혁신 실행력을 강화시킨다. 더 중요한 것은 진료팀 안에서 팀워크를 구축하고 신뢰도를 높인다는 사실이다. 또한 새로운 아이디어를 개발하기 위해 자원을 소비하지 않고도 새로운 아이디어를 만들어 낸다. 게다가 만들어진 아이디어들은 실제 세계에 그 뿌리를 두고 있다. 더불어 제일 중요한 것은 아마도 CoDE 프로그램이 메이요의 모든 직원들에게 열려 있다는 사실일 것이다. 이러한 개방성은 혁신적인 아이디어는 어디에서나 생겨날 수 있고 그래야 하며 종종 그렇다는 확신을 모두에게 전달해 준다.

CFI에는 CoDE 프로그램에 관한 5년의 경험이 쌓여 있는데 매우 성공적이었다. 위에서 제시한 수치에서도 알 수 있고 아래에서 제시하게 될 무형적 근거에서도 볼 수 있다. 메이요 CoDE 어워드 수상자들이 남긴 어록을 도처에서 확인할 수 있다. 이들은 모두 하나의 공통적인 주제를 담고 있다. 그것은 바로 CoDE가 실제 진료과에서 아이디어를 개발하는 데 아주 중요한 역할을 한다는 것이다.

우리는 진료과의 구성원들로부터 아래와 같은 코멘트를 받았다.

"CoDE 펀딩은 혁신에 유용한 자원을 제공할 뿐만 아니라 당신의 진료 영역이 다른 펀딩에도 제한 없이 참여할 수 있도록 해 줍니다."

"CoDE는 자원과 전문 지식을 제공할 뿐만 아니라 우리가 이런 주제를 향해 집중하고 열정적으로 활동할 수 있게 해 줍니다."

"CoDE로 인해 장애물들이 무너졌습니다."

CoDE의 다른 교훈들은 다음과 같다.

▶ 수상금보다 더 중요한 것은 열정적이고 헌신적인 팀이다.

▶ CFI가 활발하게 워크숍을 진행하고, 디자인씽킹과 사용자 중심의 연구를 가능하게 하며, 장애물을 제거하고, 네트워크와 협업을 증진할 경우 프로젝트의 성공률은 높아진다.

▶ 프로젝트 시간표를 가속화하고, 자원의 장애물을 제거하고, 실제 진료과에서의 시행을 지원하기 위해서는 조직 차원에 맞춰 조정해 나가는 것이 중요하다.

그림 6.2. 〈변혁〉 2014

정리하자면, CoDE는 진정으로 진료과와의 팀워크 및 협업을 개발하는 일에 관한 것이다. 이는 CFI의 장점과 가치를 보여 준다.

〈변혁〉: 한 해의 가장 큰 산업계 대화

시작부터 CFI는 변형적인 혁신에 관한 지속적이고 점진적인 진지한 대화의 장을 통해 의료서비스 분야와 관련하여 "세계에 대한 공헌contribution to the world"을 하기를 원했다. 그 관점에서 우리는 의료서비스 경험에서의 혁신을 위한 연례 콘퍼런스와 전 세계 규모의 포럼을 시작했다. 우리는 그것을 〈변혁〉이라고 부른다.

매년 3일 동안 개최되는 심포지엄 〈변혁〉(그림 6.2)은 매년 9월 로체스터 시내에 있는 로체스터 시빅센터the Rochester Civic Center에서 열린다. 이곳은 메이요 클리닉의 외래환자 센터인 곤다 빌딩에서 몇 블록 떨어진 곳에 위치해 있다. 〈변혁〉의 목표는 "의료서비스에 의미 있고, 혁신적인 변화와 강력한 행동을 불러온 사려 깊고 헌신적인 다양한 개인들 사이에서 진행되는 대화를 풍성하고 가능하게" 하는 것이다. 〈변혁〉의 무대에는 유명한 강연자와 관련 기업이 참여하여 혁신을 촉진하고 영감을 받는다. 이것은 의료서비스와 그것을 고치는 데 필요한 변혁과 관련된 담론 공동체를 세우고자 하는 CFI 활동의 일부이다.

프로그램의 사회는 놀랍게도 존 호켄베리가 맡는다. 시각적 효과가 높은 멀티미디어 콘퍼런스는 의료서비스와 관련 산업의 최고경영자를 비롯한 리더들, 의료서비스 공급 기관과 공급자들, 언론인, 환자들이 모여 자신들의 경험을 공유하는 것이 그 특징이다. 연설자와 패널은 때로 논란이 많은 주제에 깊숙이 뛰어든다. 행사의 각 부분은 강한 인상을 남기기 위해 디자인되었고 정확하게 그 목적을 달성한다. 〈변혁〉은 광범위한 언론 보도 자료를 만들어 낸다. 관련 세션 가운데 많은 분량은 유튜브에서 메이요 클리닉의 채널을 검색한 후 **"〈변혁〉** 플레이리스트TRANSFORM playlist"를 입력하면 바로 볼 수 있다.

〈변혁〉 이야기

6년 전 우리는 혼자 힘으로 하는 전략은 제대로 먹히지 않을 것이라는 사실을 인식하며 콘퍼런스를 시작했다. 우리는 더 많은 청중들과 협업하고 의료계 전체의 재능을 활용하여 의료계 전체 활동의 선봉에 서길 원했다. 첫 모임(〈변혁〉이라고 불리기 전)에는 161명이 참석했는데, 그 가운데 88명은 메이요 클리닉 내부의 구성원들이었다. 혁신센터는 바로 그 모임에서 실질적으로 출범했다. 당시 메이요 클리닉의 최고경영자였던 글렌 포브스 박사가 지휘했다.

시간이 흐르면서 〈변혁〉은 급속하게 성장했다. 2009년에는 435명, 2011년에는 728명, 2013년에는 849명이 참석했다. 2013년의 경우, 청중들이 14개국과 32개 주에서 왔다. 각 청중들이 대표하는 조직은 300개가 넘었다. 119개 정도의 의료서비스 공급 기관, 37개의 학술 기관, 그리고 37개 이상의 디자인 회사가 참여했다. 17개의 제약 회사와 의료 장비 회사, 16개

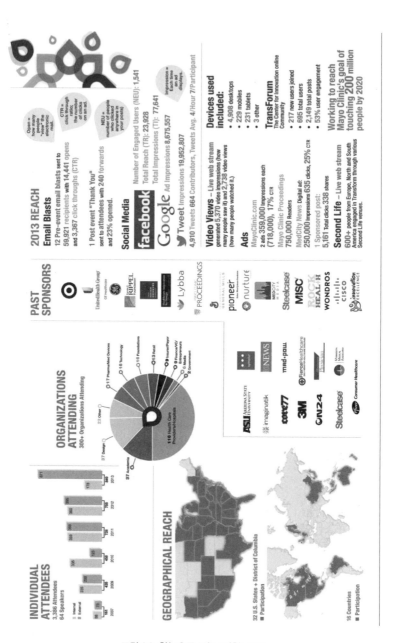

그림 6.3. 한눈으로 보는 〈변혁〉 2013

의 의료서비스 기술 공급 회사, 그리고 13개의 프랜차이즈 기업들이 참석했다. 이 통계들과 다른 관련 자료들은 〈그림 6.3〉에 소개되어 있다.

온라인 '실시간' 영상을 보는 사람들이 2013년에 처음으로 2,000명이 넘었다. 또한 같은 해 〈변혁〉 강연을 미네소타의 공영 라디오 방송국^{National Public Radio, NPR}의 오후 뉴스에서 다뤄도 되냐는 연락이 오는 등 아주 특별한 인정을 받았다. 물론 우리는 아주 힘차게 가능하다는 대답을 했고, 몇 개의 강연이 NPR을 통해 방송되었다. 이제는 더 넓은 공영 라디오 전략을 진행 중이다.

우리는 3일간 진행되는 회의를 더 넓은 담론을 위한 출발점으로 삼는 데 주력했다. 〈변혁〉의 대화는 CFI의 소셜 미디어를 통해 계속된다. 2013년의 다른 통계 자료들을 보면, 〈변혁〉의 페이스북 페이지에 1,314개의 좋아요 반응, 1,800만 개가 넘는 트위터 노출 횟수를 기록한 것을 알 수 있다. 제5장에서 소개한 CFI의 온라인 커뮤니티 '트랜스포럼'에는 2,000개가 넘는 게시물이 등록됐다.

우리는 CFI나 메이요가 〈변혁〉의 스타가 되지 '않게 하기 위해' 주의를 기울인다. 그 어떤 내용이나 발표도 메이요나 CFI가 중심이 되지 않는다. 3일간의 행사가 진행되는 동안 극소수의 CFI 프로젝트가 언급될 뿐이다. 〈변혁〉의 무대는 최첨단이며 비싸지만 연결된 경험(그림 6.4)을 제공하기 위해 신중하게 만들어졌다. 2013년 외부 참석자가 전체 청중의 70%를 차지했다. 이는 전년 대비 거의 두 배로 증가한 수치다.

2013년에 행사가 진행되는 3일 동안 존 호켄베리가 사회를 보았다. 그는 언론인으로, NBC와 ABC의 뉴스 및 공영 라디오의 기자를 지냈다. 호켄베리는 의료서비스에 대한 광범위한 이해와 경험을 바탕으로 대화를 이끌어 갔다. 또한 강력한 개회사와 폐회사를 남겼고, 강연자가 말한 것을 잘 통합

그림 6.4. 심포지엄 〈변혁〉의 강단

하여 강연 후 이어진 대담 시간과 공개 토론 시간에 탁월한 질문을 던졌다. 유머 넘치고 명확하며 통찰력 있는 호켄베리는 본인이 행사의 스타이면서 도 끊임없이 자신이 아니라 강연자를 주목했다.

프로그램과 공헌자

〈**변혁**〉은 수많은 강연자들을 만날 수 있다는 것이 그 특징이며, 한쪽 방향으로 흘러가는 프레젠테이션인 경우는 거의 없다. 전체 프로그램의 거의 절반은 무대에서의 대화로 구성되어 있는데, 다양한 분야와 산업 영역에서 온 서너 명의 전문가들로 구성된 공개 토론 형식으로 이루어진다. 참석자들은 패널 토론과 함께 음악가들, 영상 클립들, 변혁으로 인해 삶이 바뀐 환자들이 보낸 따뜻한 경험담 등으로 구성된 멀티미디어 프레젠테이션을 보게 된다. 지역의 5학년 학생 두 명이 나노 테크놀로지 시대에 의료서비스가 맞닥뜨린 도전 과제와 기회를 설명한 프레젠테이션처럼, 좀 더 가벼운 분위기의 프로그램들도 있다. 〈**변혁**〉에는 진지함과 재미가 공존한다. 이 심포지엄은 충격과 통찰로 무장되어 있다.

〈**변혁**〉 2013에 등장한 강연자와 패널들 중 일부를 소개하겠다.

- ▶ 마리아 바티로모Maria Bartiromo: CNBC의 앵커이자 언론인
- ▶ 팀 브라운: IDEO의 최고경영자, CFI 외부자문위원회 위원
- ▶ 낸시 스나이더먼Nancy Snyderman: 의학박사, NBC 뉴스 의학 담당 편집장
- ▶ 샐리 오쿤Sally Okun: 간호사, 애드보커시, 폴리시 앤 페이션트 세이프티 Advocacy, Policy and Patient Safety 및 페이션츠라이크미닷컴PatientsLikeMe.com의 부사장
- ▶ 데이비드 에릭슨David Erickson: 박사, 샌프란시스코 연방준비은행FRB 지역사회 개발투자센터 책임자
- ▶ 마이클 그린Michael Green: 의학박사, 펜실베이니아 주립 의과대학 교수
- ▶ 로이 비버리지Roy Beveridge: 의학박사, 휴매나Humana의 선임 부사장이자 최고의료책임자
- ▶ 폴 제이콥스: 박사, 퀄컴의 회장이자 최고경영자

▶ 재키 제닝스[Jacky Jennings]: 박사, 보건학 석사, 존스 홉킨스 대학교 소아과 및 내과 부교수

▶ 샘 호: 의학박사, 유나이티드헬스케어 최고의료책임자

▶ 래리 킬리: 도블린의 회장이자 공동 창립자, 딜로이트 컨설팅 LLP의 이사, CFI 외부자문위원회 위원

▶ 에릭 맨하이머: 의학박사, 미국 내과의사협회의 회원이며 뉴욕 벨뷰 병원의 최고의료책임자

▶ 케빈 로넨버그[Kevin Ronneberg]: 의학박사, 의료 담당 이사, 타겟 코퍼레이션

▶ 댈러스 스미스[Dallas Smith]와 수잔 메이저[Susan Mazer]: 음악가이자 환자 TV 채널 〈C.A.R.E〉의 프로듀서

〈변혁〉의 내용이 너무 넓고 다양하기 때문에 여기에서 자세히 소개하기는 어렵다. 그러나 2013년 〈변혁〉에서 열린 패널 토론의 몇 가지 주제는 아래와 같으며 유튜브에서도 찾아볼 수 있다.

▶ 사이언스 선데이[Science Sunday]

더 건강하게 오래 사는 방법.

(앞에서 언급한 5학년들의 프레젠테이션이 포함되어 있다.)

▶ 다시 틀 세우기[Reframe]

오늘날 의료서비스의 큰 그림을 이해하기 위해 다양한 렌즈를 사용하여 바라보기.

▶ **충돌**^{Collide}

의료서비스가 산업을 어떻게 변화시키고 산업이 의료서비스를 어떻게 변화시키는가.

▶ **규모**^{Scale}

성공적으로 변경된 새 모델을 배웠을 때 변화의 불확실성이 어떻게 감소하는가.

▶ **풀다**^{Unravel}

환자의 필요가 의료서비스의 복잡성을 푸는 것의 중심을 차지해야 하는 이유는 무엇인가?

▶ **다시 짓다**^{Rebuild}

고객의 통점과 '프랜차이즈' 모델이 어떻게 환자경험의 변화를 도울 수 있는가?

〈변혁〉 일으키기

〈**변혁**〉과 같은 규모의 심포지엄을 개최하는 것은 중대한 헌신과 투자가 필요한 일이다. 우리는 그것이 주입 메커니즘으로서의 가치가 있다고 생각하며, 더불어 우리 업계 내에서 리더십 브랜드를 유지하는 방법이라고도 생각한다. 헌신과 투자에는 메이요 내부의 자원에서 발굴한 프로젝트 매니저와 외부의 행사 전문가 15명 정도의 인력이 필요하다. 비용과 기획 활동은 거의 파트너의 후원으로 충당되고 있으며, 후원사로는 스틸케이스, 타겟, 시스코, 인텔^{Intel}, 3M 등이 있다.

우리는 주입과 브랜딩에 대한 투자로서 〈변혁〉에서 거둔 성과에 아주 만족해 왔다.

분기별 예상치 못한 대화들: 다르게 생각하기 강연자 시리즈

우리 기업에 새로운 생각을 끊임없이 '낙숫물'처럼 떨어뜨리려는 임무이자 〈변혁〉을 확대시키는 전략의 일부로, 우리는 유명한 사람들을 메이요에 초대하여 CFI 팀원과 더 넓은 의미의 메이요 청중들에게 강연을 제공한다. 우리는 이를 "다르게 생각하기: 분기별 예상치 못한 대화들"이라고 부른다.

더 넓은 목표는 외부 전문가에게서 배운 그들의 새로운 관점을 우리의 조직에 불어넣는 것이다. 매 분기마다 한 명의 강연자를 초대한다. 뒤에서 알게 되겠지만 이 강연자들의 배경은 다양하다. 각 주제들은 독특하기도 하고 일반적이기도 하다. 대부분 프레젠테이션과 대담이 혼합되어 있는 형식이다. 〈변혁〉에 참여하지 못한 사람들을 위한 보충 세션 혹은 〈변혁〉 스타일의 담론을 지속하거나 강화하기 위한 '두 시간짜리 〈변혁〉 강연'이라고 생각할 수도 있다.

강연자는 다양한 학문과 분야에서 유명한 전문가들이다. 강연자는 메이요를 방문하여 그들이 특별히 관심을 갖는 분야에 몰입할 수 있는 경험을 한다. 그런 다음에 자신의 전문 주제에 관한 통찰과 영감을 나누고, 의료 서비스에서의 우리의 업무에 영향을 주거나 우리의 업무를 확장시켜 준다. 녹화된 프레젠테이션들은 메이요의 모든 직원들에게 제공된다.

2012년에 시작된 뒤로 메이요를 방문한 여러 강연자들의 명단은 아래와 같다.

- ▶ 마크 스미스[Mark Smith]: 의학박사, 캘리포니아 헬스케어 재단[CHCF]의 회장 이자 최고경영자
- ▶ 휴 쉘톤 장군[General Hugh Shelton]: 미국 합동참모본부 제14대 의장
- ▶ 데이비드 켈리[David Kelley]: IDEO의 창립자
- ▶ 데이브 그레이[Dave Grey]: 혁신 시각화와 디자인 그래픽 회사인 엑스플레인[XPLANE]의 창립자
- ▶ 마이클 크로우[Michael Crow]: 박사, 애리조나 주립대학교 총장, 앞에서 간략하게 설명한 '혁신촉진자' 인증 프로그램의 파트너
- ▶ 사라 밀러 칼디코트[Sarah Miller Caldicott]: 토마스 에디슨의 증손녀
- ▶ 타치 야마다[Tachi Yamada]: 박사, 제약 회사 타케다[Takeda]의 부사장이자 빌 앤 멜린다 게이츠 재단[The Bill and Melinda Gates Foundation] 국제 보건 프로그램의 전임 의장
- ▶ 짐 해켓: 스틸케이스의 최고경영자

찾았다! 유레카 아이디어 협업 툴

의료서비스는 출퇴근 시간이 정해져 있지 않다. 메이요 클리닉과 병원들은 일주일 24시간 내내 운영되고 다른 지역에도 퍼져 있다. 독립된 많은 부서들은 고도의 전문적인 일을 한다. 예를 들어 어떤 부서는 각 진료과의 수술에 필요한 도구들을 준비하고 수술에 맞게 배열한다. 이렇게 폭넓으면서도 고도로 전문화된 것을 기반으로 가능한 한 많은 아이디어를 수집하는 것은 아주 중요한 이슈다. 이 책을 읽는 독자들이라면 의심할 여지없이 이 생각에 동의할 것이다.

그래서 우리는 일주일, 24시간 내내 열려 있는 단순한 전자식 아이디어

제출 시스템을 만들어 협업과 평가 및 관리를 손쉽게 해내고 싶었다. 우리는 이를 IBM과 같은 외부 조직에서 배워 왔다. IBM은 이미 그런 시스템을 갖고 있었다. IBM은 내부적으로 직원들을 연결하고 성가신 문제들을 해결하는 "잼세션jam sessions*"이라는 프로그램을 만들어 성공적으로 정착시켰다. 우리는 독자적인 툴을 만드는 과정에서 교착상태에 빠지지 않고 빠르게 착수하기 위해 기존의 아이디어 관리 소프트웨어 툴들을 조사했다. 우리는 이매지내틱Imaginatik, www.imaginatik.com이라고 하는 회사의 플랫폼을 선정했다. 이매지내틱의 이노베이션 센트럴 아이디어 관리 플랫폼Innovation Central idea management platform은 '직원, 고객, 파트너의 집단적인 지혜를 연결'하도록 디자인되고 크라우드소싱된 아이디어 도출 및 솔루션 도구다.

우리는 내부적으로 이노베이션 센트럴을 시작한 뒤 '유레카Eureka'라는 이름을 붙였다. 이 소프트웨어 툴은 메이요의 특정 부서나 그룹이 그들의 도전 과제와 문제를 제시하는 방법으로 온라인에서 상호 교류적으로 해결책을 '도출ideate'하도록 해 준다. CFI는 그룹이 '도전'과 관련된 틀을 짜도록 돕는다. 그런 다음에 부서 기반의 팀들이 수집, 평가, 선별, 최선의 해결책을 위한 '도전 주기challenge life cycle'라는 시행 단계를 진행한다. 중요한 것은 빠르고 활기찬 반응을 얻기 위해서 주기를 5일 혹은 10일로 조정한다는 것이다.

유레카는 조직 차원의 도전 과제와 변화에 대해 모든 사람들이 해결책을 제시하거나 다른 사람의 의견에 동의할 수 있게 하는 방식으로 문제 해결의 속도를 높인다. 유레카 '행사'에는 전형적인 후원 팀과 검토 팀이 존재한다. 또한 사전 마케팅, 그룹 미팅 등으로 참여도를 높인다.

---

* 브레인스토밍 형식으로 아이디어를 교환하는 자리.

그림 6.5. CFI 혁신 툴킷

이벤트 팀은 아이디어와 코멘트에 투표할 수 있고 다른 사람의 아이디어에 자신의 의견을 덧붙일 수도 있다. 플랫폼은 다양한 기준과 주제 관련 전문가들을 통해 그 내용을 평가할 수 있는 강력한 평가 도구를 가지고 있다. 이는 팀의 집단적인 지혜의 꼭대기에 제일 좋은 아이디어가 올라서도록 만든다. 팀의 구성원들은 최고의 아이디어에 대한 소유권을 가지고, 이 아이디어들이 프로젝트로 연결될 수 있도록 후속 작업을 진행한다.

CFI는 주제를 거르고 발견하고, 통합하는 것을 도우며 또한 그 과정들이 진척될 수 있도록 한다. 유레카가 만들어 낸 아이디어들은 새로운 기회 영역으로 정의되어 CoDE 프로젝트로 착수되었다. 오늘에 이르기까지 메이요 내의 여덟 개의 부서가 유레카를 사용하여 자신들의 잼세션을 주최했다.

도구 상자 안의 다른 도구들: CFI 혁신 툴킷

특정한 도전 과제에 대해 도움이 필요한가? 새로운 기술을 배우고 싶은가? 디자인씽킹 적용 사례를 읽고 싶은가? 대안적인 접근 방법이 필요한가? "CFI 혁신 툴킷Innovation Toolkit"은 이런 요청에 답해 주는 동시에 우리가 디자인씽킹 지식을 조직 안으로 주입시키는 중요한 방법이기도 하다.

261

CFI 혁신 툴킷은 디자인씽킹과 관련된 기술, 지식, 통찰을 담은 온라인 저장소다.(그림 6.5) 빠른 참고와 깊은 연구를 위해 브레인스토밍, 프로토타이핑, 와이어프레이밍wireframing과 같은 툴과 특정 기술이 모두 이용 가능하다. 이 툴킷은 최고 사례 연구들과 예시들을 저장해 놓았다. 인터넷으로 쉽게 접근 가능하고 일부는 동영상으로도 제공된다. 이 도구들은 CFI가 만들었거나 외부의 것을 채택하여 편집한 것들이다. 툴킷과 관련한 자료들은 CFI 팀의 구성원들과 메이요 조직의 구성원들이라면 누구든지 이용 가능하다.

자격증을 따다: 혁신촉진자 자격증

인생을 살다 보면 전문적인 자격증은 언제나 좋은 역할을 해 준다. 자격증을 따기 위한 교육적인 필요조건을 충족시키는 것은, 당신에게 일상생활에서 벗어날 수 있는 시간을 주고 새로운 것을 제대로 흡수할 수 있는 기회를 만들어 준다. 그뿐만 아니라 모든 과정을 마무리했을 때 성취감도 느낄 수 있으며, 동료들로 이루어진 팀과의 연결 고리가 되어 주기도 한다. 메이요 클리닉에서는 특정한 기술에 있어서의 자격증이 중요하다. 어쨌든 당신은 중환자실 간호사들이 공식적으로 제대로 된 직업 훈련을 받았기를 원할 테니까! 메이요 클리닉의 직원들이 혁신 자격증에 관해서 문의하기 시작한 것은 아주 자연스러운 흐름이었다.

2013년에 우리는 애리조나 주립대학교의 보건의료 혁신 석사 학위 프로그램을 통해 혁신과 디자인씽킹 관련 커리큘럼을 개발함으로써, 메이요 직원들이 혁신 관련 자격증을 받을 수 있는 프로그램을 시작했다. 커리큘럼은 6주의 온라인 강의와 상호 교류가 이루어지는 현장 주말 강의, 그리고 배운 내용을 특정 프로젝트에 적용하는 내용으로 구성되어 있다. 이 프로그램은 2014년 초에 35명의 메이요 클리닉 참가자들과 함께 출범했다.

이 코스를 마친 사람들은 자격을 갖춘 '혁신촉진자Innovation Catalyst'가 되어 자격증을 받게 된다.

우리의 영역을 넘어서: CFI 컨설팅 서비스

여기까지 책을 읽어 오면서, 당신은 아마도 우리가 특히 복잡한 조직과 산업에 속한 다른 혁신 팀을 도울 수 있는 괄목할 만한 기술과 가치 있는 경험을 개발해 왔다는 것을 깨달았을 것이다. 처음에는 우리만의 혁신 활동을 위한 결과물을 만들어 내는 데 집중하느라 그렇게 하지 못했지만, 이제는 우리와 비슷한 환경에 있는 조직이나 환경이 같지는 않은 다른 기업들에도 컨설팅 서비스를 제공하고 있다. 간단하게 말해서 우리는 우리의 메시지와 사례를 메이요 외부로 내보내 다른 사람들도 혁신센터를 세우고 성과를 얻기를 바라고 있다.

우리는 다른 사람들이 우리의 이야기를 읽고 우리의 경험과 훌륭한 사례를 통합하고 싶어 한다는 사실을 깨달았다. 우리는 혁신과 디자인씽킹, 그리고 그 밖의 요소들에 관한 우리의 규율과 브랜드 및 역량을 끌어올리고 싶다. 자연스럽게 우리는 의료서비스계 파트너들과의 연결과 네트워크를 통해 변형적 혁신에 관한 스토리를 만들었고, 더불어 우수한 다른 조직의 사례에서 배우고 경험하기도 한다.

처음에는 다소 비공식적이었지만, 우리는 이미 일본, 영국, 싱가포르 등 먼 곳에 있는 여러 기관들과도 연결을 맺고 있다. 우리는 전용 컨설팅 그룹을 조직하여 우리의 활동을 문서화하고 있다. 이와 관련하여 여러분들이 메이요 클리닉과 혁신센터에 더욱 주목할 수 있기를 바란다.

혁신 커뮤니티 확장하기: 최근 혁신가속기에 등장한 요소들

우리는 혁신가속기 플랫폼에 있는 일곱 개의 중요한 '운영 항목'을 살펴보았다. 하지만 이 일곱 개가 큰 조직 안에서 혁신을 가속화하는 방법의 전부가 아니라는 것을 알고 있다. CFI의 다른 두 프로그램 역시 혁신적인 아이디어를 개진하고 그 혁신이 더 빨리 이루어지도록 도왔다는 점에서 지면을 할애해 소개할 가치가 있다. 첫째, 펠로우십과 인턴십 프로그램, 둘째, 열린 혁신의 세계로 들어가고자 하는 시도가 바로 그 두 가지이다. 혁신가속기의 일부로 공식적인 자리를 잡지는 않았지만 거의 비슷한 원리와 목적을 가지고 운영되고 있다.

CFI의 펠로우십과 인턴십

다른 조직들처럼 우리는 시간이 흐르면서 인턴사원과 계약직 연구원이 상생할 수 있는 명제를 깨닫게 되었다. CFI에서는 핵심 기술을 확대하고 프로젝트 진행과 관련하여 도움을 받을 수 있다. 따라서 인턴사원과 계약직 연구원들은 그들의 경력에 도움이 되는 값진 경험을 얻을 수 있다. 몇몇의 경우에는 "시운전"을 통해 우리 팀에 영구적으로 합류할 멋진 사람을 발견하는 결과를 이끌어낼 수도 있다.

CFI는 몇몇 대학들 및 대학교들과 교류하며 디자인대 · 경영대 · 공대 등의 재학생들 및 석사와 박사들을 인턴사원과 계약직 연구원으로 고용한다. '디자인 협동조합Design coops'과 유수의 디자인 대학 및 경영대학 출신의 MHA나 MBA 학생들이 3개월에서 5개월 단위의 실습을 위해 CFI 프로젝트에 참여한다. '윌리엄 드렌텔 의료서비스 혁신 분야 펠로우십^{William Drentell Research Fellowship in Health Care Innovation}'은 의료서비스 전문가로 이미 고용이 되었거나 풀타임 연구원인 후보자에게 반년 혹은 1년 동안의 실제적인 경험을 제공한다. 최근 퍼듀 대학교의 공학박사 과정에 있는 사람이 원거리 환자 모니터링 시스템 개발에 관한 연구를 수행하기 위해 CFI에 배치됐다. 미네소타 대학교의 MBA 학생들 그룹은 상업화할 가능성이 높은 새로운 아이디어를 배양하는 CFI "전자정비소^{garage}" 기능의 개발을 도왔다.

또 다른 인턴십 프로그램을 통해 미네소타 대학교 로체스터 캠퍼스^{UMR}의 언론학과 학생들이 CFI 블로그와 프로젝트 아카이브를 위해 CFI 프로젝트에 관한 내용을 기록했다. 'OpenIDEO'에 관한 글은 실제로 UMR 학생이 CFI 블로그에서 작성한 것이다.

개방형 혁신

"개방형 혁신^{Open Innovation}"은 오늘날 혁신 용어 분야에서 인기를 끌고 있는 유행어다. 우리는 그 개념을 받아들였다. 환자경험이 주도하는 영역에 속해 있다는 점에서 우리는 보다 큰 의료서비스 커뮤니티에 속한 다른 사람들의 아이디어는 말할 것도 없고, 우리 환자들의 경험과 아이디어를 들어야 할 필요가 있다고 생각했다.

우리는 모든 아이디어에 대해 열려 있다. 하지만 우리는 우리의 직접적인 목표와 목적에 대한 관심을 유지하기 위해서라도, 진정으로 개방된 포럼을 통해 쏟아질 수천 개의 아이디어와 통찰을 수집하고 분류하는 데 그렇게 많은 시간을 들일 수가 없는 상황이다. 그 대신에 우리는 특정한 문제를 다루기 위해 개방형 혁신을 사용한다.

개방형 혁신과 관련된 가장 최근의 경험은 'OpenIDEO'에 관한 것이다.

OpenIDEO는 디자인 컨설팅 회사 IDEO가 제공하는 개방형 혁신 플랫폼이다. OpenIDEO는 "창의적인 사고를 하는 사람들을 위한 온라인 플랫폼"으로 도전 과제를 제시함으로써 폭넓은 사람들이 디자인 과정에 참여할 수 있도록 고안되었다. 앞에서 언급한 유레카 플랫폼과 약간 비슷하지만, OpenIDEO는 글로벌 커뮤니티 전반에 걸쳐 있는 문제 해결사들에게 도전 과제들을 '개방'했다. 이 시점에서 이 부분에 대한 결론을 내리기 위해, 그리고 OpenIDEO를 설명하기 위해, 더불어 언론학과 인턴들이 우리를 어떻게 도왔는지 보여 주기 위해, UMR 인턴인 케이티 넬슨Katie Nelson이 OpenIDEO에 관해 쓴 게시물을 샘플로 보여 주겠다. 그녀가 도전 과제로 삼아 진행한 질문은 다음과 같다. "우리가 나이가 들어서도 웰빙을 유지하고 건강하게 활동하려면 어떻게 해야 할까요?"

건강하게 나이 들기에 관한 도전 과제:
방문자 포스트 by 케이티 넬슨

OpenIDEO는 특정한 문제를 해결하고 싶어 하는 조직들이 후원하는 글로벌 플랫폼이다. 그들은 모든 창의적인 사고를 하는 사람들이 참여할 수 있도록 개방되어 있는 도전 과제를 제시한다. 일단 도전 과제가 게시되면 각 개인들이 자신의 아이디어와 경험을 나누는 방식으로 진행된다. 좋은 의견은 후원 조직에 의해 채택되고, 채택된 의견들은 계속해서 좁혀진다. 최고의 의견이 선택되면 그 도전은 끝이 난다. 더 이상은 낯설지 않은 이 도전 과제에 대한 잠재적인 해결책을 찾기 위해 지난 6월 메이요 클리닉도 후원을 진행했다. 그것은 바로 건강하게 나이 들기에 관한 것이었다.(그림6.6)

그림 6.6. 건강하게 나이 들기에 관한 도전 과제

메이요 클리닉은 사람들이 다음과 같은 질문에 아이디어를 내도록 도전했다. "어떻게 우리는 웰빙을 유지할 수 있을까요? 나이가 들면서도 건강하게 활동할 수 있는 방법은 무엇일까요?" 이 주제가 선택된 이유는 시간이 흐를수록 65세가 넘는 사람들의 수가 급증하고 있기 때문이었다. 따라서 나이가 들어 가는 사람들에게 영향을 미치는 요인들에 대해 생각해 보는 것이 중요했다.

수백 명의 사람들이 이 도전 과제에 참여했고, 8월에 최종 수상한 세 개의 아이디어가 발표됐다. 디자이너 애니 응우옌Annie Nguyen과 실비아 스타인Sylvia

(뒷면에 계속)

^{Stein}은 2013년 9월 심포지엄 〈변혁〉에서 발표된 이 수상 아이디어들을 주제로 책을 집필했다.

애니의 첫 수상 아이디어는 간병인의 "웰니스 툴킷$^{Wellness\ Toolkit}$" 사용에 관한 것이다. 간병인으로의 역할 전환은 대부분 준비되지 않은 상태에서 급작스럽게 발생하기 때문에 "제일 느긋한 편에 속한 사람들"에게도 중압을 가한다. 간병인 툴킷의 목표는 최고의 간병인이 될 수 있는 자원과 정보를 제공해서 개개인이 간병에 너무 압도당하지 않도록 하는 것이다. 안내 영상 및 양초나 식사 할인권 등의 '상품'이 툴킷 안에 제공되어 병원 퇴원 과정에서 느끼는 당혹감을 줄여 줄 수 있다.

메이요 클리닉 방식의 혁신: 혁신가속기 밝기

혁신가속기 플랫폼을 사용하여 '혁신경험$^{innovation\ experience}$'을 주입하고 확산하는 방법에 대해 짧게 정리해 보겠다.

▶ 혁신가속기는 역동적이며, 다중채널과 다중자원을 가진 프로그램이다. 이는 CFI의 혁신 아이디어, 기술, 최고의 사례를 보다 큰 의료서비스 커뮤니티는 물론 메이요 클리닉에 주입하고 확산하도록 고안되었다. 전략은 혁신 능력을 만들고 CFI의 외부 구성원들과의 협업을 강화하는 것이다. 혁신가속기는 CFI의 모범 경영 사례가 되었다.

▶ 혁신가속기는 CFI가 의료서비스 변혁에 관한 '대화를 주도'하고 이 분야

에서 가장 "혁신적인 혁신가^{innovative innovator}"가 되도록 도와준다.

▶ 혁신가속기 플랫폼에는 7개의 운영 항목, 즉 '강령'이 활발하게 운영되고 있다. 혁신배양기^{CoDE}, 국제 심포지엄^(변혁), 강연 시리즈^{다르게 생각하기}, 아이디어 관리 플랫폼^{유레카}, 혁신 툴킷, 자격증 프로그램, 그리고 외부 혁신 컨설팅 제공 등이 그것이다.

▶ CoDE는 위대한 아이디어들을 배양하고, 의료서비스 모델 및 서비스와 상품이 메이요 의료뿐만 아니라 그것을 넘어서는 영역에서 시행될 수 있도록 만드는 시드펀딩을 제공하는 탄탄한 프로그램이다.

▶ 연례 심포지엄인 〈변혁〉은 변혁적인 의료서비스 혁신에 대한 담론을 주도하고 CFI와 보다 큰 의료서비스 커뮤니티 사이에 연결 고리를 만든다.

▶ 유레카 아이디어 관리 플랫폼은 관련 부서들이 문제를 해결하고 아이디어를 모으고 메이요 구성원들과 협업할 수 있도록 돕는다.

▶ 혁신 툴킷은 메이요 커뮤니티에 혁신과 디자인씽킹 자원을 제공한다.

▶ 혁신촉진자 자격증 프로그램은 혁신과 디자인씽킹에 관한 자격증 과정을 공식화한다.

▶ 혁신가속기를 넘어서, CFI는 또한 인턴십과 펠로우십 및 개방형 혁신 '도전 과제'를 통해 외부와 교류한다.

이제 우리는 제7장으로 넘어가 혁신센터 관리라는 더 큰 그림을 들여다
보고, 우리가 우리의 리더십 모델과 미래를 향한 문화를 위해 어떻게 '변혁'
해 왔는지에 대해 살펴볼 것이다.

덜 파괴적 혁신

혁신은……
다른 학문으로의 여행으로 인해……적극적이고 동료 중심적인
네트워크와 유동적이고 개방적인 경계선을 통해 발전된다.
혁신은 교환의 계속적인 순환에서 일어나기 마련인데
그곳에서는 정보가 단순히 축적되거나 저장되는 것을 넘어서
새롭게 창조된다.

마가렛 J. 휘틀리Margaret J. Wheatley

제7장

변혁하고 있는 리더십
Leadership in Transformation

CFI 2.0 이야기

우리는 이 책의 집필을 위해 자주 회의를 하면서 혁신센터 운영 방법에 관해 자세하게 기술하기를 원했다. 우리는 원래 이번 장에서 우리가 혁신 조직을 어떻게 운영하는지에 대해 보여 주려고 했었다. 동기부여와 고용부터 성과 평가와 보상에 이르기까지, 조직의 위에서부터 아래까지를 모두 보여 주려고 했었던 장이다. 거대하고 복잡한 조직에 있는 큰 혁신 팀이 어떻게 움직이는지를 보여 주는 요점들에 대해 정리할 계획이었다.

그러나 집필이 시작되고 시간이 흐르면서 오늘날 우리가 서 있는 위치까지 오게 된 과정보다는 우리가 어디로 가고 있는지에 관한 내용이 우리를 더욱 흥분시킨다는 것을 깨달았다. 그래서 원래의 구성을 폐기하고 조금 다른 것을 내놓기로 했다.

우리는 CFI가 어떻게 생겨났는지에 대해 공유했다. 우리는 산업의 상태 '문제'와 비전'해결책의 틀'을 이 책의 전반을 통해서, 특히 제3장을 통해서 보여 주었다. 그 모든 내용은 우리의 업무에 견고한 배경을 제공해 주었다. 우리는 또한 그 배경에서 생겨난 성공적인 성과 몇 가지를 제시했고, 다음 장에서 몇 가지를 더 나눌 계획이다.

우리는 다른 내장형 혁신 팀의 관리자들이 마주하는 일반적인 도전 과제들에 직면해 왔다. 우리는 사람들을 관리해야만 했다. 우리는 디자인과 과학, 창의성과 위험 사이에 존재하는 자연스러운 긴장을 조절해야 했다. 우리는 많은 예산과 평과 결과를 관리하고 우리의 존재를 정당화해야 했다. 이것이 이 책을 읽는 독자들의 경험과 크게 다르지 않을 것이라고 생각한다.

우리는 이미 우리가 어떻게 해서 현재 상태까지 오게 되었는지를 보여 주었다. 따라서 이번 장에서는 관리 그 자체보다는 리더십에 대해서 이야기하려고 한다. 리더십 스타일의 변혁에 대해서 이야기하고 싶다.

"CFI 2.0"이라고 부르는 조직 모델의 변혁은 우리의 경험과 내부의 전문가, 그리고 가장 가깝고 신뢰할 수 있는 조언자들인 외부자문위원회의 통찰력이 통합되어 탄생했다. 그들의 통찰을 통해 우리는 새롭고 발전된 리더십 모델로 변혁해 왔다. 이 모델이 '당신의' 조직을 위한 리더십 모델을 디자인하는 데 중심 역할을 해 줄 수 있다고 생각하니 무척 신이 난다.

우리가 할 일이 바로 그것이다. 우리는 "혁신을 혁신innovating innovation"하는 방법에 대해 이야기할 것이다. 더 새롭고 더 협업적이며 더 유연한 리더십 스타일로 변혁하는 방법을 보여 줄 것이다. 우리는 좀 더 전통적이고 기능적인 관리 구조에서 좀 더 자기 주도적인 "촌락village" 접근법으로 진화해 온 방식에 대해 이야기할 것이다. 조직을 주도하고 협업을 확장하고 조직이 스스로 주도해 나갈 수 있도록 진화해 온 그 방법 말이다. 이것은 팀을 앞으로 전진하게 만드는 좀 더 유연하고 자율적이며 자기 주도적인 접근법이며, 이것이 생각은 크게, 시작은 작게, 행동은 빠르게라는 우리의 정체성과 스타일을 확대해 줄 것이라고 생각한다.

만약 고장 나지 않았다면, 우리가 고쳐야 했을까?

대체로 우리는 현재의 자리에 오기까지 일을 꽤 괜찮게 해 왔다고 생각한다. 우리는 멋진 팀을 꾸렸다. 우리는 비전을 세우고 그 안에서 플랫폼과 프로젝트를 구성했다. 우리는 성과를 내는 법을 안다. 우리는 이 성과와 기풍을 앞선 두 장에서 소개한 주입 메커니즘을 통해 공유하는 법도 안다. 우리는 메이요 클리닉 내부에서 신뢰를 구축했다. 우리는 최근 혁신을 조직의 전략적 필수 핵심 요소로 격상시킴으로써 '전략적' 차원에서의 믿음을 쌓았다. 우리는 확산 모델을 개발하고 우리가 속한 직물에 혁신을 촘촘히 엮어 냄으로써 '조직적인' 차원에서 신뢰성을 얻었다. 그리고 우리는 외부 의료서비스 세계에서도 신뢰를 구축했다.

정말로 그 부분에 대해서는 불평할 일이 많지 않다.

CFI는 2008년 정식 착수 이후로 아주 빠르고 크게 성장했다. 그동안 우리는 많은 일을 잘 해냈지만 예상했던 대로 첫 단계부터 모든 것이 항상 완벽하지는 않았다. 모든 조직은 변화하기 마련이고 그 변화는 자기 주도적이기도 하지만 외부 세계에서 주입당한 것이기도 하다. 성공한 모든 기업은 발전하면서 배우고 그에 맞춰 자신을 수정하는데, 우리 역시 그런 과정을 많이 겪었다. 그 부분이 이 책의 '좋은' 점이다. 우리는 변화에 저항하고 싶지도 않고, 전통이라는 영향으로 만들어진 수렁에 빠지고 싶지도 않다.

이런 성공들에도 불구하고 우리는 혁신 모델을 CFI 2.0으로 변혁하기로 결정했다. 우리에게 변화는 좋은 것이다. 변화만을 위해서가 아니라 앞으로 나아갈 힘을 위해서다. 우리는 항상 현재 상태에 머무는 것을 불편하게 생각해 왔다.

CFI 2.0이 영향을 주게 될 변화들에 대해 설명하기 전에 먼저 우리가 기반으로 삼은 기본적인 중요한 성과들을 살펴보는 것이 이치에 맞을 것이다.

비전 세우기

우리는 비전이 있다. 사실 메이요 클리닉의 비전을 하나로 요약하자면 '이곳과 저곳, 그리고 모든 곳에서의 보건의료서비스'이다. 제3장에서 설명한 것처럼 우리는 보건의료서비스를 '질병과 보건'이라는 종적인longitudinal 관점에서 본다. 우리는 의료서비스의 공급이 단순히 아플 때 발생하는 개별적인 방문만이 아니라 건강과의 지속적인 연결 혹은 '테더링tethering'도 포함하는 개념으로 본다. 테더링은 전자 연락 장비를 통해 환자와 의료 공급자를, 그리고 1차 의료진과 전문의를 원격으로 언제 어디서나 연결시킴으로써 환자 진료를 간편하게 만들 수 있다.

다시 말해 내가 당신에게 갈 필요가 있을 때, 당신이 내게 올 필요가 있을 때, 그리고 내가 당신을 필요로 하는지 전혀 모를 때에도 영향을 주는 보건의료서비스인 것이다.

그 비전은 실로 우리의 가장 중요한 부분이며 핵심이다. 그 비전을 바탕으로 우리는 CFI의 네 가지 플랫폼인 메이요 의료, 의료연결서비스, 보건과 웰빙, 혁신가속기를 만들었다. 그 비전은 내·외부적으로 제대로 작동해 왔고 커뮤니케이션과 혁신 팀의 방향 및 혁신 활동을 위한 영양 공급의 구심점 역할을 맡아 왔다.

팀 꾸리기

우리는 CFI 팀을 꾸렸던 초기부터 디자인씽킹의 원칙과 방법을 채택했다. 이 원칙들은 우리의 소속 직원들은 물론 잠재적 직원들 사이에서도 놀라운 호기심을 불러일으켰다. 메이요 클리닉과 같은 거대 의료서비스 기관이 전문적인 상품 디자이너를 고용할 것이라고 누가 생각할 수 있었을까? 인류학자는? 건축가는? 패션 디자이너는? 그 누구도 상상할 수 없었을 것이다. 그러나 우리는 고용했다. 우리는 일부러 다양한 경험과 다양한 삶의 모습을 가진 사람들을 찾았다. 그리고 그들이 우리와 함께 풀타임으로 일하면서 메이요의 신비로움과 합쳐진 뒤 완전히 다른 관점에서 메이요 클리닉에 영향을 주도록 유도했다.

그 결과는 진정한 상생이라는 놀라운 모습으로 나타났다. 그들은 우리에게서 배웠고 우리도 그들에게서 배웠다. 우리가 구성한 학제 간 팀은 제대로 작동했다. 모든 사람들은 열정과 화합 정신을 가지고 의료서비스 도전 과제에 접근했다. 우리는 이것이 컨설팅 분야 디자이너만 고용했을 경우의 생산성과 비교했을 때 더 많은 성과를 낼 수 있었던 비결이라고 믿는다.

견고한 팀에 덧붙여, 우리는 견고한 문화를 세웠다. 이 문화는 소비자를 직접 포용하는 문화, 창의적인 문화, 변화를 받아들이는 문화, 일이 되게 만드는 문화다. "진짜 예술가는 출시한다^{Real artists ship}"는 스티브 잡스의 말은 끊임없이 회자되고 있다. 우리는 새로운 의료서비스 경험을 만들 수 있고 만들어 내며 그것을 시행할 수 있는 진짜 예술가들을 보유했다.

성과 지표 세우기

성공적이고 책임이 있는 조직이라면 모두 그래야 하듯이 CFI에도 핵심 성과 지표가 있다. 다른 조직에서 사용하는 성과 지표처럼 우리의 성과 지표 역시 시간이 흐르면서 발전해 왔다. 우리가 채택한 과학적인 접근법을 봤다면 예측할 수 있겠지만 CFI는 성과 지표에 의해 움직인다. 여기 CFI의 세 가지 핵심 성과 지표가 있다.

1. 무엇보다도 프로토타입을 완성할 것

당신은 '생각은 크게, 시작은 작게, 행동은 빠르게'라는 개념을 듣고 수긍했을 것이다. 이 성과 지표에서도 제일 먼저 자리를 차지한 것을 보면 알 수 있겠지만 비상한 속도는 우리에게 매우 중요하다. 무엇보다도 프로토타입을 완성한다는 성과 지표를 선택한 것도 이런 의도가 들어 있다. 종종 메이요의 협업자들은 프로토타입을 보고서야 '아하!'라는 깨달음의 순간을 맞이하고 그 안에 들어 있는 가능성을 볼 수 있게 된다. 그 포인트에 도달하는 것이 중요하다. 우리 조직에서 준비하는 후속 상품은 항상 모두의 주목을 요구한다. 그러므로 사람들이 우리의 업무에 관심을 갖도록 유지하고자 한다면, 우리는 반드시 가능한 한 빨리 프로토타입을 완성해야만 한다. 하지만 여기에는 또 하나의 중요한 숨은 이유가 존재한다. 우리는 우리의 구성원들이 필요로 하고 기대하는 변화를 빨리 시행할 필요가 있다. 동시에 우리는 '속도가 제일 큰 목표'라는 맥락에서도 우리의 팀들이 업무를 제대로 진행할 것이라고 믿는다. 올바른 리더십과 문화가 없다면 팀원들은 머지않아 그러한 지시(빨리 움직이라는)로 인해 실패하게 될 것이다. 왜냐하면 '행동은 빠르게'라는 압력이 제대로 해야 한다는 강령이나 명령을 압도해 버리기 때문이다.

2. 접촉하고 영향을 받은 환자들과 사람들의 수

이 큰 그림의 성과 지표는 중요하다. 왜냐하면 우리가 정말 변화를 만들고 있으며 진정으로 변혁적인 변화를 일으키고 있는지를 측정하는 척도가 되기 때문이다. 만약 몇 개의 전문 분야에만 집중하고 몇 가지 작은 혁신만 유지해 간다면 과연 우리가 의료서비스를 변혁시킬 수 있을까? 아마 어려울 것이다. 따라서 이 성과 지표는 핵심이라고 할 수 있다. 이는 메이요 클리닉에서 2020년에 연간 2억 명의 환자와 접촉하는 것을 목표로 삼은 것에서도 드러난다. 우리는 CFI가 2013년에 72만 명의 환자들 및 소비자들과 접촉했다고 평가했다. 2억 명이라는 조직 차원의 목표에는 한참 못 미치는 수치이지만 우리의 팀과 구성원, 그리고 지도부에게는 아주 고무적인 결과다. 우리는 또한 우리가 환자의 삶에 얼마나 깊게 접촉했는지도 평가한다. 소아과 채혈의자는 수천 명의 삶에 영향을 주지는 못했지만 접촉한 사람들에게 만큼은 큰 영향을 주었다. 서론에서 소개했던 것처럼 이것 역시 우리가 정의한 변형적 혁신에 들어맞는 사례다. 그래서 우리는 숫자와 영향을 모두 평가한다.

3. 투자수익률^{ROI}

영리를 추구하는 기업이 아니라는 사실에도 불구하고 우리는 다른 조직들과 마찬가지로 우리의 존재를 정당화하고 그에 맞는 값을 지불해야 한다. 앞에서 언급했던 것처럼 메이요 클리닉은 연구와 교육에 매년 수억 달러의 예산을 투자해야 한다. 모든 프로젝트는 수입원과 진료과 및 전체 메이요 클리닉에 대한 충격 비용을 근거로 평가된다. 프로젝트는 주요 목적^{새 환}^{자 참여도, 새로운 매출, 비용 절감}에 의해 몇 개의 그룹으로 분류되며 효율성을 평가하는 방법에는 매출 발생 및 비용 절감 등이 포함된다. 이것이 바로 메이요 의료에 대한 경제적 영향이다.

〈그림 7.1〉은 우리의 성과 지표를 보여 주는 샘플로 메이요 클리닉 임상진료위원회에 제출했던 것이다. 비록 제시된 그래픽은 우리의 성과 지표를 '샘플'로 보여 주는 것이지만, 우리가 성과 지표를 어떤 관점으로 바라보고 또 외부에 공개하는지를 담고 있다. 그렇기 때문에 당신은 우리의 프로젝트 규모나 범위에 대한 아이디어를 얻을 수 있을 것이다. 그리고 제8

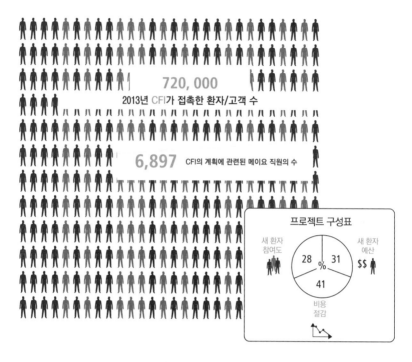

720, 000
2013년 CFI가 접촉한 환자/고객 수

6,897   CFI의 계획에 관련된 메이요 직원의 수

프로젝트 구성표

새 환자
참여도

새 환자
예산
$$

28 % 31

41

비용
절감

그림 7.1. CFI 성과 지표 샘플

장에서는 화성, 최적화된 의료서비스팀, e컨설트 등 외래환자 진료 비용을 30%까지 감소시키려는 중요한 경제적 목표를 가진 프로젝트 몇 가지를 소개할 것이다.

과정 촉진하기

초기부터 우리는 디자인씽킹, 과학적인 방법, 프로젝트 관리라는 학문을 아주 신뢰하는 사람들이었다. 시간이 흐르면서 우리는 이 학문들을 발전시켰을 뿐만 아니라, 다소 전통적인 관리 접근 방법을 사용하여 CFI 팀에 이 학문들을 주입했다. 우리는 훈련을 지원하고 수행했을 뿐만 아니라, 자

료를 모으고 성과 지표를 채택하고 CFI 프로젝트 컨트롤 가이드북과 CFI 포트폴리오 로드맵 같은 도구를 만들어 포트폴리오를 균형 있게 관리하고 진전시켜 왔다.

디자이너들은 시간이 흐르면서 그리고 아주 자연스럽게 디자인씽킹의 청지기가 되었고, 프로젝트 매니저들은 프로젝트 관리의 청지기가 되었으며, 우리 모두는 과학적인 방법의 청지기가 되었다. 디자이너들은 디자인 관리자에게 보고하고, 프로젝트 매니저는 프로젝트 관리자에게 보고하는 식이었다. 하지만 솔직하게 말해서 이 구조는 통합이 아닌 사일로화^{silos*}를 촉진시켰다. 이 구조는 문제를 만들어 냈다. 한 그룹에 속한 이들이 다른 그룹에 속한 이들에게서 본 것들을 바탕으로 혁신 과정을 진행시킬 수 있는 가치를 제한해 버린 것이다.

제4장에서 설명했듯이 우리는 혁신을 이루기 위해 더 나은 방법과 더 균형 잡힌 접근법을 추구했다. 우리는 관리부서의 직원을 포함한 팀의 모든 구성원들이 혁신 방법을 '융합혁신모델'이라는 이름이 붙여진 단일한 융합 모델로 대해 주기를 원했다. 모든 프로젝트와 프로그램은 세 학문 사이에 균형을 갖추고, 자연스러운 주안점을 둔 팀들의 모든 구성원들에 의해서 앞으로 나아가야 했다. 본질적으로 우리는 학문을 융합했던 것처럼 사람들을 융합했다.

융합 모델은 세 개의 학문이 하나의 프로젝트 활동으로 통합되어야 한다는 것뿐만 아니라 팀 안에서의 마찰을 줄여야 한다는 생각도 포함한다. 팀의 모든 사람들이 세 학문에 따라 살아 내고 숨 쉰다고 생각해 보자. 과학

---

* 회사 안에서 성이나 담을 쌓고 외부와 소통하지 않는 부서들을 일컫는다.

적인 방법이 부족하다느니 디자인씽킹에 너무 집중되었다느니 하면서 서로 실랑이하거나 구성원들에게 최신의 자원을 제공하는 데 실패하는 것으로 인해 낭비되는 시간이 줄어들 것이었다. 각 프로젝트들은 팀원들이 창의성과 마감 기한, 데이터와 직관, 고객과 과정 사이에서 자연스럽게 긴장을 일으키는 '어젠다agenda'로 인한 마찰 없이 균형 있게 진행되어 나갈 것이다. 예를 들어 디자이너들이 마감 기한을 지키지 못한다든지, 프로젝트 매니저들이 다음 관문이나 체크포인트에 도달하기 위해 사용자 연구를 급하게 진행한다든지 하는 일들은 사라지게 될 것이다.

이 모델을 만들면서 우리는 "스페셜리스트—제너럴리스트specialist-generalist"로 이루어진 팀을 관리했다. 이들은 IT 기술과 같은 특정 전문 기술 분야에 공헌하면서도 다른 역할까지 잘 해내는 사람들이었다. 팀원들이 단일 학문이나 기술에만 집중할 경우, 원활한 업무 진행을 위해 다른 팀원들의 추가적인 노력은 물론 긴장과 마찰의 해소도 요구된다. 우리는 경험을 통해 혁신 팀의 팀원들이 업무에 융합되고 총체적인 접근을 하도록 환경이 구성되고 그에 따른 대가가 주어질 경우, 업무가 더 잘 진행되고 관리 역시 더욱 수월하다는 것을 느꼈다. CFI의 초기부터 우리는 팀원들을 뽑을 때 스페셜리스트이면서도 제너럴리스트의 역할을 할 수 있는 사람들로 팀을 구성할 것을 강조해 왔다. 우리는 개별 팀원들이 우선 스스로를 혁신가로 정의하고, 그런 뒤 디자이너나 프로젝트 매니저 혹은 과학자로서의 정체성을 인식하기를 원한다.

우리는 또한 제3장에서 소개됐던 형식의 타파와 신뢰가 우리가 추구하는 관리 스타일의 아주 중요한 요소라는 점을 언급해야만 할 것이다. 메이요는 내부 조직에 대해 어느 정도의 '드레스 코드'를 요구한다. 우리 역시 꽤 높은 수준에서 그 요구에 부응한다. 하지만 우리는 또한 기술 분야 동료들에게 개방적으로 열린 태도를 채택한다. 조직적인 계급 구조는 거의 없고, 서로를 이름으로 부르며, 팀 전반적으로 자유로운 대화가 장려된다. 매니저 사무실의 (사무실 공간은 두 개밖에 없다.) 유리문은 전화 회의 상황을 제외하면 닫혀 있는 경우가 거의 없다. 문에는 다음과 같은 안내문이 붙어 있다. "좋은 아이디어를 들고 왔다면 노크할 필요 없습니다."

최근 이루어진 CFI 2.0의 변혁 전에는 디자이너들이 디자인 팀 관리자를 중심으로 앉고, 프로젝트 매니저들이 그들의 관리자 주변으로 앉는 등 책상 배치가 각 학문 영역에 따라 이루어졌다. 이제는 이런 식의 물리적 분리나 계급이 없다. 팀들을 구분하는 벽이나 장애물들은 없다. 모두의 책상은 다 같은 방식으로 배치되어 있다. 팀 관리자는 그저 팀원 중에 한 명일 뿐이다. 많은 조직에서는 형식과 계급이 신뢰를 만든다. 그와 반대로 우리의 조직은 상호 교류를 최대화하며 모든 사람이 물리적 계급이라는 전통적인 메커니즘 없이 작업을 수행한다고 믿는다.

포트폴리오 관리

사람들은 종종 이런 질문을 한다. 특정 혁신 프로젝트의 '잠재수익^{return potential}'은 어떻게 평가하는가? 앞서 설명했던 것처럼 우리는 지금 메이요 의료, 의료연결서비스, 보건과 웰빙, 그리고 혁신가속기라는 큰 아이디어 플랫폼을 중심으로 조직하고 있다. 각 플랫폼은 복잡도, 가치, 경제적인 효과(예를 들어, 새로운 수익원 혹은 비용 감소), 사회적인 효과(예를 들어 의료 취약 계층에 대한 접근) 등의 관점으로 분류하는 포트폴리오를 가지고 있다. 우리는 영향력 있는 혁신과 메이요 클리닉의 가장 중대한 도전 영역인 접근, 가치, 효율성, 서비스, 감당할 수 있는 비용, 그리고 통합과 같은 영역을 다루는 혁신에 대해서도 많이 생각한다. 초기에 우리는 중대한 경제적 '혁신 수익'을 보여 줄 필요가 있었기 때문에 손익 계산에 좀 더 부합하는 프로젝트들을 선택했다. 대조적으로 이제 우리는 경제적인 수익도 계속해서 고려하되, '사회적인' 효과가 더 고려된 균형적인 포트폴리오를 구축해 가고 있다.

우리는 또한 추가적인 프로젝트를 이끌어 낼 수 있는 프로젝트들을 선호한다. 예를 들어, 전자의료의 시행이나 재디자인된 의료서비스 팀과 관련된 프로토타입들은 많은 경우 다른 플랫폼으로 연결된다. 이런 프로젝트들은 많은 가치를 생산해 낼 뿐만 아니라 '이곳과 저곳, 그리고 모든 곳'이라는 전체적인 비전을 뒷받침한다. 우리는 플랫폼을 개별적인 사일로라고 생각하는 방식에 한계가 있을 수 있다는 점을 알고 있다. 따라서 프로젝트의 우선순위를 가릴 때 개별 프로젝트나 단일 플랫폼의 '혁신 수익'만이 아니라 전체적인 비전을 살펴본다.

우리는 또한 세 군데에서 오는 예산으로 혁신센터가 운영된다는 점을 설명해야 한다. 바로 메이요 클리닉 운용 자금, 자선 활동, 그리고 새로운 상품과 서비스에서 들어오는 수익 내지는 지분이다. CFI는 지난 5년간 설립 단계에 있었기 때문에 초기에 꽤 많은 투자 금액이 필요했다. 이제 어느 정도 자리를 잡은 CFI는 운영 예산을 넘어서는 수익을 발생시키기 시작했다.

협업을 통해 동력 얻기

많은 혁신 조직들은 자신의 존재를 '조직적인 사일로 스타일'로 바라보고 접근한다. 자신의 존재를 나타내고 외부는 물론 잠재적인 이해 관계자나 공헌자 혹은 자신의 기업 안에 있는 시험대와 소통하지 못하고 소통하려고 애쓰지도 않는다. CFI는 그렇지 않다.

CFI는 살아남기 위해서, 또한 유대 관계를 맺고 자원을 이끌어 내고 번창

하기 위해서 끊임없이 노력한다. 내부적으로는 위원회 각 부서, 진료과 및 사업 유닛과 연결하고, 외부적으로는 기업들, 대학들, 연구소들과 교류한다. 내부적으로 다른 부서들에 대한 우리의 가치는 우리가 발생시키는 것들과 관련이 있다. 우리가 업무에 접근하는 데서 드러나는 절차와 방법론, 혁신 전문가와 디자인 연구가들이 배치되어 있는 디자인 스튜디오, 프로젝트의 프로토타입을 만들고 시험하는 외래환자연구소the Outpatient Lab, 디자인씽킹이라는 학문 등이 바로 그런 것들이다. 외부적으로 우리는 자기 분야에서 이미 세계 일류인 기업들과 관계를 맺어 오고 있는데 델로스Delos, MIT, 시스코, 국제 학생 창의력 올림피아드Destination Imagination, 베리존Verizon, 인텔, 애트나Aetna, 머시 헬스시스템Mercy Health System, 블루크로스 앤 블루쉴드 미네소타 지부Blue Cross and Blue Shield of Minnesota, 애리조나 주립대학교, GE, IDEO, IBM, 미네소타 대학교, 도블린, 베스트 바이, 3M, 예일 대학교……. 이 목록들은 끝이 없다. 우리는 의료서비스 시행의 변혁이라는 담론에 더 많은 사람들을 초대하고 있다. 이런 협업을 관리하는 데는 많은 시간과 깊은 헌신이 필요하지만 우리의 접근법은 과정과 성과를 모두 풍성하게 만들어 준다.

세계를 바꾸기

처음부터 우리는 메이요 클리닉 내부와 외부에서 의료서비스라는 '세계적 변화'를 추구해 왔다. 우리가 만약 스스로만 혁신해 왔다거나 프로토타입을 개발하고 그 개념들을 증명하기 위해 우리가 일하는 사례에만 변화를 주입해 왔다면 우리의 목표는 이루어질 수 없을 것이다.

그 결과 CFI의 발전 과정을 통해 우리는 커뮤니케이션을 강조하고 그 부분에 투자해 왔다. 실제로 제5장과 제6장에서 설명한 것처럼 커뮤니케이션은 전통적인 범위를 넘어서서 의료서비스 경험과 관련된 지적인 자원을 더 깊이 주입시켜 왔다. 혁신적인 방법에서부터 최근의 기업 담론들까지 들을 수 있는 〈변혁〉이라는 심포지엄이 바로 그것이다. 이는 CoDE를 통해 실제 개발을 시작할 수 있는 프로젝트들로 확대되어 왔다.

이 '주입'은 우리의 능력과 신뢰도를 높여 주었을 뿐만 아니라 각 혁신의 영향을 극대화시켰다. 사람들은 이 비전에 대해서 알게 되었을 뿐만 아니라 어떻게 작동하는지 또 서로 어떻게 맞물리는지를 이해하게 되었다. 주입을 통해 우리의 능력과 성과가 생겨났고 의료서비스 리더로서 메이요 클리닉의 입지가 확대되었다.

주입의 가치와 변혁적 리더로서 우리가 그 가치에 부여한 중요성은 과장하기 어렵다.

CFI 2.0으로의 접근

앞에서 설명했던 것처럼, 급속한 성장과 이 성장을 조직하고 흘려보내야 할 필요성 때문에 원래 우리는 좀 더 전통적인 사일로적 접근법과 구조를 채택하여 팀 내의 개인들을 관리했다. 우리의 비전에 맞춰 프로젝트들을 관리하는 동안 사람들 역시 전문 지식과 활동을 중심으로 한 사일로 안에서 관리되었다. 디자인 팀은 디자인 매니저가 통솔하고, 프로젝트 관리팀은 프로젝트 관리 매니저가 통솔했으며, IT나 커뮤니케이션과 같은 기술과 자원이 CFI 외부에서 유입되어 기능적인 매니저 역할을 맡아 왔다.

이 구조는 평등하고 자유로운 조직과 앞서 설명한 물리적 교류 및 혼합 안에서 아주 잘 작동했다. 디자인, 프로젝트 관리 등 CFI 내부의 팀들은 CFI 리더십이라는 한 겹의 지도부, 즉 이 책의 공동 저자인 행정 디렉터, 의학 디렉터, 부소장에게 보고를 하는 구조였다. 계급의 마찰과 타성은 크게 작용하지 않았고, 소통이 잘 이루어졌으며, 업무가 원활히 진행되었다.

하지만 우리는 여전히 사일로식의 기능적인 접근법에 대해 걱정했다. 보건의료서비스에 '이곳과 저곳, 그리고 모든 곳'이라는 전체적인 비전을 시행하려 할 때, 단일의 거대한 비전을 전달하는 데 있어서 개별의 사일로들과 그룹을 제대로 관리할 수 있을까? 팀원들이 보건과 웰빙을 위한 전담 인터페이스interface*를 만들어 낼 수 있을까? 혹은 의료연결서비스 개발에 사용한 유사한 인터페이스를 이끌어 낼 수 있을까?

CFI의 형식 타파와 물리적 장벽의 부재, 그리고 사무실 안에서는 물론 탕비실과 같은 혁신적인 '공간'을 고려할 때, 그 대답은 아마도 '예스'일 것이다. 팀원들과 팀 관리자들은 서로 이야기를 나누게 될 것이고, 서로의 의견을 공유할 것이다. 자연스러운 호기심을 가지고 어떤 일이 일어나는지 파악하려고 할 것이며, 전면적인 동지애와 보다 큰 CFI 팀의 형태에 맞춰 나가려고 하게 될 것이다.

그럼에도 불구하고, 특히 앞으로 나아가면서 우리는 도전 과제들이 남아 있다고 느꼈다. 팀의 규모가 더 커지고 있었던 것이다. 팀원은 더 늘어나 60명이 되었고, 100개의 프로젝트가 진행되고 있었으며, 구성원과 기술 등 모든 것이 늘어나고 있었다. 우리는 작은 기업의 초기 단계 관리로부터 큰 기업 규모 팀으로의 이행을 경험하고 있었다. 우리는 플랫폼과 프로젝트 사이에서 더 큰 복잡함과 상호작용을 감지했다. 우리가 진행하는 프로젝트의 범위와 영향력 역시 확장되고 있었다. 주요한 변혁, 사회적인 영향 등 개별적인 환자경험을 개선하는 것을 넘어서는 것들에 대한 요구가

---

* 서로 다른 두 시스템, 장치, 소프트웨어 따위를 이어 주는 부분이나 접속 장치를 일컫는 말.

더욱 커지고 있었다.

그 결과 우리는 CFI의 관리 과정이 '좋은 것'에서 '더 나은 것'으로 바뀌도록 개선해야 할 기회를 마주하게 되었다. 우리는 네트워크가 잘 이루어져 있고 협업적이길 원했다. 개인적인 목표나 어젠다가 아닌 팀으로 움직이는 기관과의 아이디어 교류를 통해 정보를 얻고 싶었다. 우리는 수많은 관리상의 지시나 보충 지시 없이도, 모든 사람들이 함께 우리의 비전을 향해 한 걸음씩 걸어가기를 원했다. 우리는 모두가 스스로를 목표점으로 이끌어 갈 수 있기를 원했다. 또한 구조와 자율성 사이에 발생하는 자연적인 마찰이 균형을 이루기를 원했다.

우리는 수많은 하이테크 기업들을 모방하고 싶었다. 혁신 팀이 고객을 만날 수 있고, 비전을 가질 수 있으며, 그 비전 위에서 최소한의 지시와 "처음에서 변하지 않는 마음^{end in mind}"이라는 관점을 최대한 가지고 그 비전을 시행하는 그런 기업들 말이다. 우리는 우리의 팀이 "그것을 만지고 가지고 놀수 있기^{touch it and play it}"를, 그리고 고객들과 시장이 어떻게 반응하는지를 보고 그 안에서 수많은 동기를 제공할 수 있기를 원했다.

우리의 예감은 바로 우리가 평등한 조직을 계속해서 유지해 나가야 하며 팀원들이 최대한으로 '자기 주도적'이 되어야 할 필요가 있다는 것이었다. 우리는 풍부한 경험을 가지고 최종적인 비전에 집중적인 호기심을 가진 재능 있는 의사, 디자이너, 프로젝트 매니저들이 있다는 사실에서 좋은 출발점을 찾을 수 있었다. 우리는 단지 관리 조직과 과정이 최선의 방식으로 우리가 "거기에 도착"하도록 돕는 것인지에 관한 확신이 없었다.

당신은 어쩌면 우리가 '관리 과정'에서 '리더십 과정'으로 변환하려고 한다고 말할지도 모른다. '관리 과정'에는 구조, 규칙, 일상적인 업무 할당과 부수적인 과정들이 더 많이 포함되어 있다. '리더십 과정'에는 자기 주도, 자기 동기부여, 자기 자원 개발 등이 더 많이 포함되어 있다. 피터 샌더[Peter Sander]는 자신의 책 《스티브 잡스라면 어떻게 할까?[What Would Steve Jobs Do?]》* 에서 '리더십'을 "사람들이 중요한 것을 원하도록 혹은 할 수 있도록 만드는 일"이라고 정의했다. 중요한 것을 향한 자기실현과 자신감이 우리가 원하는 CFI의 핵심이다.

그래서 우리는 우리만의 잼세션을 열었다. 우리는 매니저, 팀원, 구성원 등을 만나 보았다. 그뿐만 아니라 외부자문위원회에서 전문가를 초청해 미래의 새로운 리더십 모델인 'CFI 2.0'으로 나아가야 할 방법에 관한 조언을 들었다.

디자인으로 변화하라: 외부자문위원회와의 잼세션

외부자문위원회[EAC]에 관해서 이야기했던 제3장의 내용을 기억하고 있을 것이다. 외부자문위원회는 외부의 '혁신 위스퍼러들'로 CFI의 초기부터 우리에게 귀중한 통찰을 제공해 왔다. 일반적으로 우리는 1년에 두 번, 이 아홉 명의 위원들을 만난다.

미래의 리더십 모델인 CFI 2.0을 이해하기 위해 우리는 EAC 위원들에게 다음과 같은 네 개의 질문을 던졌다.

1. 사일로식 사고방식과 행동을 최소화할 수 있는 방법은 무엇인가?
2. 팀의 최적 규모는 몇 명인가?

---

* 국내 미출간.

3. 플랫폼 내지 핵심 레벨에 있어야 하는 리더십 구조는 어느 정도인가?

4. 우리가 더 효과적으로 일할 수 있게 해 주는 다른 조언들에는 어떤 것
   들이 있는가?

우리는 이 질문지를 보냈고 놀라운 관찰과 처방이 담긴 답안지를 받을
수 있었다.

그들의 답안은 그 통찰력이 너무 뛰어나서 당신의 혁신 조직에도 유용
하게 사용할 수 있겠다는 생각에 다음과 같이 정리해 보았다. 대부분의 관
찰과 처방은 변화, 조직, 커뮤니케이션, 협업, 리더십을 중심으로 이루어
졌다.

CFI 2.0에 도착하기 위한 EAC 위원들의 관찰과 처방

변화

▶ 사람들이 긴장을 늦추지 않도록 모두를 자주 섞어 주어라. 변화는 좋은
  것이다. 하지만 옳지 않다고 느껴지는 것은 하지 말아라.

▶ 중요한 재편성이나 재구조화는 아주 많은 스트레스를 유발한다는 사
  실을 인식하라.

조직

▶ 갈등은 끊이지 않는다. 이 갈등들은 팀원들을 '학제 간 촌락interdisciplinary
  village'에 배치함으로써 해결하자. 그것은 바로 같은 일을 하는 사람을 옆
  자리에 배치하지 않는 것이다. 서로 다른 관심과 작업 방식을 가진 사

람들을 가까운 곳에 배치하자. 모든 사람들은 학제 간 촌락에 자신의 집을 갖게 된다. 그들은 서로를 이해하고 존경한다. 그들은 다양한 학문적 배경은 물론 다른 사람들이 대표하는 기술에 대한 존경심을 가지고 다른 환경으로 이동하게 된다. 그들은 바로 그때 서로에게 귀를 기울이게 된다.

▶ 플랫폼이나 팀의 가장 적합한 인원수는 늘 최소가 좋다. 팀의 크기가 커질수록 낭비되는 시간의 양도 많아진다. 적을수록 좋다.

▶ 조직의 그 누구도 어느 하나의 영역에만 집중해서는 안 된다. 최소한 두 영역에 배치될 때 상호 교류와 협업이 발생할 수 있다. 책임의 최대 영역과 최소 영역을 고려하자.

▶ 한 가지 이상의 일을 해야 한다. 사람들은 더 큰 그림을 봐야 할 필요가 있다.

▶ 사람들은 한 프로젝트에서 다른 프로젝트로 이동해야 한다. 이렇게 할 때 협업을 위한 더 큰 힘이 생겨난다.

▶ 고객을 항상 팀 안에 포함시키자.

▶ 신입일수록 멀티태스킹에 서툴다. 좋은 멀티태스킹이란 개인의 경험과 시간이 흐르면서 축적된 프로젝트의 수가 결정한다.

▶ '프로그램 효험program efficacy' 구동하기

● 플랫폼 팀 구조

모든 플랫폼에는 작은 핵심 팀업무 책임자, 일정표, 실제적인 성과과 거기에 더해서 더 큰 운영 팀업무, 비전, 목표, 환경, 성과 지표의 책임자이 포함되어야 한다.

● 플랫폼 상황 검토

(뒷면에 계속)

일주일에 한 번 정도 각 플랫폼 리더들은 예상 진행 방향에 예외 상황이나 장애 사항 등에 대한 개요를 뚜렷하게 정리한 명확한 상황 보고서를 작성해야 한다. (이는 종종 사회적인 플랫폼에 해당한다.)

- 플랫폼 심층 검토

  플랫폼 핵심 팀은 한 달에 한 번 정도 심층 세션을 열어서 핵심 도전 과제에 대한 폭넓은 의견을 모아야 한다.

▶ 월례 워크숍. 다른 팀에서 한 명을 초대하되 단지 정보만을 나누는 것이 아니라 인적자원을 공유함으로써 부서를 사회화시켜라.

▶ 프로젝트 팀의 적정 규모: 최대 6~8명으로 최소한 3명이 필요하다. 이보다 더 큰 규모일 경우 팀이 아니라 회의가 필요할 것이다. 그렇게 되면 사람들이 자신의 책임과 의무 뒤에 숨어 버릴 수 있다.

▶ 고립된 디자인은 절대 안 된다.

의사소통, 협업, 회의

▶ 회의들은 대부분 즉흥적이다. 회의하느라 시간을 낭비하지 말자.

▶ 팀 전체를 대상으로 한 달에 두 번 회의를 진행하자. 작업 진행 사항을 내용 중심으로 보여 주자. 팀원들이 관심 있게 보는 전 세계의 인터넷 게시물이나 블로그의 내용을 보여 주는 등 다양한 방식으로 세션을 이끌면 활동 중심의 회의가 될 수 있다.

▶ '노하우 세션'을 제공하자. 점심시간이나 한 시간 분량의 대담 형식이 좋다.

▶ 상위 리더들에게 매주 프로그램을 검토해서 보고하자. 보고는 심층적

이되 5분 미만의 짧은 시간 안에 중요한 모든 내용을 전달하는 '엘리베이터' 피치 형식으로 전달한다.

▶ 정기적으로 프로그램을 검토하자. 모든 사람들의 관심과 기술을 테이블로 가져오자. 각자의 도전 과제들을 인식하자. 서로를 어떻게 도울지 배우자. 겸손을 보여 주자. 반복적으로 해결책을 만들어 가자. (나는 고객의 이러이러한 핵심 문제에 관한 도움이 필요하다.)

▶ 교차 수분Cross-pollination이 필요하다. 팀 전체적으로 배움을 공유하고 끌어오고 움직여서 내용과 정보를 공론화하자. 사람들이 서로를 이해하고 통찰력을 가지도록 조언하자.

▶ 그룹과 계획들 전반에 걸쳐 사람들과 정보를 공론화하자. 이는 바로 지식을 이끌어 내 잠재 후보군을 양성하고 무엇보다도 다양한 학문에 대한 신뢰와 존경을 쌓는 일이다. 프로젝트 안의 학문들과 플랫폼 및 계획 시행에 있어 명백하게 연결된 원칙들에 대해서 생각하자. 프로젝트와 프로그램의 강령과 원칙에서 표현되는 공유된 믿음 위에 더욱더 공유된 열정과 민주적 행동이 만들어진다.

▶ 공유된 투자. 모든 사람들과 모든 학문들은 개인적·집단적으로 모든 플랫폼이 중요하며, 플랫폼의 성공에 대한 필요에 대해 동질적인 열정을 가지고 있다는 믿음을 가져야 한다. 그들은 열정적으로 자신과 자신의 프로젝트에 집중하는 동시에 도울 수 있는 기회가 나타날 경우 서로서로 지원해 주어야 한다. 예를 들어 워크숍이나 다른 프로젝트에 가끔 참여하는 식으로 말이다.

(뒷면에 계속)

리더십

▶ 팀이 생산적으로 일하고 있다는 사실 및 목표나 성과의 생산에 대해 책임질 수 있는 리더가 항상 필요하다. 팀 리더는 많은 양은 아니지만 감독하고 관리하며 팀이 필요로 하는 가이드를 제공한다. 팀 리더는 작은 팀들이 최고의 레벨로 운용되도록 해야 한다.

▶ 리더십은 조직의 누구에게나 포함되어 있다. 아래로, 위로, 그리고 수평적으로 리드하자. 리더십은 아주 넓은 개념이다. 모든 사람들이 진행되고 있는 모든 것에 대해 매 순간 알고 있다. 나 혼자만 정보를 알고 있거나 소수에게만 공유하지 않는다. 권력과 권위를 결코 오용하지 말자. 열려 있는 협업적인 환경을 유지하자.

▶ 기술, 지식, 문화, 경험, 생각하는 방식 등등 가능한 한 많은 다양성을 양성하자. (로저 마틴Roger Martin의 "타당성/신뢰성validity/ reliability은 자기 그룹 내의 허용 메커니즘으로 많이 사용되었다.) 다양성의 힘을 평가하는 것을 이해시키고 반복적으로 경험시켜 조직을 가르치자. 복잡한 문제에 관한 벡터가 많을수록 고차원의 열정적 해결책이 더 많이 생산된다는 것을 보여 주는 사실 기반의 근거가 존재한다.(스콧 페이지Scott Page) 혼란스럽지만 그렇기 때문에 주제에 초점이 맞춰진 토론인 '현명한' 선택을 하려는 '공정한 경쟁'이 팀 내에 자리 잡을 공간이 많아진다. 또한 정보의 민주화와 민주적으로 행동하려는 의지가 팀과 계획, 그리고 플랫폼의 지배적인 상태가 되어야 한다.

▶ 문화와 과정 사이의 관계를 이해하자. 우리는 문화가 과정을 변화시킬 수 있으며 그와 반대로 시도하는 것은 일시적인 상태의 변화만을 가져

온다는 것을 경험을 통해 알고 있다. 협업적인 신뢰를 기반으로 한 관계의 특징은 문화 간 이행 문제일 수 있다. 특히 독립적인 행위자, 독립적인 부서 구조, 전문적으로 정의된 부서의 구조로 향하는 경향을 가지고 있거나 그런 경향이 없더라도 계급 구조가 (명백하게 혹은 암시적으로가 더 어려운 상황인데) 지배적인 조직에서는 더 두드러진다. 다른 상태로의 변화나 심지어 지속하기에 이상적인 상태의 확장, 혹은 그 둘 다를 성취하려면 지속성, 인내, 그리고 시간이 필요하다. 딜레마는 지적 복잡성과 정서적 복잡성이 교차하는 지점에 놓여 있기 때문에 당신이 생각하는 것보다 더 (그리고 당연하다고 생각하는 길이보다도 더욱) 오랜 시간이 걸리고, 관용 및 공식적이고 상황적인 가르침이 필요하다.

▶ 협업이 아주 중요한 고성능 팀을 디자인할 때 행동은 전문 지식과 힘을 넘어선다. 하지만 지속 가능한 팀을 창조하려는 행동, 전문 지식, 그리고 힘에 대한 편견은 스스로 단호해지는데 이는 바로 자기 선택적 팀의 본질이다. 프로젝트 리더들은 지적, 교육, 코칭, 수정에 능숙해야만 한다. 만약 그들이 문제를 계속해서 만들어 내는 요인 가운데 하나거나 개별 구성원보다 아주 약간 나은 상태라면 그 분야에서 아무리 자격이 갖추어져 있다고 하더라도 그들은 리더가 될 수 없다. 팀 협업은 근본적으로 신뢰와 존경을 바탕으로 한 사회 방법론이다. 협업적인 행동은 이성적인^{지적인} 사람들에 의해 이해되고 동의받을 수 있지만 내면화^{감정적}는 더욱 복잡하기 때문에 시간과 코칭, 그리고 성과를 강화하는 모든 사례들만이 그것을 바꿀 수 있다⋯⋯그것이 바로 "인간 딜레마^{human dilemma}"이다.

CFI 2.0: 촌락이 필요하다

우리가 이런 지혜 모음집을 이해하고 우리의 부분으로 삼기까지는 당연히 시간이 좀 걸렸다. 예를 들어, 회의 포맷에 관한 조언처럼 모든 아이디어와 생각에 동의할 수 있는 것은 아니었기 때문에 우리가 이 아이디어들을 소화하는 데 시간이 필요했다.

CFI 2.0을 세울 때 우리는 우리의 팀 쪽에 의지했다. 우리는 아이디어를 교환하기 위해 아트센터 같은 곳으로 사외 수련회를 가기도 했다. 또한 하나의 비전으로 통합시키기 위해 업무를 어떻게 조직하고 계획하고 진행할 것인지, 그리고 자원을 어떻게 배분할 것인지에 대한 로드맵을 구성하기 시작했다. 우리는 개인으로서 또한 팀원으로서 CFI 2.0을 전진시키기 위해 우리가 가치 있다고 생각하는 것들을 담아낸 일련의 원칙을 세우기 시작했다.

1. 상호 존중
2. 신뢰, 정직
3. 열려 있는 진실한 대화
4. 책임
5. 개인적 성장과 전문 지식에서의 성장: 지속적인 배움
6. 모두를 창의적인 존재로 보기,

   창의적인 자신감을 세워 가도록 서로를 돕기
7. CFI, 메이요 클리닉, 그리고 환자를 위한 성과를 만들어 내기

우리는 인적자원 팀과 교류하며 〈HR〉 매거진 2013년 1월호 "집단으로 리드하기Try Leading Collectively"에 소개된 첨단 조직 트렌드와 사례들을 통합했다.

▶ 좀 더 복잡하고 상관된, 역동적인 구조로의 변혁은 이미 시작되었다.

▶ 전략적 방향을 향한 공유된 책임과 상호 책임이라는 트렌드가 존재한다.

▶ "집단 리더십^{collective leadership}"과 상호 책임을 기반으로 하는 접근법 및 구조가 더 많이 채택되어 사용되고 있다.

이 과정을 통해 더 크고 분명하게 들려온 소리는 바로 플랫폼에 의한 재구성이라는 아이디어다. 이는 각 플랫폼이 역동적인 '학제 간 촌락'이 되어 모든 사람이 모든 일을 할 수 있는 더 작은 초기 단계의 모델로 돌아가는 것이다. "모두가 한 사람을 위해, 한 사람이 모두를 위해^{All for one, one for all}"가 그 모토라고 할 수 있다. 우리는 또한 CFI 멤버들이 여러 플랫폼을 거치며 순환 근무를 하는 아이디어를 채택했는데, 이는 멤버들이 순환 근무를 통해 경험을 얻을 수 있을 뿐만 아니라 각 플랫폼의 넓이와 깊이를 확대시켜 줄 수 있기 때문이다.

또한 이 속도를 가속할 방법을 결정하기 위해 방법론을 재검토하면서 명민함, 속도, 명확성, 시행 등에 대한 기준을 가지고 진행했다.

그 결과 오늘날 우리는 메이요 의료, 의료연결서비스, 보건과 웰빙, 그리고 지원 사격을 하는 혁신가속기라는 네 개의 플랫폼으로 구성될 수 있었다. 각 플랫폼에는 한 명의 매니저와 디자이너, 프로젝트 매니저, 혁신 코디네이터, IT 전문가 등 학제 간 팀으로 구성된 '촌락'들이 존재한다.

마지막으로 메이요 클리닉 인적자원 팀은 선례를 남길 수 있는 새 구조를 지원하여, 플랫폼의 매니저들이 기능적인 방향성으로부터 다양한 직원들을 감독하는 팀 기반 모델로 이동하도록 도와주었다. 팀은 혼합된 방식으로 앉는다. 디자이너가 코디네이터, 프로젝트 매니저, IT 직원 옆에 앉는 식이다. 플랫폼 팀 사이에는 그 어떤 물리적·구조적 장애물도 없으며,

순환 근무를 통해 각 팀원들은 옆 플랫폼에 공헌을 하고 전문 지식을 얻게 된다.

포트폴리오 구조 진화시키기

우리는 제3장에서 플랫폼, 프로그램, 프로젝트의 구조를 소개한 바 있다. 이에 대해 새로운 CFI 2.0 안에서 더 명확하게 정의 내렸다. 각 플랫폼^{변혁적인}은 소수의 프로그램^{전략적인}을 가지고 있고 프로그램 안에는 더 작은 수의 하위 프로젝트^{전술적인}가 포함되어 있다. 다시 한번 이 구조의 각 단계에 대한 정의를 소개하겠다. 실제로는 CFI 안에서 일어나는 활동의 '포트폴리오'라고 할 수 있다.

> ▶ **플랫폼**
> 전략적인 사업 목적을 이루기 위한 작업의 효과적인 관리를 가능하게 하도록 그룹화한 무리.

> ▶ **프로그램**
> 관련 있는 프로젝트들을 묶어 놓은 것으로 개별적으로 관리할 경우 얻을 수 없는 이익을 얻기 위한 것.

> ▶ **프로젝트**
> 특정 상품, 서비스, 성과를 만들기 위해 착수한 일시적인 시도.

부록 B에서 CFI의 프로젝트와 플랫폼의 현재 포트폴리오를 상세하게 표로 소개해 놓았다.

다른 커뮤니케이션과 리더십 변화 구축하기

새로운 CFI 2.0에는 다음과 같은 다른 변화도 포함되어 있다.

- ▶ 매주 팀 미팅을 열어서 플랫폼 전반에 관한 업무 사항을 공유한다.
- ▶ 플랫폼마다 의사가 지명되어 플랫폼 매니저와 협력한다.
- ▶ 예전 구조인 '디자인' 그룹에서 디자인 관리자의 역할은 이제 '디자인 전략가'라는 이름으로 바뀌었다. 이들은 플랫폼 전반에 걸쳐 사용자 연구를 조언하고 디자이너들의 멘토로 일한다.
- ▶ 디자이너와 프로젝트 매니저의 업무는 3단계로 조정되고 시행되었다.

이 새로운 구조가 시작되면서 우리는 아이디어의 교류가 빈번해지는 것은 물론, 앞서 가는 혁신 기업에서 볼 수 있는 자기 주도적이고 스스로 동기를 부여하는 자질을 느낄 수 있게 되었다. 우리는 관리할 필요가 있는 팀에서 스스로 주도할 수 있는 팀으로 변환했는데, 이는 모든 조직에서 아주 중요한 의미를 가진다. 우리는 스스로 관리자에서 조력자로, 더 큰 비전과 디자인 및 그 안에 속한 모든 요인을 설명할 수 있는 커뮤니케이터로 진화했다.

대시보드(성과 지표)

우리는 CFI 2.0의 일부로 시행하는 새로운 대시보드^{Dashboard, 계기판}를 갖게 되었고 이는 〈그림 7.2〉와 같다.

목표	평가	2012	2013 목표	2013 연말	2013 상태
사람					
미래의 인력	CFI 인트라넷 사이트에 접속한 메이요 직원(조회 수)	43,011	47,312	59,813	달성
	참여 학생/인턴 숫자	13	14	37	달성
	혁신과 관련되거나 주도한 메이요 직원의 수	6,091	6,700	6,897	달성
	새로운 계획을 후원하거나 감동을 받은 메이요 내부의 부서 및 유닛의 수	331	364	396	달성
	태스크포스, 고문단 참여를 요청받은 직원의 수	4	4	5	달성
	진료과 관련 디자인 워크숍 횟수	8	9	14	달성
성과					
재정					
진료과	새 환자 참여 지원 관련 진행 프로젝트	20	28%	-	조정
	새 환자 수익 지원 관련 진행 프로젝트	22	31%	-	조정
	비용 절감 지원 관련 진행 프로젝트	29	41%	-	조정
	환자 접근성: 절약된 클리닉 방문 및 의사 진료 횟수 —2013년 e컨설트(7,500건), 영상 진료(910건), 2012년 e컨설트(6,470건), 영상 진료(418건)	6,888	7,577	8,410	달성

목표	평가				
자선 활동	발전 기금 조성	-	-	-	달성
	상업 수익 조성	-	-	-	달성
상업성	론칭한 회사	1	2	1	미달성
	공개된 재무 자료	8	9	12	달성

목표	평가	2012	2013 목표	2013 연말	2013 상태
기타					
브랜드 인지	2012년에 올해의 업무로 접촉한 환자와 고객의 수	1,104,904	1,215,394	11,095,886	달성
	CFI 투어/행사/콘퍼런스에 참가한 개인 방문객 수	4,397	4,837	4,925	달성
	전 세계 청중에게 배포된 출판물과 영상물 수	161	177	199	달성
	CFI 시도(연구 주제 포함)에 의해 접촉한 환자와 고객 수	8,608	9,469	11,429	달성
고객 만족	프로젝트 성공률	94%	94%	95%	달성
	추후 참여를 위해 CFI 추천	90%	90%	95%	달성
	고객만족도(5= 아주 만족)	4.5	4.5	4.6	달성

그림 7.2. CFI 성과 지표 대시보드와 성과 요약

메이요 클리닉 방식의 혁신: 리더십 모델 진화시키기

이번 장에서 우리는 리더십뿐만 아니라 우리가 CFI 2.0에 도달하기 위해 어떻게 '혁신을 혁신해 왔는지'에 대해 이야기했다.

▶ 가장 효과적인 혁신 조직은 관리 모델에서 리더십 모델로 진화한다. 리더십 모델이란 고객과 비전이 자기 리더십의 기반이 되는 것으로 일상적인 관리나 검토의 필요성이 줄어드는 것을 말한다.

▶ 리더십 모델은 학문을 고립시켜 개별적인 사일로를 양성하는 전통적인 구조보다는 학제 간 촌락을 중심으로 더 잘 세워질 수 있다.

▶ 학제 간 촌락은 기술과 학문을 팀으로 통합하고 물리적 · 조직적 차원의 장애물을 없앤다. 모든 멤버들은 공통의 기반을 목표로 삼아 일한다.

▶ 각 촌락끼리의 순환 근무는 공헌도를 높이고, 플랫폼 사이의 연결 고리를 강화시킬 수 있으며, 또한 팀원들의 기술과 경험을 확대시킬 수 있다.

제8장에서 우리는 지금까지 다룬 리더십과 다른 원칙들이 메이요 의료, 의료연결서비스, 보건과 웰빙이라는 세 개의 시행 플랫폼에서 어떻게 사용되는지를 살펴볼 것이다. (네 번째 플랫폼인 혁신가속기에 관해서는 제6장에서 이미 이야기했다.)

덜 파괴적 혁신

제3부

작동하는 메이요 혁신 모델
The Mayo Innovation Model In Action

제대로 작동하는 혁신이란 규율이 있는 과정이다.

래리 킬리Larry Keeley,
도블린의 공동 창립자이자 회장,
딜로이트 컨설팅 LLP의 이사,
CFI 외부자문위원회 위원

이곳과 저곳, 그리고 모든 곳에서

Here, There, and Everywhere

CFI 프로젝트 쇼케이스

제8장에서 우리는 메이요 의료, 의료연결서비스, 보건과 웰빙이라는 세 개의 플랫폼의 특정 프로젝트를 소개할 것이다. (네 번째 플랫폼인 혁신가속기는 제6장에서 이미 소개했다.) 이번 장에서 우리는 당신을 데리고 일련의 CFI 프로젝트들 사이를 짧게 비행할 것이다. 우선 메이요 클리닉에서 일어난 외래환자 진료의 변혁을 살펴보고, 틀을 세우고, 실험하고, 프로토타이핑하는 "화성 외래환자 진료 재디자인 프로젝트the Mars Outpatients Practice Redesign project" 부터 저공비행하겠다. 여기서 '화성Mars'은 약어가 아니다. 이는 "만약 우리가 화성에 새로운 의료서비스 기관을 만들어야 한다면?"이라는 질문에 대답하고자 처음부터 다시 생각해 본 것이다.

화성 프로젝트의 일부로 우리는 "마이크로컨설트microConsults"라고 하는 하위 프로젝트를 좀 더 자세하게 살펴볼 것이다. 마이크로컨설트는 전자 장비들을 사용하여 한 번의 방문으로 전문의 진료를 가능하게 하는 것이다. 두 번째 진료 예약이나 병원 시설로의 방문 없이 말이다. 당신이 정형외과 진료를 위해 메이요 클리닉을 방문했는데 정형외과 의사가 신경과 진료를 추천한다면? 그때, 거기서, 실시간으로, 바로, 그 현장에서, 전자 시스템으로 말이다. 의뢰 예약이나 추가 방문도 필요 없다. 예상되는 절약 효과는 얼마일까? 마이크로컨설트가 가능한 예약 건마다 38분을 아낄 수 있고, 이는 메이요 클리닉 외래환자 비용의 30%를 절약시킨다. 이것은 화성 의료 재디자인의 전체적인 경제 목표다. 더 중요한 것은 환자에게 더욱 부드럽고 효과적인 의료서비스 경험을 제공할 수 있다는 점이다.

바로 거기에서부터 우리는 더 짧고 더 높은 고도로 네 가지 플랫폼 비전의 다른 핵심 파트들을 요약해서 보여 주도록 하겠다. 예를 들어, 의료연결 서비스에서 우리는 'e컨설트'를 살펴볼 것이다. 이는 디지털 기술을 사용해서 메이요의 벽돌과 시멘트 건물을 넘어서서 의료서비스가 확대되도록 하는 것이다. 우리는 또한 최적화된 의료서비스 팀 프로젝트를 고찰할 것이다. 이는 의료서비스 팀원을 재창조하는 것이다. 그 옆의 "웰니스 네비게이터 프로젝트Wellness Navigators project"는 보건과 웰빙 플랫폼의 하위 프로젝트다. 마지막으로 "메이요 클리닉 환자 앱 프로젝트the Mayo Clinic Patient App project"를 살필 것인데 이는 CoDE 배양기를 통해서 시작된 것이다. 모두 개별 CFI 플랫폼에서 시작된 프로젝트들이지만 서로 연결되어 있다. 이것들이 21세기 의료서비스 모델을 변혁한다는 우리의 더 큰 비전을 위해 어떻게 작동하는지를 당신의 눈으로 확인할 수 있을 것이다.

프로젝트의 비행 계획

쇼케이스 투어를 시작하기 전에 각 프로젝트들이 21세기 의료서비스 모델 비전을 어떻게 보여 주는지, 그리고 우리가 이 프로젝트들을 어떻게 땅 위로 띄우는지 살펴보자.

21세기 의료서비스 모델 비전을 다시 논의하기

우선 21세기 의료서비스 모델 비전을 다시 떠올리게 해 줄 것이 여기 있다. 그것은 바로 '나를 위해 항상 그곳에'라고 정리할 수 있는 내용이다.

- ▶ '내가 당신에게 갈 필요가 있을 때' — 메이요 의료^{확성}, '이곳'
- ▶ '당신이 내게 올 필요가 있을 때' — 의료연결서비스^{e컨설트}, '저곳'
- ▶ '당신이 필요한지 아닌지 모를 때' — 보건과 웰빙^{최적화된 의료서비스 팀, 웰니스 네비}
   ^{게이터, 메이요 클리닉 환자 앱}, '모든 곳'

프로젝트 프레젠테이션

당신의 비행 준비를 도와줄 신속한 요점 정리가 여기 있다.

'살펴보기와 틀 세우기'는 어떤 프로젝트나 프로그램이 됐든지 간에 중요한 첫 번째 단계다. 이 단계에서 우리는 주변 세계를 살피고, 상황을 파악하고, 우리의 초기 연구를 시작하며, 넓은 맥락에서 해결해야 할 기회와 문제의 틀을 세운다.

그 다음 우리는 '연구 경로'를 개발하고 문서화한다. 이 단계는 실험 순서와 통찰을 시험하도록 디자인된 프로토타입 및 문제를 해결해 주고 더 깊은 고객 이해로 인도하거나 많은 상황에서의 문제의 틀을 다시 세워줄 수 있다고 생각하는 도구, 과정, 기술 등을 포함한다. 바로 이 단계에서 과학적인 방법이 필요하다. 프로젝트의 정확한 과정은 이 단계, 특히 실험 단계에서 아주 큰 변화를 겪을 수 있다.

그런 다음 우리가 배운 것의 가치를 최대화하고, 메이요 클리닉의 내부와 외부 구성원들에게 그 내용을 제시하기 위해 우리가 디자인한 실험과 프로토타이핑 시도에서 발견된 내용들을 '요약한다.' 우리가 발견한 내용들은 우리를 더 많은 프로토타입과 시행으로 이끌어 주고, 더불어 유사한 프로젝트나 플랫폼에 사용할 수 있는 개념들을 정리하는 도구의 역할도 해 준다.

마지막으로 프로젝트의 기법이 자리를 잡으면 각 진료과가 채택하게 될 '시행 계획'을 개발한다. 일반적으로 이런 프로그램 설명서에는 새로운 도구와 과정, 그리고 그 효과 및 시행에 필요한 직원에 관한 세부 사항 등을 익히는 데 소용되는 완벽하고, 전형적이며, 자기 진도에 맞춰 학습할 수 있는 트레이닝 가이드가 포함되어 있다.

쇼케이스 투어에서 우리는 당신에게 우리가 어디에 가고 있고 어떻게 거기에 도착했는지를 보여 주는 중요한 사례를 제시할 것이다. 우리는 당신을 조금 먼 곳인 화성으로 데리고 갔다가, 현재의 면밀한 사례로 돌아온 뒤, 핵심 CFI 프로젝트를 구경시켜 주기 위해 좀 더 짧은 몇 번의 비행을 할 것이다.

화성으로의 여행

마지막으로 의사를 만나러 갔을 때를 생각해 보자. 당신이 건강한 편이라면 진료실에 도착한 다음 몇 가지 검사를 하고 나서, 의사와 간단한 상담을 한 뒤, 관련된 조언을 듣고, 처방전 한두 개를 받아 돌아왔을 것이다.

그런 단순하고 일회적인 방문은 늘, 매일같이 전국적으로 발생한다. 하지만 당신의 질병이 좀 더 복잡하다고 생각해 보자. 당신에게 몇 가지 복합적인 증상이 나타난다거나 담당 의사가 다른 전문의에게 문의하고 싶어 할지도 모르는 상황이 있다든가 하는 경우 말이다. 오늘 이 한 번의 방문으로 해결될 수 있을까? 당신은 진료 의뢰서를 받게 될 것이고, 아마 다른 진료 예약을 잡아야 할 가능성이 높으며, 다른 날 다시 한번 방문해서 문진, 검사, 치료 계획 등에 대해서 듣게 될 가능성이 높다.

아직 끝난 것이 아닐지도 모른다. 어쩌면 세 번째 전문의가 이 그림에 들어와야 할 필요가 있을지도 모른다. 방문 횟수는 증가하고 대기실에서 기다리는 시간과 진료기록 작성 시간 등이 늘어날 것이다. 더 나쁜 것은 당신이 생각하기에 똑같은 정보와 똑같은 질문을 반복적으로 주고받는 데 드는 시간이 많아진다는 것이다. 대체로 이런 것들은 당신으로 하여금 클리닉이나 병원으로 끊임없이 방문해야 하는 것처럼 느껴지게 만든다. 특히 복합적인 질병을 치료하는 의학은 더욱 복잡하다. 메이요 클리닉에서 우리는 이 모든 것이 한 번의 방문으로 해결되도록 만드는 것으로 유명하다. 이는 우리가 자랑스러워하는 부분이기도 하지만, 여기에서도 불가능한 경우는 많다.

배경

이렇게 우리는 복잡한 환자경험을 다루기 시작했다. 물론 우리의 관심은 환자 중심이지만, 실제로 환자경험을 뒤덮고 있는 똑같은 비효율성은 우리의 외래환자 진료에도 큰 피해를 주고 있었다. 환자들은 로체스터로 이동해 진료 스케줄을 잡고, 또 다른 진료 예약이 필요하다는 것을 깨닫게 된다. 우리가 같은 날 진료 예약을 해 주려고 노력을 해도 잘 안 되는 경우가 많았다. 더 많은 불편함, 더 많은 노력, 더 많은 기록, 더 많은 입원과 퇴원. 우리는 이 모든 것을 처음부터 다시 시작하여 이 환자들에게 '완벽한' 진료를 제공하고 싶었다.

아주 빠르게 우리는 이 프로젝트를 "화성^Mars"이라고 부르기 시작했다. 이는 '만약 우리가 지구에서의 모든 것을 폐기하고 화성에서 완벽한 다학제 간 외래환자 협의진료를 구성한다면?'이라는 가정에서 시작한다. 우리는 어떻게 해야 할까? 환자들에게 최소한의 불편함만을 감수하게 하고, 그 대신 최고의 효율과 비용 절약을 이루어 내려면 어떻게 해야 할까? 물리적인 공간, 전자 장비, 행정 지원, 직원 등의 측면을 처음부터 어떻게 디자인해야 할까?

이 지점에서 우리는 엄청 큰 무엇인가가 이루어질 수 있다는 강한 느낌을 받았다. 우리는 정확한 연구와 혁신을 통합해서 환자경험을 능률화할 수 있었다. 우리는 최초 방문 이전과 이후에 알려진 환자의 상황에 대해 더 잘 반응할 수 있었다. 우리는 치료 과정에서 비용이 많이 들고 방해가 되는 멈춤과 시작의 순간을 피하고, 진료 의뢰서나 다양한 전문의로부터 개별적으로 받는 의사 소견 등이 반복되는 것을 줄일 수 있었다. 그뿐만 아니라 그 과정에서 환자들의 뭉칫돈을 절약해 줄 수 있었다.

'화성 프로젝트'가 탄생했다. 우리는 의료 공급자의 진료경험뿐만 아니라 납부자의 환자경험을 개선하고, 메이요 클리닉을 위해 의료비를 줄인다는 구체적인 목표를 세웠다. 우리는 팀을 꾸리고 시작했다.

사용자 요구 이해하기

이런 강한 예감을 느끼며 우리는 화성으로의 여행을 살피고 틀을 세웠다. 처음부터 새로 만들어질 완벽한 협의진료는 어떤 모양이 될까? 어떻게 작동할까? 기존의 번거로운 문제들을 어떻게 해결할 수 있을까? 메이요 의료의 '내가 당신에게 갈 필요가 있을 때' 플랫폼의 일부인 화성 프로젝트에서 발견한 내용과 프로토타입이 의료연결서비스와 보건과 웰빙 플랫폼을 지원할 수 있을까?

우리는 이 의료서비스 재디자인 프로젝트를 시작하면서 의료서비스 스

복합	만성	절차/치료	단순	연간/건강
여러 증상이 한데 얽혀 있어서 다수의 전문의와 진료의 조직화가 필요	한 개 이상의 만성적인 증상이 있어서 지속적인 치료가 요구됨	진단이 떨어진 질병에 대한 특정 절차나 치료에 집중된 진료	쉽게 진단하고 치료할 수 있는 단일 증상	1년 내내 건강을 유지하는 사람을 대상으로 건강 진단을 하는 연간 진료

그림 8.1. 환자 의료서비스 연속체

펙트럼 전반에 도움이 될 기술의 효율성과 응용력을 발견할 수 있다는 기대를 갖게 되었다. 시작부터 우리는 외부 살펴보기, 자세한 관찰, 그리고 경청을 통해 완벽한 통찰 목록을 개발하는 절차를 발견하면서 아주 '순조롭게 진행'해 나갔다.

환자 의료서비스 연속체

우리는 환자들이 의료적 도움을 구하게 되는 이유를 설명하기 위해 "환자 의료서비스 연속체ª Patient Care Continuum"를 개발했다.(그림 8.1)

화성 프로젝트에서 우리의 관심은 특히 여러 전문의의 협의진료가 필요한 복합적인 환자에 맞춰져 있다. 우리의 외래환자 진료를 이용하는 복합적인 환자들 중 많은 이들이 '복잡한 환자'와 '만성 환자'로 분류된다. 복잡한 환자는 환자 개인이 가진 질병의 복합적인 특성이나 그 질병들을 다루기 위해 요구되는 치료의 복잡함 때문에 스케줄 조율이 가장 어려운 경우에 속한다. 어떤 경우 여러 전문의들이 함께 진료를 하기도 하지만 다른 경우에는 개별적인 진료를 받기도 한다. 하지만 그 어떤 경우든 여러 전문의에게 진료를 받아야 하는 일은 실행 계획상의 도전 과제를 양산한다.

만성 환자들은 여러 전문의를 만나야 할 필요가 있을 수도 있고 아닐 수도 있지만 반복적으로 병원을 방문해야 하기 때문에 단순하고 효율적인 스케줄 조정이 필요한 대상이다. 이 연속체의 다른 환자들은 물론 만성 환자들을 위해 우리는 메이요 클리닉이라는 큰 그림을 봄으로써 그 절차가 만들어질 수 있겠다는 생각을 하게 되었다. 이는 메이요 뒤에 앉아 있는 전문의들이 포함된 중심 의료 기관으로서의 메이요 클리닉 또는 메이요 의사들은 없지만 우리와 협력을 맺은 환자 거주지의 1차 진료 기관을 의미한다. 만약 스케줄 조정, 의료기록, 상호 교류용 기술 등이 관리되기만 한다면 만성 환자들은 메이요의 전문의로부터 전자진료를 받으면서 거주 지역에서 치료를 받을 수 있게 된다.

그 결과 우리는 화성 발견이 모든 종류의 환자경험 전반에 중대한 영향을 줄 수 있다는 점을 깨달았다. 대규모 연구를 시도할 정당한 이유가 발견된 것이다.

진료 연구

우리는 외래환자 진료에서 실제로 일어나는 일을 관찰하고 발견하고 그 내용에서 얻은 통찰을 개발하기 위해 대규모 진료 연구 캠페인을 시작했다. CFI의 디자이너들이 8개월 동안 메이요 클리닉 진료를 대상으로 이 캠페인을 수행했다. 특히 이 연구에는 200시간의 인터뷰와 50건이 넘는 진료 및 전문의를 관찰한 내용이 포함되어 있다. 우리는 환자, 의사, 간호사, 임상보조인력$^{C.A.s}$, 그리고 다른 직원들과 대화를 나누었다. 환자의 요구와 목표, 그리고 동기를 이해하기 위해 세 도시의 환자들을 대상으로 35차례의 민족지학적인^{ethnographic} 인터뷰를 진행했다. 우리는 또한 제4장에서 소개한 '트렌드카드'를 사용하여 산업계의 상태를 요약·정리함으로써 최고의 진료와 트렌드에 대한 철저한 외부 평가도 완료했다.

이 모든 것은 우리의 진료에서 실제로 일어나고 있는 것^{살펴보기}과 가장 중요한 문제를 해결하기 위해 우리의 혁신이 나아갈 방향의 설정^{틀 세우기}을 이해하고자 처음부터 철저하게 살펴보는 과정이었다. 물론 연구는 거기에서 '끝나지' 않았으며, 그것은 우리의 출발점이 되었다! 우리는 실험과 더 많은 연구를 통해 진정한 고객의 명시적 · 암묵적 · 잠재적 요구를 더 가까이 알 수 있게 될 것이었다.

진료 통찰

우리의 깊은 관찰을 통해 얻은 238개의 통찰을 현재 상태 및 핵심 도전 과제와 문제, 진료에서 일상적으로 발생하는 것들에 관한 일반적인 관찰 등을 설명할 수 있는 12개의 카테고리로 분류했다.

12개의 카테고리는 다음과 같다. 당신 조직의 주요 도전 과제들에도 이 카테고리들을 적용할 수 있다는 것을 발견할 수 있을 것이다.

▶ 메이요 조직, 문화, 신념

▶ 접근성

▶ 진료의 조직화

▶ 예측 가능성과 준비

▶ 다양성과 유연성

▶ 의료서비스 팀의 역학

▶ 시스템과 진료

▶ 커뮤니케이션

▶ 환자의 유형과 행동

▶ 환자경험과 관계

▶ 의료서비스 모델

▶ 청구서와 재정 문제

문제의 틀 세우기

각 통찰들을 12개의 주요 카테고리로 묶을 수 있었지만, 238개에 달하는 조사 내용 전체를 통합해서 행동 가능한 그룹으로 통합하는 데는 시간이 좀 걸렸다. 마침내 우리는 외래환자 진료의 재디자인 문제를 '일곱 개'의 해결해야 할 포괄적 이슈와 문제로 정리했다.

▶ 표준화의 부족

조직 차원에서 표준화를 이상적으로 생각하는데도 불구하고 팀 구성이 다양할 뿐만 아니라 서로 다른 스케줄 조정, 치료, 환자 관리 과정을 유지했다.

▶ 한 가지 유형의 환자 방문만이 제공된다

길이와 공급자의 유형을 다양화할 수 있음에도 불구하고 직접 방문이라는 한 가지 유형만을 모든 환자들에게 제공했다.

▶ 환자의 복합성

사람들을 한 가지 증상만을 가진 존재로 보고 스케줄을 조정했으며, 추가적인 필요는 환자의 도착 이후에야 가시화되었다.

▶ 시의적절한 접근성의 부족

다양한 부서들과 공급자들은 다른 사람들보다 더 나은 접근성을 가지고 있었다. 접근 시간이 며칠에서부터 몇 주, 몇 달, 심지어 1년까지 다양하다.

▶ 환자들이 1차 진료의사에게 돌아가는 일이 거의 없다

환자들이 전문의 외래 진료의 일부가 되면 1차 진료의사들에게로 돌아가는 경우가 거의 없다.

▶ 체계적인 회복의 부족

환자의 니즈가 바뀌거나 처음부터 스케줄 조정이 되지 않았을 경우 의료서비스 팀은 환자의 진료 스케줄을 재조정하기가 어렵다.

▶ 문서 작성 부담

공급자들과 의료서비스 팀원들 대부분은 고정된 다양한 종류의 IT 시스템들을 옮겨 다니며 사용해야 하기 때문에 문서 작성 부담이 가중된다.

연구 경로 만들기

앞으로 조금 빨리 돌리기를 해 보면 우리는 기본적인 문제를 첫째, 필요한 의료서비스를 정확하게 파악함으로써 환자의 방문 이전에 의료서비스 과정을 파악하고 스케줄을 조정할 수 있으며, 둘째, 환자의 방문 과정과 그 이후에 생겨나는 환자의 진정한 니즈에 대해 좀 더 효율적으로 반응해야 하는 것으로 정의 내릴 수 있다고 느꼈다. 우리는 '동기적실시간 · 비동기적비실시간 상호 연결 및 예측 가능한 모델링'과 '유전체학 기반의 질병 모델링' 등을 포함한 새로운 기술을 적용해서 "유일무이한 경험을 제공할 인공지능형 시스템"을 디자인하고 만들어 낼 수 있었다.

이는 '인공지능형 시스템'과 궁극적으로는 의료서비스 재디자인의 탄생으로 이끌어 줄 것이라고 생각되는 실험의 중요한 맥락들을 이해하는 것으로 이어졌다. 이제 일곱 개의 화성 연구 경로 또는 더 큰 네 개의 카테고리로 묶일 수 있는 '실험군'을 소개하겠다. 네 개의 카테고리는 다음과 같다. 그 사람을 알라. 정확한 서비스를 정확한 시간과 장소에서 제공하라. 서비스와 경험을 최적화하라. 그리고 의식과 유연성을 창조하라.

1. 그 사람을 알라

● 방문 전 질문지

환자의 예약 요청 내지 환자의 예약 때 환자의 임상적 · 심리사회적 정보를 얻기

위한 자동화 표준 과정을 세워라.

2. 정확한 서비스를 정확한 시간과 장소에서 제공하라

● 맞춤형 교육

환자에게 더 편리한 형태와 장소, 시간을 통해 교육을 제공하고, 환자 방문을 위

한 더 나은 준비를 하며, 의료서비스 팀과 공급자의 효율을 창조하라.

● 진료 예약 공유 집단진료

작은 그룹을 이루어 함께 만나는 것이 환자들의 의학적 요구와 사회적 필요에

도움이 된다. 의료서비스 팀의 효용성과 필요에 맞는 경우 작은 그룹으로 구성

된 환자 예약을 만들자.

● 원격추적검사 Remote follow-up

비동기적 혹은 동기적 방법으로 원거리에 있는 환자들의 추적 검사나 재방문

을 시행하자.

3. 서비스와 경험을 최적화하라

● 스마트스페이스^{SmartSpace}: 문서 작성 부담 줄이기

공급자와 환자 사이에 진행되는 대화를 자동적으로 녹음하고 문서 기록 정보^형
^{구 기호, 메모, 오더}를 자동 기입해서 공급자들이 더욱 효율적으로 진료할 수 있게 만들
어 문서 작성에 필요한 자원을 감소시키자.

● 마이크로컨설트

핵심 질문에 관한 자문을 구하기 위해 환자를 진료하고 있는 의료진과 다른 의
료진들과의 연결이 가능하게 하자.

4. 의식과 유연성을 창조하라

● 스마트스페이스: 우리의 상황 인식을 증가시키기

와이파이가 가능한 모바일 장치를 사용하여 거의 실시간으로 의료서비스 팀원,
환자 집단, 워크플로우의 지역적 관점을 제공하자. 이는 시스템을 한눈에 볼 수
있기 때문에 하루나 일주일 단위의 예약의 숫자, 실시간 분류 및 전 조직에 미
치는 "항공교통관제^{air-traffic control}"를 포함하여 변화하는 상황에 더 신속하게 대응
할 수 있도록 해 준다.

이 연구 경로는 더 깊은 실험의 결과를 기반으로, 궁극적으로는 화성이
라는 상위 프로젝트 아래에 속하는 하위 프로젝트가 되었다. 〈그림 8.2〉는
일곱 개의 최초 실험군을 이해하는 연구 과정을 요약해서 보여 준다. 우리
는 이 여러 경로 가운데 하나인 마이크로컨설트로 들어가서 최근 생겨난
하위 프로젝트에 관한 특정 실험과 연구를 살펴볼 것이다.

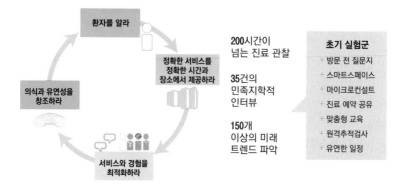

그림 8.2. 화성: 발견이 시작되다

마이크로컨설트로 진료의 유연성 조직화하기

마이크로컨설트 프로젝트는 환자의 방문 동안 발견한 환자의 니즈에 기반하여 다른 전문의로부터 전자진료를 예약하도록 디자인되었다.

이번 장의 초반에 설명한 시나리오를 통해 구체적인 사례를 이해할 수 있을 것이다. 정형외과 검사를 받기 위해 환자가 도착하고 1차 진료의사는 신경과에 진료를 의뢰할 필요가 있다는 결정을 내린다. 이 협의진료는 전자 장비를 통해 거의 실시간으로 스케줄이 잡히고 시행된다. 짧은 시간 안에 차트와 문서, 엑스레이, 전자의료기록EMR 데이터 등이 공유된 상태에서 15분 정도 영상으로 협의진료를 받게 되는 것이다. 이는 우리가 진행하려는 실험의 기본 구조였다.

마이크로컨설트의 개념

우리는 초기 데이터 수집과 관찰을 통해 복잡한 환자의 경우 다른 전문의로부터 2차 진료를 요구받는 일이 흔하다는 것을 발견했다. 잠시 뒤에 살펴보겠지만 이 비율은 진료과마다 다르다. 우리가 조사한 바에 의하면 평균 약 31% 정도로, 최소 25%에서 50%에 이르는 환자들이 2차 진료를 받게 된다.

게다가 우리는 많은 경우 (전공에 따라 다르기는 하지만) 환자들이 클리닉을 떠났다가 다른 날 다시 와서 2차 진료를 받게 된다는 사실을 깨달았다. 동일한 날 2차 진료가 가능한 경우도 있지만 공식적인 진료 예약 과정을 통해서는 가능한 사례가 거의 없다. 만약 2차 전문의가 그 환자를 보게 된다면 그것은 비공식적인 연락이나 방문을 통해 이루어지는 것으로, 1차 진료의사가 2차 진료의사에게 전화로 의뢰하는 경우다.

마이크로컨설트가 있으면, 1차 진료의사가 2차 진료의사의 의견이나 치료가 필요하다고 결정하는 순간, 즉시 2차 진료의사의 스케줄이 가능한지 시스템에서 확인할 수 있다. 그리고 나서 그 전문의와 거의 실시간으로 연락을 진행한 뒤 환자와 1차 진료의사 및 2차 진료의사 사이에 전자 방식의 짧은 3자 협의진료가 이루어진다. 정형외과 의사는 신경과 의사에게 전화를 걸 수 있다. 신경과 의사는 그 즉시 혹은 다른 가능한 시간에 실시간으로 1차 진료의사와 함께 환자의 상태를 확인하고 영상 대화를 나눌 수 있다. 이것이 만약 성공적이라면, 치료나 치료 계획을 두 의사가 함께 발전시킬 수 있을 뿐만 아니라 환자도 대부분 그 자리에 참석한 상태에서 진행되는 이야기들을 확인할 수 있다. 2차 진료의사는 시간의 낭비와 직접 방문이라는 방해물 없이도 소환될 수 있다.

초기 단계에서 기업 효용이 늘 명확했던 것은 아니지만 이 경우 메이요 클리닉이 행위별수가제도 회계에서 총진료비와 묶음지불제 회계로 이동할 수 있는 강력한 요인이 된다.

마이크로컨설트 실험 디자인하고 살피기

이 아이디어를 기억하며 우리는 기본적인 필요와 워크플로우 개념을 더 깊이 탐색해 나가기 시작했다. 도전 과제를 이해하고 기회를 찾아내기 위한 공동 창조 워크숍을 개최하는 것으로 우리의 탐색을 시작했다. 3주에 걸쳐 4번의 공동 창조 세션을 주최했고 다양한 의학 부서와 전문의 출신의 공급자 19명이 참가했다.

이 워크숍에서 우리는 급성 및 비급성 복합 환자, 단순 환자, 수술 환자와 수술 예정 환자들이 포함된 통합의 양이 점점 늘어나는 상황에서 혜택을 볼 수 있는 다른 환자들의 유형을 파악해 냈다. 워크숍에서 우리는 또한 두 공급자와 환자를 연결해 줄 수 있는 방법을 제시할 워크플로우의 틀을 짰다. 이 단계에서 우리는 이 워크플로우에 '마이크로컨설트'라는 이름을 붙여 주고 다음과 같은 정의를 내렸다.

마이크로컨설트는 통합 의료서비스 모델로 다수의 공급자가 임상 공간에서 가상 연결을 가능하게 해 주는 기술을 사용하여 환자와 동시적으로 협업을 하는 것이다. 마이크로컨설트는 진단과 치료에 대한 조정으로 이어지는 핵심 질문 분야에 효과를 발휘할 것이다. 대부분의 경우 10분 이내의 시간이 걸린다. 마이크로컨설트는 짧은 정기 진료가 될 수도 있고 실시간 비정기 활동이 될 수도 있다.

상호작용의 종류와 알맞은 환자 분류를 살펴본 다음에 우리는 다른 부서에서 이 아이디어가 잠재적으로 어떻게 확장될 수 있는지 이해하고 싶어졌다. 우리는 마이크로컨설트로 적합한 도움을 받을 수 있는 환자의 수를 이해하기 위해 다섯 개의 진료과와 후향적 연구를 진행했다.

우리는 154개의 진료 예약을 평가했다. 샘플에는 새 환자와 기존 환자가 섞여 있었고, 진료 예약의 31%가 마이크로컨설트로 처리될 수 있었다는 결론을 내렸다. 이 연구는 마이크로컨설트가 메이요 클리닉 전반에 중대한 기회를 제공한다는 것을 이해하도록 도왔다.

두 개의 이터레이션

다음 단계는 실험 디자인이다. 팀은 두 개의 이터레이션[Iteration*] 단계를 디자인했다. 첫 번째 이터레이션은 마이크로컨설트라는 개념이 진료과와 환자에게 갖는 가치를 확인하기 위한 개념 증명 실험으로 디자인되었다. 두 번째 이터레이션은 시행 모델을 개발하고 마이크로컨설트가 CFI의 개입이나 상호작용 없이도 진료과에서 실제로 작용할 수 있도록 하는 것이었다.

이터레이션1: 개념 증명

본질적으로 공식적인 '전자커브사이드[electronic curbside**]' 진료인 이터레이션1은 마이크로컨설트가 환자와 공급자 모두에게 어떤 가치를 가지는지 확인하고, 반복되는 방문과 스케줄링에 드는 간접비용 등을 줄이는 데 있어서 기대되는 효율성을 확인하기 위한 것이다. 그뿐만 아니라 메이요 클리닉에 있어 마이크로컨설트가 갖는 전반적인 실행 가능성을 확인하기 위해 디자

---

* 소프트웨어 개발 단계에서 꾸준히 반복하여 점검하고 개선하는 것.
** 모바일로 생필품을 주문하고 당일에 바로 픽업할 수 있는 서비스를 지칭하는 용어인 커브사이드에서 착안한 표현.

그림 8.3. 마이크로컨설트 과정

인되었다. 실험은 우리의 연구에 앞서 발견한 도전 과제들의 맥락 안에서 우리가 알고 싶어 하는 것들을 정의할 수 있는 디자인 문제들을 만들어 내는 것부터 시작되었다.(그림 8.3) 여기에 몇 가지 예시가 있다.

▶ 마이크로컨설트가 협의진료 의뢰 예약을 효과적으로 감소시키는가?

▶ 마이크로컨설트는 각 환자들에게 필요 없는 입실, 병력 조회, 검사의 쓸모없는 반복이라는 일부 상황에 적합한가?

▶ 환자와 1차 진료의사 및 2차 진료의사 모두가 이 상호작용에서 가치와 만족을 느끼는가?

우리는 또한 이터레이션1에는 다른 기술에 대한 테스트를 포함시키지 않기로 결정했다. 그 대신 애플사의 페이스타임^{FaceTime*}을 초기 인터페이스 장비로 삼아 스케줄링 시스템 시행 기능을 추가하기로 했다. 너무 자세해서 이 자리에서 소개하기는 어렵지만 사용자 요구에 부합하는 완벽한 세트가 만들어졌다.

파트너링 전략과 개념은 이터레이션1의 큰 부분이다. 초기 연구에서는 잠재적인 마이크로컨설트 적용 가능 사례에 집중하기 위해 일반 내과와 일을 하게 되었고, 특정 만성 환자 그룹과 급성 투석 환자들과의 테스트를 추가하기로 결정했다.

우리는 1차와 2차 진료를 받은 사람들 중에서 실험 참가자들을 모집했다. 이 실험에는 전체적으로 12명의 1차 진료의사와 37명의 2차 진료의사가 함께했다.

이터레이션1 성과 지표

우리의 성과 지표는 아래의 내용을 포함한다.

▶ 진료 예약 시간 길이

마이크로컨설트에 걸리는 시간의 길이.

▶ 진료 의뢰 상태

마이크로컨설트에 따라 환자의 진료가 의뢰되는지의 여부.

---

* 와이파이를 통해 무료로 영상통화를 할 수 있는 기능.

▶ 기술의 영향과 수용도

기술에 관한 수행력과 전반적인 수용 여부와 관련하여 의사와 환자에게 보고를 듣는 방식으로 질적인 정보를 수집.

▶ 가치

상호 교류의 가치에 관해 의사와 환자의 보고를 듣는 방식으로 질적인 정보 수집.

▶ 환자와 의사의 만족도

만족도와 상호 교류에 관한 전반적인 생각에 관해 의사와 환자 모두로부터 질적인 정보와 수치화된 정보를 수집.

이터레이션1 결과

최초의 마이크로컨설트 측정은 유망했다. 최초 이터레이션에서 우리는 6주 동안 27회의 마이크로컨설트를 완료했다. 평균 마이크로컨설트 세션의 길이는 9분 25초였다.

잠재적 환자와 진료의 효율성을 위한 더 많은 해결책을 명백하게 제시하기 위해서, 환자가 사용한 시간과 진료 방문과 관련한 업무를 처리하는 데 걸린 시간이 얼마나 절약됐는지 수량화할 필요가 있었다. 우리는 마이크로컨설트와 전형적인 진료 의뢰에 걸리는 시간을 비교했다. 결과는 상당했다. 우리는 27건의 마이크로컨설트 진료 예약을 진행하면서 1,035분[17] 시간 15분의 예약 시간이 절약된 것을 측정했다. 이는 진료당 38분 이상이 절약된 것이다.

하지만 이것이 전부가 아니었다. 시간 절약의 관점에서 환자의 경험은 어떻게 됐을까? 측정 결과 전체 118일의 '여행 일정'이 절약됐다. 이는 1차 진료와 2차 진료 사이에 존재하는 시간 간격으로 일반적으로 환자당 4일 정도의 시간 간격이 존재했다. 환자에게는 많은 여행 경비와 숙박 경비를 절감해 주는 결과를 가져왔다. 그뿐만 아니라 두 진료 사이의 기간 동안 걱정하며 보내는 시간도 없어지고 가족들의 여행 경비 등도 절약되었다.

우리는 또한 경험에 대한 전체적인 만족도를 최소 1에서 최대 7로 조사해서 수치화했다.

▶ 1차 진료의사의 평균 만족도 6.1

▶ 2차 진료의사의 평균 만족도 5.7

▶ 환자의 평균 만족도 6.2

우리는 또한 1차 진료의사와 2차 진료의사 및 환자로부터 피드백을 받아 보았다.

▶ **투석, 1차 진료의사**
"우리는 환자를 위해 위내시경 일정을 잡을 수 있었습니다. 이 과정을 통해 의료서비스가 좀 더 빠르게 진행될 수 있었습니다. 자신의 상태로 인해 큰 충격을 받은 환자를 만족시킬 수 있을 정도의 속도였습니다."

▶ **내과, 1차 진료의사**
"마이크로컨설트는 진료 과정의 진행 속도를 엄청나게 높여 놓았습니다. 내분비과의 진단을 확인한 환자는 여행 일정을 변경하여 그 다음 날 메이요 클리닉에서 수술을 받기로 했습니다."

▶ 소화기내과, 2차 진료의사

"아주 훌륭합니다. 환자와 직접 상담하는 것보다 훨씬 우수했습니다. 왜냐하면 투석간호사가 현장에 있었고, 그녀가 관련된 의학 정보를 해석할 수 있도록 도움을 주었기 때문입니다. 이 과정은 무한한 가능성을 가지고 있습니다. 우리는 잠재적으로 한 시간에 여섯 건의 마이크로컨설트를 처리할 수 있습니다. 이것은 모두의 시간뿐만 아니라 비용의 절약까지도 가져올 것입니다."

▶ 환자

"가장 긍정적인 것은 우리 모두 즉시 같은 페이지 안에 놓인다는 것입니다. 내 주치의는 전문의가 하는 말을 이해하고 내가 생각해 내지 못한 질문을 던져 줄 수 있습니다. 다음 예약 시간을 기억하려고 노력할 필요가 없습니다. 모두가 이미 모든 이야기를 알고 있습니다."

이터레이션2로의 이동

이터레이션2는 책을 쓰는 지금 이 순간에도 진행 중이다. CFI를 전체 순환 고리에서 제거하고 1차 진료의사가 CFI나 행정 직원의 도움 없이 '이미 예정되었거나' 심지어 실시간으로 마이크로컨설트를 독립적으로 직접 조작할 수 있게 하기 위해 그 과정을 완전 자동화시키도록 디자인되었다. 팀은 현재 추가 파트너를 모집하고 있다. 성과 지표는 큰 변동이 없을 것으로 예상된다.

이터레이션2가 끝나면 마이크로컨설트의 전체 버전이 '가동 준비'된다. 대부분의 진료과와 외래환자 진료의 외부에 존재하는 많은 1차 진료의사들에게도 확대되기를 기대하고 있다.

이 사례를 통해 당신은 융합혁신모델이 지금 작동 중이라는 것을 알 수 있을 것이다. 환자와 진료과 고객 사이에 풍부한 디자인씽킹과 공동 창조가 이 사례의 경우처럼 존재한다. 당신은 과학적인 방법^{가설, 실험, 자세한 측정}과 프로젝트 관리^{단계적 진행, 보고, 커뮤니케이션}가 이 시도 안에 내재되어 있는 것을 볼 수 있었을 것이다. 그리고 연구와 프로젝트 개발의 다양한 단계에서 끊임없는 이터레이션이 이루어진다.

e컨설트와 함께 저곳, 그리고 모든 곳에 있기

이 시점에서 우리는 더 실제적인 프로젝트를 요약해서 보여 주고 싶다. 당신의 독서 시간을 고려해서 다음 '쇼케이스'의 소개는 "고공비행^{higher altitude}"을 통해 좀 더 큰 그림을 보여 주는 것으로 대신하겠다.

이미 인지했겠지만 화성 외래환자 진료 재디자인 프로젝트는 물리적인 의료관광식 진료와 관련된 전반적인 이슈과 연관이 있다. 그중에서도 우리는 더 폭넓은 의료서비스 유연성을 확보하고 병원의 벽을 넘어서 의료서비스를 시행하기 위해, 마이크로컨설트를 통해 전문의 진료를 확보하는 것으로 동시적 · 비동시적인 연결을 도입했다.

마이크로컨설트의 원칙과 기술은 전혀 새로운 것이 아니다. 단지, 화성에서 거의 실시간으로 추적검사 예약 없이 2차 진료를 받도록 하는 '응용'이 특히 환자경험의 관점에서 보면 새롭고 변혁적인 것일 뿐이다. 실제로 마이크로컨설트는 의료연결서비스 플랫폼에서 이미 개발한 원칙과 기술을 차용한 것이다. 의료연결서비스 플랫폼은 환자들(그리고 다른 공급자들)이 메이요 클리닉 시설에 직접 방문하지 않고도 '저곳과 모든 곳'으로부터 메이요의 의사들과 연결되도록 만들어졌다.

트리플윈

2009년부터 CFI는 환자들이 메이요 시설에 방문하지 않고도 메이요의 주요하고 전문적인 진료를 받을 수 있게 하는 '연결' 모델을 연구하고 개발해 왔다. 이 모델들은 메이요 클리닉의 전문 진료를 편하게 이용할 수 있게 만들어 환자들의 삶을 변혁시킨다. 게다가 e모델^{e-models}은 의료서비스 비용을 절약하고 메이요가 많은 환자를 돕는 방법으로 공급자 수용력을 증가시키도록 돕는다. 환자경험과 기업 이익의 조합은 이 의료연결서비스의 착수를 더욱 중요하게 만들었다. 우리 쪽 언어로 이것을 "트리플윈^{Triple Win}"이라고 한다.

의료연결서비스 내부의 여러 프로젝트 가운데 'e컨설트'가 있다. 이는 원거리 2차 진료가 메이요나 비메이요 지역의 1차 진료의사의 뒤에서도 발생할 수 있도록 돕는 비동시적 전자진료다.

e컨설트 개발

e컨설트 모델은 전문의에게 받는 진료 접근에 대한 효율적인 방법을 제공하는데, 특히 환자의 직접 진료 방문이 요구되지 않은 경우에는 더욱 그렇다. 이 프로젝트는 지금 확대 시행 단계에 있다. 우리는 e컨설트에 적합한 170개의 질병을 정의했고, 3년 전 이 모델이 전면 시행된 이래로 14,000건의 e컨설트를 완료했다.

해결해야 할 문제

이 혁신은 이미 1차 진료의사가 있는 환자들에게 직접적인 진료 방식 대신 전자진료 방식으로 저비용의 전문 의료서비스를 제공할 수 있는 기회를 찾던 중 개발됐다. 이 모델은 원거리 환자들에게 지불 가능하고 편리한 선택 사항과 함께 메이요의 전문 의료서비스를 제공할 뿐만 아니라 직접 진료가 필요한 환자들을 위한 열린 접근이 가능하도록 해 준다.

우리는 두 종류의 시행 방법을 살펴보았다. '동시적(동기적, 의료 공급자와의 실시간 대화)' 방법과 '비동시적(비동기적, 신속한 대답을 받지만 즉각적인 것은 아닌 비실시간 대화)' 방법이 바로 그것이다. 사용하기에 편리해야 하고, 특히 비메이요 1차 진료 기관에 있는 사용자들도 접근 가능해야 하며, 결과를 균일하게 받을 수 있어야 한다.

사용자의 요구 이해하기

우리는 먼저 가장 큰 민간 지불인인 블루크로스 앤 블루쉴드 미네소타지부[BCBS—MN]와 협업을 시작했다. 전문 의료서비스의 e컨설트 모델 관련 업무를 같이 진행했는데, 이는 환자들에게 더 많은 편의를 제공하고, 지역사회에 있는 1차 진료 기관과의 관계를 공고히 하며, 의료서비스 비용의 절감을 가져오게 될 시도였다. 우리는 파일럿 모델을 개발하기 위해 메이요 클리닉 로체스터에서부터 수백 마일 떨어진 미네소타 주 덜루스[Duluth]에 있는 BCBS—MN과 연계된 클리닉을 선정했다.

우리는 덜루스의 의료 공급자들과 메이요 클리닉의 1차 진료의사들 및 전문의들과 협업하여 직접 방문 진료를 대체할 전자진료[e컨설트]가 제공될 임상적인 상황을 이해하고자 했다. 기술 투자 분석가가 분석 모델을 '백테스트[backtest]*'하는 것처럼 사용 시나리오를 제대로 정의하기 위해 의료기록을 살폈다. 더불어 우리 의사들에게 파일럿 모델 기관에 대한 니즈와 이런 종

---

* 측정한 것이 정말 실제로도 잘 맞는지 확인하는 것.

류의 모델을 사용하고자 하는 마음이 있는지 이해하기 위해 그들을 조사했다. 우리는 이 초기 연구를 바탕으로 e컨설트를 통해 약 30%에 달하는 2차 진료 의뢰가 처리될 수 있다고 평가했고, 조사 대상 전문의들 중 85%는 e컨설트가 실현 가능하다고 믿는다고 대답했다.

우리는 또한 환자경험을 이해하고자 노력했고, 원거리에서 진료를 어떻게 시행할지 고민했으며, 통합적이고 환자 중심의 진료를 하는 메이요 모델의 핵심 특징들이 포함된 모델을 만들었다. 2차 예약이 필요 없어짐으로써 이동 경비와 시간의 절약이 이루어진 것은 명백하게 느낄 수 있었다. 하지만 우리는 환자의 피드백을 받는 것과 전문의의 대답을 듣는 데 걸리는 대기 시간을 최소화하기 위해 e컨설트 반응 시간의 측정을 함께 진행했다.

실험과 프로토타이핑

초기의 연구는 아주 긍정적이었다. 우리는 대규모의 실험에 착수하기 위해 전면적인 프로토타입을 가지고 BCBS와 제휴한 덜루스 클리닉과 함께 실험을 진행하기로 했다. 이 실험은 7개월의 기간 동안 120건의 전문의 진료와 외부 진료 그룹 사이에서 이루어졌다. 더불어 더 큰 규모의 프로토타입으로 확장되어 2년 동안 메이요 전반에서 이루어졌다. 2년 동안 39명의 전문의가 참여했고 158종류의 질병에 관한 e컨설트가 진행됐다.

우리는 환자 접촉 포인트, 운용 측면, 전자의무기록과의 상호작용 등을 포함한 현재 직접 방문 진료 절차의 흐름도를 작성했다. 그런 다음 e컨설트 시행 방법 프로토타입을 만들고 그 절차의 질을 확인하기 위해 시험해 보았다. 덜루스에 위치한 BCBS 제휴 클리닉에 있는 몇 명의 1차 진료의사들과 함께 하나의 전공 진료과(심장내과)에서 시험 비행을 해 보았다. 효과가 검증되자마자 e컨설트 모델을 덜루스 진료소에서부터 메이요 클리닉의 1차

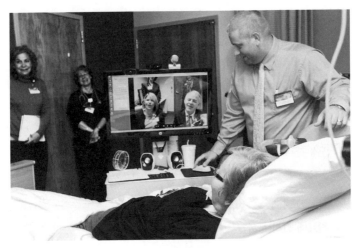

그림 8.4. 진행 중인 e컨설트

진료의사들과 전문의들에게로 점차 확대 실시해 나갔다.(그림 8.4)

실험을 제대로 시행하기 위해서 우리는 몇 가지 중요한 이슈를 해결해야 했다. 우선 전자진료는 보험이나 정부 등 기존 납부자에게서 보장이 안 되기 때문에 BCBS를 통해 결제 시스템을 만들어야 했다. 자연스럽게 우리는 1차 진료의사들이 자신의 환자들과 이런 종류의 진료에 대해서 논의할 때 사용할 수 있도록 이해하기 쉬운 환자 소통용 자료를 개발해야 했다.

우리는 e컨설트가 제공될 수 있는 질병을 이해하고 진료 진행에 필요한 사전 검사 결과 목록을 정리하기 위해 전문의들과 협업했다. 예를 들어 내분비학과의 골다공증 e컨설트를 받으려면 6개월이 경과하지 않은 골밀도 결과지와 혈중 칼슘 농도, 그리고 현재 복용하는 약의 목록이 필요하다.

우리는 이 새로운 의료서비스 모델을 접한 1차 진료의사들과 전문의들의 만족도를 평가할 도구를 개발했다. 또한 환자들이 e컨설트와 직접 방문 진료 모델을 비교해 볼 수 있는 비교 평가도 진행했다.

실험 결과

우리는 대규모 실험을 통해 많은 것을 알 수 있었다.

▶ 규모

2011년 9월 현재 메이요 로체스터는 6,253건의 e컨설트 요청을 받았다. 그 중 65%는 e컨설트 방법으로 진료가 마무리되었고 35%는 직접 방문 진료가 필요했다.

▶ 완료에 걸리는 시간

e컨설트는 평균 15분에서 20분 정도 소요됐는데, 이는 직접 방문 진료의 3분의 1에 해당하는 시간이다. 27%가 요청을 받은 날 진료가 마무리되었고, 83%는 그 다음 근무일 안에, 93%는 두 번째 근무일 안에 진료가 완료됐다.

▶ 품질

무작위 표본 추출과 간호사의 검토를 통해서 우리는 진료 요청의 98% 정도가 해당 질병과 2차 진료의사들의 메모에 있는 질문의 명확성 부분에서 적합했다는 사실을 확인했다.

▶ 의사만족도

실험 도중과 직후에 진행된 의사 대상 설문 조사에 의하면 e컨설트를 요청한 1차 진료의사들의 84%가 아주 만족하거나 대체로 만족한다는 응답을 했다.

▶ 환자만족도

환자에게는 더 자세한 설문 조사와 인터뷰가 진행됐는데, 환자의 90%가 아주 만족하거나 대체로 만족한다는 응답을 했다. 모든 의사가 이런 종류의 진료 초기 단계부터 함께한 것은 아니다. 이 방식을 시행하고 리드하는 얼리어답터들early adopters과의 연결 고리가 이 모델의 수용 여부에 있어서 핵심이다. 개인적인 관계를 맺지 않는다거나 직접적인 접촉이 없다는 것에 대한 두려움은 이 모델이 극복해야 할 요소이다. 전문의들로 하여금 e컨설트에 적합한 질병을 결정하는 일에 참여하게 함으로써 이런 걱정을 완화시키는 것이 도움이 된다.

이 모델의 성공 여부에 책임이 있는 또 다른 요인을 언급해야 할 것 같다. 바로 라지브 초드리Rajeev Chaudhry 박사의 열정과 헌신이라는 요소다. CFI의 의사인 그는 프로젝트를 주도하면서 디자이너, 프로젝트 매니저, 의사, 간호사, 경제 애널리스트, 시스템 애널리스트, 그리고 메이요 클리닉 전반의 운용 영역 직원들로 이루어진 학제 간 팀에 참여했다. 이 팀은 e컨설트 프로젝트로 메이요 최고 팀워크 어워드Mayo Excellence in Teamwork Award를 수상했다. 이 프로젝트는 최고의 공동 창조물이다.

영향

e컨설트가 전문의 진료 제공에 있어 새로운 양상을 제공할 것이라는 것은 처음부터 명백했다. 지식 전달이 1차 진료의사와 전문의 사이에서 이루어져야 한다는 점에서 볼 때 특히 적절한 양상이라고 할 수 있다. 새로운 검사와 약물이 등장하면서 복잡성이 증가하는 의료계의 현실, 과도한 비용, 파편화, 의사의 역량 부족, 그리고 환자를 고객으로 바라보는 패러다

임의 확대 등이 어우러진 의료서비스의 핵심 도전 과제들을 생각해 볼 때, 1차 진료의사들과 전문의들이 함께 협력할 수 있는 원거리 장비들을 제공하는 것은 충분히 가치가 있다.

2013년 말 현재 우리는 25,000여 건이 넘는 e컨설트를 진행했다. 2013년에 메이요 클리닉에서 거의 8,000건을 진행했고, 플로리다와 애리조나의 다른 메이요 진료소에서 2,000건을, 그리고 메이요 클리닉 의료서비스 네트워크와 국제 제휴 기관에서 1,800건을 진행했다. 이 규모는 2014년에 40% 더 증가했다.

먼 곳 연결하기: 알래스카로 보내는 실시간 e컨설트

이종문화 암 위원회Intercultural Cancer Council에 의하면 45세 이상의 알래스카 원주민의 사망 원인 2위가 암이다. 미국에서도 아주 먼 구석에 자리 잡은 알래스카에는 종양학자나 유방 건강 전문가의 수가 무척 부족하다. 이종문화 암 위원회는 미국과 주변 지역을 중심으로 소수인종과 소수민족들이 짊어지는 암에 대한 불균등한 부담과 의료서비스를 충분히 받지 못하는 취약 계층의 니즈를 해소하기 위해 정책, 프로그램, 파트너십, 연구를 진행하고 있는 비영리 기관이다.

그래서 우리는 메이요 클리닉 내부의 암 센터나 유방암 클리닉과 파트너십을 체결하고, 외부에서는 알래스카 원주민 의학센터Alaska Native Medical Center, ANMC와 파트너를 맺어서 의료서비스를 충분히 받지 못하는 지역의 환자들을 위해 메이요 클리닉의 유방암 전문 지식에 대한 접근성을 높였다. '의료서비스를 충분히 받지 못하는 지역'은 지리학적인 개념일 뿐만 아니라 인구학적인 개념이기도 하기 때문에 우리의 모델에 함유된 '연결'이라는 본질은 막대한 이동 복잡성을 절약하는 의미 그 이상이다.

우리는 동기적인 음성 및 영상 e컨설트를 통해 ANMC와 메이요 로체스터를 연결하여 그곳의 환자들과 1차 의료진들이 동시에 사용할 수 있도록 했다. 이 모델은 훌륭하게 자리를 잡아 2010년 이래로 200여 건의 e컨설트가 시행됐다. e컨설트를 통해 메이요 클리닉에 있는 우리는 진정한 의미로 '저곳'과 '모든 곳'에 있는 셈이다.

오늘은 간호사가 있습니다: 최적화된 의료서비스 팀

보건과 웰빙 플랫폼은 '이곳과 저곳, 그리고 모든 곳'이라는 비전의 세 번째 플랫폼이다. 이 플랫폼의 핵심은 '의료서비스'의 정의를 확장하여 그 속에 전통적인 의사 방문을 넘어선 건강 유지와 개선이 포함되도록 하는 것이다. 이 플랫폼의 요지는 우리가 잠시 뒤에 살펴볼 지역사회 보건 변혁 프로젝트the Community Health Transformation project와 건강한 노후와 독립적인 삶HAIL 프로젝트가 포함되어 있다는 것이다. HAIL은 노년층과 만성 질병 환자들을 그 대상으로 하며, HAIL 연구소에서 관리하는 프로젝트이다.

우리의 쇼케이스를 위해 메이요 의료와 의료연결서비스가 밀접하게 교차하는 프로젝트인 "최적화된 의료서비스 팀Optimized Care Teams, OCT"을 높은 고도에서 살펴보도록 하겠다.

배경: 당신이 필요로 할 때 적합한 사람에게서 받는 의료서비스

'최적화된 의료서비스 팀'은 보다 큰 프로젝트인 '지역사회 보건 변혁'의 하위 프로젝트다. 지역사회 보건 변혁 프로젝트의 핵심 아이디어는 필요, 지리, 비용을 기반으로 정확한 의료서비스를 제공하는 것이다. 우리의 생각 속에서 세 가지의 주제가 교차하면서 이 프로젝트가 탄생했다.

첫 번째, 오늘날의 의료서비스 모델은 직선적인 '고장—수리' 모델로 이루어져 있다. 즉 의료서비스가 필요하면 의사에게 전화를 걸어 진료 예약을 잡은 후, 의사를 방문하여 치료를 받고 끝난다. (그리고 아마도 이런 과정이 몇 번 반복됐을 것이다.) 이것은 '컨베이어 벨트 모델'로(곧 자세히 설명될 것이다.) 환자가 건강한 동안에 의료서비스를 제공하는 것에는 실패하는 모델이다. 또한 의사를 방문하는 것은 다른 대안에 비해 더 비싸고 환자들에게 더 많은 불편함을 준다.

두 번째, 이 모델은 병원, 1차 진료의사, 전문의, 연구소, 그리고 그와 관련된 여러 서비스로 구성된 '임계 질량critical mass'이 있는 대도시에서 가장 잘 작동한다. 그렇다면 원거리 지역이나 소규모의 마을과 소도시는 어떻게 해야 할까? 이 사람들이 트윈시티나 로체스터까지 왔다갔다 이동하지 않고 그들이 필요한 의료서비스를 받을 수는 없을까? 아니면 이 환자들의 필요를 채워 주기 위해 원거리 지역에 관련 직원과 장비를 모두 갖춘 소규모의 비능률적인 병원을 세워야 할까?

세 번째, 의료서비스 세계는 제2장에서 언급했던 것처럼 빠른 속도로 가치기반지불제pay-for-value와 책임의료기구ACO로 이동하고 있다. 가치기반지불제의 관점으로 볼 때, 인구밀도가 낮은 지역을 위해 풀타임 의사를 배치하기에는 재정이 부족하지만, 기초 자격을 갖춘 의사를 배치하고 그들을 로체스터 메이요 클리닉이나 다른 메이요 지역 병원과 연결하는 것은 재정적으로 가능하다.

우리는 이 세 가지 이슈를 살펴본 후 다음과 같은 가설을 세웠다. (우리가 가진 융합 도구의 과학적인 요소다.) "정확한 기술, 접근 포인트, 설비 디자인, 팀 접근을 수렴하여 유연성을 가진 팀 기반 의료서비스 모델을 개발하면, 우리는 '정확한 장소'에서 '정확한 시간'에 '정확한 의료서비스'를 제공할 수 있다. 이는 '적합한 비용'으로 '적합한 의료진'에 의해 '적합한 방식'으로 이루어지는 의료서비스이다."

이에 따라 최적화된 의료서비스 팀 모델이 지역사회 보건 변혁 프로젝트의 하위 프로젝트로 출범하였고, 더 많은 연구와 시행이 시작되었다.

의료서비스 모델 정의하기

우리는 현재의 의료서비스 모델이 개선될 수 있다고 생각했다. 그리고 그 개선 방안에 대한 접근법이 내재적으로 측정되고, 과학적이며, 현재 구성원들에게 보여 줄 수 있는 방식이기를 원했다.

우리는 가시적으로 작동하는 프로토타입을 신속하게 얻는 것이 가장 중요하다고 생각했다. (생각은 크게, 시작은 작게, 행동은 빠르게) 우리는 의료서비스 팀이라는 개념을 시행해 보고, 실제로 환자 의료서비스 경험을 제공할 수 있는 대안적인 의료서비스 모델을 개발하기 위해 빠르게 움직였다. 이 경우 실험이 전체 연구의 대부분을 차지했다.

첫 번째 단계는 '현재' 의료서비스 모델을 파악하고, 연구 테스트와 실제 시행을 위한 미래 모델로 진화시키는 것이었다. 현재 모델은 〈그림 8.5〉에 제시되어 있다. 이 모델은 눈으로 이해하기 쉬워 많은 설명이 필요하지 않다. 직접 방문이며 일반적으로 늘 의사와 만나게 되는 것은 아니고 반작용적이어서 누군가가 아프거나 치료가 필요할 경우에만 발생한다.

현재 모델: 컨베이어 벨트식 의료서비스

현재의 의료서비스 모델은 환자와 의사, 간호사 또는 다른 진료인력들 사이의
직접 방문을 기반으로 한 상호 교류를 중심으로 이루어지고 있다.
또한 급성 환자의 치료에 집중되어 있고, 반작용적인 경향을 보인다.

| 환자 | 진료보조인력 | 환자 | 실무간호사 | 환자 | 의사 | 환자 | 영양사 |

그림 8.5. 현재의 의료서비스 모델: 컨베이어 벨트식 의료서비스

'미래'의 의료서비스 모델은 환자든 아니든 간에 모든 단계에 있는 모든
사람을 정확한 시간에 정확한 맥락에서 모든 종류의 의학 관련 학문으로
'둘러싸는wrap around' 모델이다. 이 모델에서는 예방 모드이든 반작용 모드이
든 팀이 의료서비스를 시행한다.(그림 8.6) '팀'은 의사, 간호사, 실무간호사,
간호사 코디네이터, 임상간호사, 레지던트, 지역사회 보건직C.H.W, 그리고
나중에는 '웰니스 네비게이터wellness navigators'들로 구성되게 된다.

이 책의 주제를 넘어가지만 세부 사항들에 대해 살짝만 이야기하자면 운
용 모델은 환자와 상담하고, 진료를 분류하고, 적합한 팀 멤버에게 이 진료
를 배분하는 여러 '단계'를 조정할 그룹식 의료서비스를 포함한다.

가까이에, 반드시 정확해야 한다

미네소타의 캐슨Kasson은 도지카운티Dodge County에 있으며 6,000명 정도가 거
주하는 전형적인 중서부 마을이다. 1895년에 세워진 석조 배수탑이 있고 매
년 공원 축제가 열린다. 또한 로체스터에서 서쪽으로 15마일 거리에 있는
메이요 클리닉 의료시스템의 일부로 진료가 이루어지는 곳이기도 하다.

미래 모델: 둘러싸기식 의료서비스

미래 모델은 환자 주도의 장기적인 의료서비스, 보건 및 예방적 사고방식에
초점을 맞춘 것이다. 보건과 예방적 사고방식은 좀 더 사전 대책을 강구하는
접근법을 채택하고, 방문 경험의 가치를 최적화해 줄 의료서비스 팀을 필요로 한다.

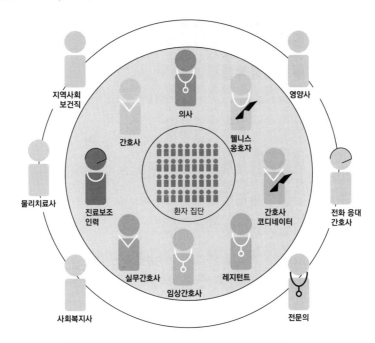

그림 8.6. 미래의 의료서비스 모델: 둘러싸기식 의료서비스

　개념에 대한 검증을 빨리 얻기 위해 우리는 캐슨 클리닉에서 일련의 현
장 실험을 구성했다. 만약 우리가 의료서비스 팀을 구성하고, 환자의 필요
와 공급자의 기술과 위치에 따라 도지카운티에서부터 환자의 흐름을 관리
할 경우 어떤 일이 일어나는지 보고 싶었다. 우리는 의료서비스 모델이 얼
마나 유연하게 작동하는지 궁금했고, 실제로 누가 환자를 만나게 되고, 어
떤 의료서비스가 제공되며, 그 과정에서 팀과 환자가 무엇을 느끼는지에
대해 알고 싶었다. 우리는 실험을 통해 폭넓은 의료서비스 팀을 활용할 수

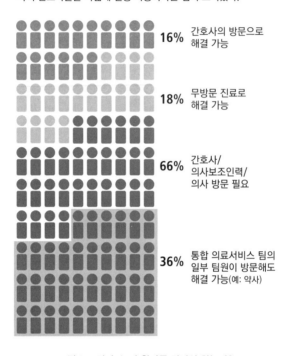

누가 환자를 만나야 하는가?

환자의 필요를 최대한 해결해 줄 수 있는 방법은 무엇인가?
Q1 2013 최적화 의료서비스 팀의 실험 분석 결과 폭넓은 팀,
특히 간호사들을 폭넓게 활용 가능하다는 점이 드러났다.

16% 간호사의 방문으로 해결 가능

18% 무방문 진료로 해결 가능

66% 간호사/ 의사보조인력/ 의사 방문 필요

36% 통합 의료서비스 팀의 일부 팀원이 방문해도 해결 가능(예: 약사)

그림 8.7. 결과: 누가 환자를 만나야 하는가?

있는 중대한 가능성을 확인할 수 있었다. 많은 사례에서 환자들은 좀 더 통합된 의료서비스 팀의 경험으로 인해 간호사만 방문하거나 "무방문 진료 nonvisit care"와 같은 더 나은 서비스를 받게 되었다.(그림 8.7)

〈그림 8.7〉이 설명하듯이 이번 실험에서 우리는 적절하게 설치되고 유연하며 최적화된 의료서비스 팀은 우리의 직원들이 "자신의 면허 허용치를 최대한 운용"할 수 있도록 해 준다는 것을 발견했다. 그 말은 환자가 도

착하기 전에 그들의 기술과 환자의 필요에 따라 이미 결정된 의료서비스를 제공한다는 뜻이다. 간호사들을 최대한 활용한다면 내원 환자의 6%만 의사를 방문하면 된다. 또한 이미 앞선 과정에서 작업이 많이 이루어졌기 때문에 서류 작업량 역시 줄어들어 더 부드러운 환자 흐름이 생겨난다. 왜냐하면 환자들이 한 의료 공급자에게서 다른 공급자에게로 옮겨 가야 할 때 발생하는 "멈춤과 시작"이 줄어들기 때문이다.

표준 절차에 따라 우리는 의료서비스 팀 구성원들과 환자들로부터 질적인 피드백을 수집하여 데이터가 우리를 엉뚱한 방향으로 인도할지도 모르는 가능성을 차단했다.

> "만약 당신이 그 환자를 잘 알고 있다면 복잡해 보일 수도 있는 상황이 실제로는 그렇지 않을 수도 있습니다." _의사

> "내 의사가 나를 만나지 않아도 된다는 사실이 기쁩니다. 내 상태가 그 정도로 나쁘지는 않다는 뜻이니까요! 나는 그들이 나를 돌봐 줄 정확한 담당자를 보내 주었다는 사실을 알고 있습니다." _캐슨의 한 환자

> "더 큰 팀이 관련되어 있다면 의사가 더 폭넓게 생각할 수 있습니다." _의사

> "의사의 대화를 듣고 그들의 생각에 대해서 배울 수 있는 것이 무척 좋습니다. 진료 과정에서 저는 정말로 유용한 정보를 얻을 수 있습니다." _실무간호사

> "나의 최선의 상태를 위해 일하는 팀이 있다는 느낌입니다. 효율적이고 또

소통이 잘 이루어진다는 느낌을 받았습니다." _캐슨의 또 다른 환자

이런 초기의 실험을 통해 우리는 '의사보조인력$^{C.A.}$'의 역할을 최적화하는 몇 가지 추가 사항을 발견했다. C.A.는 팀의 운영과 자원의 스케줄링에 있어서 핵심적인 역할을 맡는다. 그들이 많은 장비와 트레이닝을 담당하고 있기 때문에 우리는 과정을 조금 더 유연하게 만들 수 있었다. 좀 더 지속적인 의료서비스 (급성 환자 치료와 대조적인) 모델로 '변신'하면서 우리는 환자가 아플 때에는 물론 '건강한^{wellness}' 상태에 있을 때에도 간호사와 계속해서 연락을 주고받게 하는 일에 더 많은 주의를 기울였다. 이것이 소위 '무방문 진료'라고 부르는 것이다. 마침내 우리는 최적화된 의료서비스 팀^{OCT}과 팀 업무에 맞는 이상적인 공간을 디자인했다.(그림 8.8)

우리는 급성 질환 치료 행위들 중 최고 수준의 치료 행위를 효율적인 비용으로 성취하기 위해 '건강'을 위한 의료서비스의 범위를 탐색했다. 이를 통해 아이디어 하나가 등장했다. 만약 우리의 의료진들과 연결된 지역사회 구성원으로 이루어진 자원봉사단이 의학적인 개입 없이 우리 환자들의 건강 유지와 개선을 도와줄 수 있다면 어떨까?

우리는 '웰니스 네비게이터'가 이런 개인들을 위해 어떤 접점을 제공해 줄 수 있다고 느꼈다. 또한 그들에게 건강 관련 자원인 우리의 존재를 포함한 훌륭한 지역사회 자원을 제공해 줄 수도 있다고 느꼈다. 웰니스 네비게이터는 이야기할 상대, 특히 지역사회에서 활용이 가능한 "헬스 컨시어지$^{health\ concierge,\ 건강\ 안내원}$"의 역할을 해 줄 수 있다. 우리는 웰니스 네비게이터 프로젝트를 개발했을 뿐만 아니라, 새로운 웰니스 네비게이터 팀원들을 시범 운행 중이다. 이들은 곧 팀의 핵심 멤버가 될 예정이다.

우리(그리고 우리의 구성원들)는 이 시험 비행 결과에 무척 고무되었다. 이

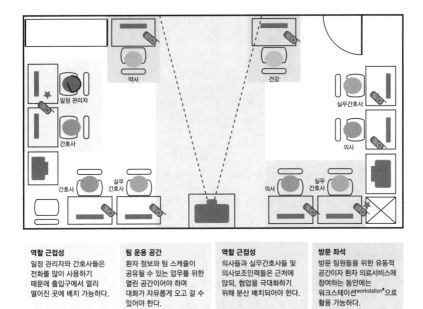

역할 근접성	팀 운용 공간	역할 근접성	방문 좌석
일정 관리자와 간호사들은 전화를 많이 사용하기 때문에 출입구에서 멀리 떨어진 곳에 배치 가능하다.	환자 정보와 팀 스케줄이 공유될 수 있는 업무를 위한 열린 공간이어야 하며 대화가 자유롭게 오고 갈 수 있어야 한다.	의사들과 실무간호사들 및 의사보조인력들은 근처에 앉되, 협업을 극대화하기 위해 분산 배치되어야 한다.	방문 팀원들을 위한 유동적 공간이자 환자 의료서비스에 참여하는 동안에는 워크스테이션workstation*으로 활용 가능하다.

그림 8.8. 최적화된 의료서비스 팀 업무 공간

런 접근 방법의 실질적인 장점을 확인할 수 있었다. OCT 모델과 메이요 의료 및 의료연결서비스 플랫폼 사이에는 잠재적인 시너지 효과가 존재할 뿐만 아니라 세 가지가 잘 연결되어 우리가 추구하는 더 큰 비전의 시행을 돕는다.

시행 가이드

마지막으로 우리는《최적화된 의료서비스 팀: 시행에서 채택까지 툴킷

---

* 문서의 작성이나 처리 혹은 커뮤니케이션 등 사무실에서 사무 작업을 할 때에 사용하는 전자 설비를 갖춘 탁상.

1.0^{Optimized Care Team: Implementation to Adoption Toolkit 1.0}》이라고 하는 64쪽짜리 소책자를 만들어 시스템 내의 그 어떤 클리닉이라도 최적화된 의료서비스 팀 모델을 시행할 수 있도록 했다.

메이요 클리닉 환자 앱

마지막으로 메이요 클리닉 환자 앱을 살펴보겠다. 이 앱은 '이곳과 저곳 그리고 모든 곳'이라는 비전을 보여 주는 것으로, CoDE 프로젝트로 시작하여 현재 시행 중이며 그 사용자가 더욱 늘어나고 있는 추세다. 자세히 알아보자.

혁신센터는 메이요 클리닉 환자들의 늘어나는 기대에 부응하고 전체적인 환자경험을 개선하기 위해, CoDE 어워드를 통해 메이요 손님과 방문객을 위한 독특하고 간단하며 이동 가능한 전자 환경을 창조해 냈다. 메이요의 두 팀에서 이 어워드를 수상했다. 대외 협력 팀과 IT 워크스테이션 지원 서비스 팀이 함께 앱을 만들었고, 이 앱은 메이요 클리닉의 안내원 역할을 맡아 환자들이 메이요 내부를 살펴볼 수 있도록 함으로써 환자들의 방문을 돕는다.

앱은 2012년 애플스토어^{apple store}에서 시범 출시됐다.(그림 8.9) 메이요 클리닉 환자 앱의 최초 출시 버전은 메이요 클리닉 센터를 방문할 때 사용할 수 있는 조작 가능한 툴을 제공했다. 최초 버전에는 클리닉과 병원 주변을 찾아볼 수 있는 안내도와 지역사회 정보, 그리고 현지 식당이나 여가 장소에 관한 정보가 담겨 있었다. 첫날 앱 다운로드 횟수는 1,000회에 달했다.

전형적인 CFI 스타일에 따라 후속 출시를 위한 소규모 CoDE 팀이 꾸려져 소셜 미디어에서 앱에 대한 피드백을 꾸준히 추적했다. 어느 날 앱을 다

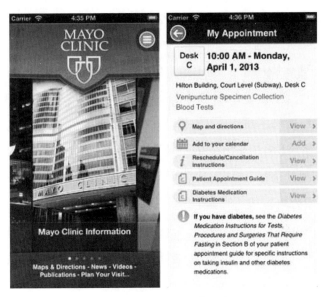

그림 8.9. 메이요 클리닉 환자 앱

운로드 받은 환자가 소셜 미디어에 코멘트를 남긴 것을 본 팀은 그 코멘트를 통해 더 많은 것을 배울 수 있었다. 코멘트는 바로 "당신들은 정말 중요한 것을 놓쳤습니다."였다. 팀은 조사를 했고 환자가 시각장애인이며 장애를 가진 사용자들이 이 앱을 사용할 수 없다는 심각한 오류를 지적하고 있음을 깨달았다. 은밀한 IT 마법과 몇 주간의 노력을 통해 그 오류가 수정되고 모두가 접근 가능한 플랫폼이 제공될 수 있었다.

그 팀은 이제 CFI에서는 일상이 된 방법으로 계속해서 일했다. 더 많은 환자들을 돕기 위해 어떻게 하면 서비스와 상품을 계속해서 개선할 수 있을까? 우리가 제공을 시도해 봄직한 추가적인 사용자들의 필요에는 어떤 것들이 있을까? 추가적인 필요가 발견되면 이를 위한 작업이 신속하게 덧붙여진다. 따라서 메이요 클리닉 환자들은 최초의 기능 외에도 어느 때라도 개별적인 환자 온라인 서비스 계정을 사용하여 자신의 개인 의료기록, 검사 결과, 진료 예약 등의 서비스를 사용할 수 있다. (메이요 클리닉의 환자 번호만 알면 쉽게 사용할 수 있다.) 팀은 계속해서 기능을 개선해서 최근 뉴스, 출판물, 메이요 클리닉에서 제공한 동영상 등의 건강 정보를 앱 내용에 포함시켰다. 이 모든 개선 결과를 통해 진정한 '이곳과 저곳, 그리고 모든 곳'에서 공통 사용이 가능한 장비가 만들어졌다. 또 중요한 점은 메이요 클리닉 환자 앱의 출범과 성공적인 환자 중심 혹은 개인 중심 네비게이션이 그 후에 등장한 다른 메이요 앱의 표준이 되었다는 것이다.

또한 애플의 최고경영자인 팀 쿡^{Tim Cook}이 2012년 애플 월드와이드 개발자 콘퍼런스의 강단에서 메이요 클리닉 환자 앱을 강조함으로써 큰 인기를 끌었다. 그 이후 앱은 안드로이드 체제를 갖춘 모토로라^{Motorola}의 드로이드^{DROID}*로도 확대되어 사실상 모든 모바일 플랫폼에서 다운이 가능해졌고, 20만 회 이상 다운로드되었다. 이는 메이요 클리닉에서 가장 많이 다운로드되고 사용되는 앱이다!

당신이 이 스냅샷들을 통해 프로젝트와 21세기 의료서비스 모델 비전에 대한 우리의 접근법을 잘 이해하는 기회를 가졌기를 바란다. 이번 장의 내용을 요약·정리하는 대신 우리는 당신을 이 책의 마지막 장인 제9장으로 데려가겠다. 제9장은 복잡한 기업에서 성공적인 변형적 혁신을 시행하는 데 필요한 우리의 경험과 마음에서 우러난 '사용자 안내서'이다.

---

* 2009년 10월에 출시된 모토로라의 스마트폰 이름으로, 애플사의 iOS 체제에 대한 대항마로 안드로이드 폰이 떠오르는 계기가 된 스마트폰.

덜 파괴적 혁신

현재 상태를 수정해서는 결코 변혁할 수 없다.

팀 브라운Tim Brown,
IDEO 회장,
CFI 외부자문위원회 위원

메이요 클리닉 방식의 혁신
Innovation the Mayo Clinic Way

혁신을 위한 처방전 경험

아, 여기 있다. 아니 여기에 '있었다.' '처방전^{prescription}'을 의미하는 'P'가 말
이다. 우리가 의료서비스 전문가들이라는 사실을 알고 있을 것이고 클레
이튼 M. 크리스텐슨의 저서 《파괴적 의료 혁신^{The Innovator's Prescription}》*을 기억
한다면 어떻게 혁신할지 '처방'을 내려 주고 의료서비스의 미래를 바꾸는
방법을 '처방'할 것이라고 기대해 왔을 것이다. 우리가 당신에게 글씨가 쓰
이고 서명이 된 작은 종이를 (혹은 그에 해당하는 전자 문서를) 건네줄 것이라
고, 그리고 그것은 뭔가를 고치고 앞으로 나아가게 하는 공식이 담긴 처방
전일 것이라고 말이다.

우리는 세계 최고의 의료 기관들 중 한 곳에서 일하고 있으며 이 직업 분
야에서 최고 계급에 속해 있을 수도 있다. 하지만 우리는 우리에게 의료서
비스를 아프게 하는 것에 대한 정확한 해결책으로 사용할 '처방전'이 없다

---

* 클레이튼 M. 크리스텐슨, 제롬 H. 그로스만, 제이슨 황 지음, 배성윤 옮김, 청년의사, 2010년.

는 사실을 알고 있다. 규정하기 어려운 혁신 지역에 있는 당신에게 성공을 가져다줄 정확한 해결책도 물론 없다.

이것과 다른 몇 가지 이유들로 인해 우리는 'P'라는 단어를 잘 쓰려고 하지 않는다. 그 단어는 어쨌든 의료계에서 너무 남용되고 있다. 우리가 당신의 성공을 위해 건네주려고 하는 것은 처방전도 '치료 계획'도 아니다. 오히려 아이디어와 원칙이 담긴 우리의 진보와 발전에 영향을 주었던 학습, 교훈, 실패의 목록으로 당신이 자신의 조직 체계에 통합해서 성공을 이루도록 도울 것이다.

당신이 의료서비스를 변혁하는 기회에 대해 명확한 관점을 얻었기를, 그리고 우리가 스스로 그 기회에 어떻게 접근했는지를 명확히 보았기를 바란다. 당신의 기회는 의료서비스와 관련이 있을 수도 있고 관련이 없을 수도 있지만, 우리는 당신의 복잡한 기업이 중요한 목표를 향하여 움직일 때 우리와 비슷한 도전 과제들에 직면할 것이라고 생각한다. 그 중요한 목표가 오늘날에는 명백할 수도 있고 그렇지 않을 수도 있지만 말이다.

그래서 우리가 처방전이나 치료 계획 대신에 제공하고자 하는 것은 복잡한 환경에서 중요한 혁신을 이루기 위한 견고한 구조적·문화적 기반을 개발하는 데 확인해야 할 점검표라고 할 수 있다. '당신이 무엇을 필요로 하는지, 무엇을 해야 하는지'를 이해하도록 돕는 것은 물론, '어디에 투자해야 하는지'를 파악하도록 도울 것이다. 이것은 혁신 건강과 혁신 '팀'의 건강을 위한 계획이라고 할 수 있다.

당신은 어쩌면 고장 난 것을 고치는 것으로 시작할 수도 있고 그렇지 않을 수도 있다. 우리의 목표는 당신이 조직적인 건강과 활기를 세우고, 당신만의 혁신 속에서 성공이 더욱 자기 충족적인 예언이 되어 훌륭한 건강 습관을 따르는 사람들이 자연스럽게 얻을 수 있는 결과물이 되어 주는 것이다. 좋은 혁신 습관은 좋은 혁신 건강을 가져다주는데, 이는 인간의 좋은 습관이 개인의 건강을 가져다주는 것과 같은 이치라고 할 수 있다.

이제 이 책의 마무리를 위해 10개의 원칙을 제시할 것이다. 이는 전반적으로 우리의 경험에서 우러나온 것으로 복잡한 환경과 기업에서 성공적인 변형적 혁신을 이루는 데 필요한 원칙들이다. 이 원칙들은 그 무엇보다도 당신이 크게 생각하고 작게 시작하며 빠르게 행동할 수 있도록 고안되었다.

1. 뚜렷한 내장형 팀을 창조하라: 독특한 정체성을 세워라

우리가 반복적으로 목격하는 것들 중 하나가 복잡한 기업 내의 일부 개인들이나 작은 그룹이 "레이더망을 피해" 자원을 모으고 비밀 실험실을 꾸려 뭔가를 해내려고 노력하는 시도다. 가끔 이런 시도가 성공을 하기도 하고, 어떤 출발점이 되어 줄 수도 있으며, 초기에는 이런 유전적 요소가 있을 수밖에 없을지 모른다. 하지만 우리는 이런 모임이 기업의 문자 그대로의 중심에서 혁신의 '중심'으로 눈에 잘 보일 수 있도록 자리를 잡게 발전시키는 것이 중요하다고 믿는다.

조직의 중앙에 자리를 잡은 경우 당신의 업무는 잘 보이기 때문에 견인력을 얻을 수 있다. 또한 담론, 상호작용, 협업, 그리고 조직의 나머지 구성원들의 '참여'를 확대시킬 수도 있다. 본질적으로 사람들은 혁신적이고 창의적인 정신을 가지고 있다. IDEO의 창립자이자 스탠포드 대학교의 교수인 데이비드 켈리가 요약했듯이 창의성은 선택받은 소수가 아닌 우리 모두 안에 자리 잡고 있는 영역이다. 우리는 사람들이 자신의 창의력을 드러내도록 도와야 하고, 특히 그 감각을 잃어버린 사람들이 창의적 자신감을 세울 수 있도록 도울 필요가 있다.

사람들은 자신의 아이디어를 전진시키기를 원한다. 이런 일을 맡은 부서가 조직의 중심에서 합법적으로 재정과 자원을 확보하고 활동하고 있는 것을 보면서 자신의 시간이 낭비될지도 모른다는 불안감이 없이 없을 때, 더 나아가 더 큰 조직의 승인을 받지 못할 것이라는 두려움이 없을 때 이 과정에 참여할 수 있게 된다. 그들은 그 독립체'로부터' 아이디어와 영감을 얻는다. 그리고 그 독립체'에게' 아이디어와 테스트 기회를 제공한다. 혁신그룹을 조직 중앙에 내장함으로써 당신은 "교환에 의한 이득gains from exchange"을 얻게 된다. 내장형 혁신 조직은 쇼케이스가 되어 물리적·지적으로 조직 차원에서 드러나야 한다. 그곳은 방문하면 재미와 희망을 느낄 수 있는 장소가 되어야 한다. 변형적 혁신에 어울리는 정체성을 가지고 있어야 하며 구성원의 눈에 잘 띄어야 한다.

그러나 현실적으로 재정이 부족하거나 이런 포지션으로 시작할 후원 조직이 없는 경우가 더 많고 우리는 그 점을 잘 이해한다. 그런 경우라면 우선 시작은 하되 최후에는 정식으로 내장된 혁신센터라는 목표를 마음에 두어야 한다. 심지어 열린 협업 공간에 혁신이라고 쓰인 조약돌 하나를 걸어놓는 것도 중요한 첫 단계가 될 수 있다. 실제로 우리도 그렇게 시작했다. 세우면 이루어진다.

2. 다양성을 추구하라

만약 당신의 혁신 팀에 기존 조직 내부의 선수들을 배치하면 어떤 일이 일어나게 될까? 당신은 아마도 당신의 조직 DNA에 내재하는 관점과 작업 방식을 갖게 될 것이다. 다 틀린 것은 아니다. 어쨌든 당신의 기업에서 벌어지는 게임을 어떻게 해야 하는지 아는 사람이 필요하기 때문이다.

하지만 외부에서 당신의 조직으로 들어온 사람들의 경험과 지성 및 관점에서 얻을 수 있는 것이 훨씬 많다. 다양한 교육 배경과 기술 모음을 가지고 전혀 다른 조직과 산업에서 일한 경력을 가진 사람들은 신선하고 새로운 방식으로 문제를 파악하고 해결한다. 그리고 대개 더 나은 결과를 더 신속하게 제시한다. 신선한 통찰은 크게 생각하고 작게 시작하며 빠르게 행동하기를 원하는 사람들에게 아주 값진 자원이 된다.

특히 강력한 전통적 업무 방식이 자리 잡고 있는 우리 산업에서 이 점은 아주 중요하다. 당신이 새로운 해결책을 얻고 싶다면 신선한 관점이 필요하며, 신선한 관점이 필요하다면 다양한 배경을 가진 스마트한 사람들과 그들의 통찰을 당신의 조직 안에 들여올 때 가장 큰 효과를 얻을 수 있다. 최고의 조합은 "새로운 피"와 조직의 장애물들 사이에서 항해하는 법을 잘 알고 있는 믿을 만한 내부 수행자들이 잘 섞이는 것이다.

우리는 IDEO와 도블린과 같은 "콘셉트 챔피언concept champions"들의 참여를 통해 초기 다양성을 구성했다. 그뿐만 아니라 다른 혁신센터들을 방문하기도 했는데, 특히 다른 산업계의 혁신센터를 둘러보았으며 재정 부담이 크지 않은 방향으로 인턴과 외부인을 영입하는 방법을 사용했다.

3. 통합적이고 총체적인 접근 방법을 취하라

이 표현이 1960년대 말의 '유행어'처럼 들릴 수 있다는 것을 알고 있다. 하지만 시간이 흐르면서 우리는 변혁에 접근하는 데, 그리고 우리가 그 변혁에 접근하도록 직원을 채용하고 조직을 구성하는 데 총체적이고도 큰 그림을 보는 접근 방법이 이치에 맞다는 것을 알게 되었다.

무슨 의미일까? 우선 의료서비스 문제에 접근하면서 우리가 문제를 '전체'로 보고 '이곳과 저곳, 그리고 모든 곳에서의 보건의료서비스'라는 비전을 세웠다는 의미이다. 예를 들어 우리는 우리의 초점이나 병력을 병원에서 제공하는 급성 질병 치료 서비스라는 그 문제의 한 측면에만 맞추지 않았다. 우리는 의료서비스와 의료서비스 변혁을 '시스템'으로 보았다.

물론 우리가 "한꺼번에 모든 것을 해결"하려고 노력할지도 모른다는 위험이 있다. 그 말은 우리가 가진 자원과 시간, 혹은 재정을 지나치게 확대해서 하나도 제대로 해내지 못하거나 심지어 완결시키지 못하게 될지도 모른다는 뜻이다. 그 위험은 우리가 가진 지식과 도구를 한꺼번에 문제의 여러 각도에 적용하는 것에서 얻을 수 있는 시너지와 장점을 상쇄시키는 것이다. 우리는 이 점을 의료연결서비스 기술을 방문 진료와 원거리 의료서비스 모두에 적용하려고 하는 과정에서 직접 확인했다. 우리는 또한 '전체' 안에서 조심스럽게 프로그램과 프로젝트를 구성하되, 더 작은 제한된 계획으로 시작하고, 고수익 프로젝트를 잘 진전시키는 방식으로 한꺼번에 모든 것을 해결하려는 위험을 피해 갔다. 우리는 너무 커서 조절하기 어렵거나 너무 멀리 떨어져 의미를 찾기 어려운 것에 걸려 넘어지지 않는다. 우리는 크게 생각하고 작게 시작하며 빠르게 행동하라는 모토에 의지해서 살고 있다.

그림 9.1. 생각은 크게, 시작은 작게, 행동은 빠르게

총체적인 접근법은 우리 내부의 직원들에게도 적용된다. 대부분의 조직은 직원들을 프로젝트 매니저, 디자이너, IT 전문가 등등의 '사일로'로 만들어 놓는다. 물론 전문 기술에 대한 필요를 인정한다. 하지만 우리는 다양한 관점을 가진 다양한 그룹을 만들어 그들 스스로의 장기적인 목표 아래에서 서로 상호작용할 수 있는 성과 지표를 가짐으로써 내부 마찰을 일으키는 대신, 융합혁신모델을 개발하여 디자인씽킹, 과학적 방법, 프로젝트 관리라는 세 학문이 하나의 전체가 되도록 했다. 게다가 우리는 플랫폼과 프로그램, 프로젝트를 중심으로 '촌락'을 형성해서 전문 영역별로 조직화하는 것을 피했다.

그 결과 우리 팀원들은 총체적인 문제에 대해 총체적인 방법을 응용할 수 있는 '스페셜리스트―제너럴리스트'가 되었다. 그들은 모든 것을 조금씩은 해야 하는 자영업자와 비슷해졌다. 우리의 경험으로 볼 때 이런 방식은 문제에 대한 더 나은 통합적 해결책을 제시하고, 업무도 더욱 수월하게 할 뿐만 아니라, 보람도 느끼게 만든다.

4. 명확한 비전을 옹호하라

우리는 혁신 조직이 어디로 가고 있으며 어떻게 다른지에 대한 명확한 비전이 없다면 성공은 고사하고 살아남기도 어렵다고 생각한다.

메이요 클리닉은 아주 많은 것을 투자해서 '이곳과 저곳, 그리고 모든 곳에서의 보건의료서비스', '나를 위해 항상 그곳에'라는 비전에 도달하게 되었다. 우리는 그 비전을 품고, 말로 만들어, 그래픽 효과를 주었으며, 모든 가능한 기회를 통해 조직 전체에 전파했다. 우리는 CFI에서 계속적으로 그 비전을 미세하게 조정하고 있으며 '내가 당신에게 갈 필요가 있을 때',

'당신이 나에게 올 필요가 있을 때', 그리고 '당신이 필요한지 아닌지 모를 때'와 같은 슬로건으로 개별화한다.

21세기 의료서비스 모델은 매우 복잡하기 때문에 그것이 어떤 모양이 될지에 대해 확신을 가지고 알고 있는 사람은 아무도 없다. 우리가 프로젝트를 시작하고, 프로젝트를 끝내고, (《부담적정보험법》 같은) 환경적인 변화를 겪고, 메이요 외부에서 새로운 무엇인가를 볼 때마다 우리의 비전은 조금씩 진화한다. 비전은 유기적이고 반복적이다. 비전은 미래 상태에 대한 사진 한 장이 아니라 거기에 도착하기까지의 진화 경로를 보여 주는 사진처럼 연속 과정으로 제시된다. (이 개념을 상기하고 싶다면 〈그림 3.4〉를 보라.)

요약하자면 훌륭한 비전은 명확하고, 중요한 것을 정의 내리며, 그곳에 도착하기까지의 경로를 디자인할 수 있도록 열망과 목적을 불어넣는다. 적응할 수 있고, 유기적이며, 조직의 모든 부분과 명확하게 의사소통할 수 있다. 그 결과 각 비전들은 혁신센터는 물론 조직의 구성원 모두에게 최우선 순위가 된다.

5. 소통하라, 소통하라, 소통하라

이런 일들은 항상 일어난다. 위대한 아이디어, 위대한 사람이 제시한 위대한 혁신, 위대한 리더가 이끄는 위대한 팀 말이다. 하지만 아무것도 달라지지 않는다! 선구적인 사상가는 의아해하며 머리를 긁적일 수밖에 없다. 무슨 일이 일어나는가? 무슨 일이 일어나지 '않았는가?' 이유는 무엇인가?

아마도 그들의 아이디어, 시도, 심지어 그들의 존재가 조직의 나머지 구성원들의 눈에 보이지 않았을 가능성이 높다.

우리는 우리가 하는 일을 다른 구성원들에게 '주입하는 것'의 중요성을 인식했다. 우리는 명확하고 호소력 있으며 의미 있는 커뮤니케이션을 통해, 우리가 하는 일과 우리가 생각하는 것을 조직 내부에서 (그리고 외부로) 가능한 모든 채널을 통해 퍼뜨려야 할 필요를 느꼈다. 우리는 정체성, 전문가 수준의 멋진 그래픽 보조물, 멀티미디어 프레젠테이션, 정기적으로 조직 내의 중요한 직급에 있는 바쁜 사람들에게 명확한 메시지를 전달하는 명료한 업데이트 자료인 〈아이온CFI〉 등에 투자했다. 우리는 커뮤니케이션을 누군가가 질문을 던지면 거기에 덧붙이는 내용이 아닌 필수품으로 인식하고, 그것이 일어날 수 있도록 자원을 배분하고 정기적인 커뮤니케이션 시간표를 작성했다.

우리는 커뮤니케이션을 우리의 이야기를 꺼내는 것뿐만 아니라 다른 두 개의 중요한 목표를 성취하기 위해 사용했다. 우선 고품질 커뮤니케이션은 우리의 업무에 전문가로서의 아우라를 덧붙여 준다. 우리는 레이더망을 피해서 활동하는 비밀 실험실이 아니라 조직 안에 내장된 영구적인 팀으로서, 심각하게 다뤄져야 하고 가까운 데서 관찰해야 할 대상으로 부각된다. 두 번째, 커뮤니케이션들은 조직 내 다른 구성원들에게 정보를 제공하고 동기를 부여할 뿐만 아니라 우리 팀 내부에도 같은 작용을 한다. 당신의 프로젝트가 정교한 네 가지 색으로 인쇄된 반짝이는 메이요 클리닉 출판물의 형태로 눈앞에 나올 경우 얼마나 큰 동기부여가 되겠는가?

메이요 클리닉 외부에서 우리가 관찰한 것에 의하면, 혁신 팀은 팀 외부의 조직이 자신에 대해서 아는 정도를 과대평가하고, 탁월한 커뮤니케이션을 제공하는 데 들인 투자에 대한 이익을 과소평가하는 경향이 있다.

6. 가속하라, 가속하라, 가속하라

초기에 우리는 메이요 클리닉 조직의 나머지 구성원들과 우리의 진화, 비전, 진행 중인 업무, 성공적인 성과를 도를 넘지 않는 수준에서 외부에 '주입'해야 할 필요를 신속하게 인식했다. 커뮤니케이션 전략과 도구를 개발하면서 이 주입에 대한 다른 목적과 중요한 요소를 느끼기 시작했다. 바로 조직 전체와 외부 세계에 혁신 '지성'을 보급하는 것이다.

'지성'의 의미가 무엇일까? 우리가 의미하는 것은 혁신이 일어나게 하고 '작동'하게 하는 노하우, 기술, 영감들이다. 우리는 또한 우리에게 혁신적 아이디어에 대한 독점권이 없다는 점과 우리 스스로의 혁신을 개발하는 것도 중요하지만 다른 사람들의 혁신을 조성하고 배양하는 것으로도 조직에 도움이 된다는 점을 인정했다.

그 결과 혁신가속기가 주입 전략의 '나머지 절반'이 되었다. 가속기 속에서 우리는 혁신에 관한 아이디어와 툴을 수집하고 분배한다. CoDE 프로그램을 통해 CFI의 외부는 물론 조직의 내부에서 시작된 프로젝트를 배양하고 재정을 지원한다. 우리는 심포지엄 〈변혁〉을 통해 의료서비스 경험 변혁 담론을 주도한다. 〈변혁〉이라는 연례 축제에서 아이디어와 영감의 주요 융합이 발생한다. 그리고 우리는 시행 과정, 교육 모듈, 조직 내의 모든 구성원이 혁신 능력을 개선할 수 있는 기회를 제공할 학습 현장을 개발한다.

복잡한 조직에서의 효율적인 혁신 팀은 그저 위대한 혁신을 만들어 내는 것만 하는 것이 아니다. 혁신에 관한 담론을 주도하고 더 큰 조직체에 의식적·무의식적으로 동기와 "근육 기억muscle memory"을 제공하여 그들 스스로가 혁신 과정의 일부가 되도록 만든다.

7. 협업하라, 협업하라, 협업하라

우리는 처음부터 이 일을 혼자서는 할 수 없다는 사실을 알고 있었다.

큰 규모의 대체적으로 보수적인 의료 기관에서의 의료서비스에 대한 변형적 혁신은 최상의 환경에서라고 할지라도 굉장히 도전적인 과제가 될 것이 분명했다. 안내, 자원, 팀워크, 실험, 프로토타입 '시험대', 그리고 다른 형태의 협동이 이루어지지 않을 경우 거의 불가능에 가까운 일이었다.

첫날부터 우리는 IDEO나 도블린과 같은 산업 전문가들과 협업했고, 메이요 클리닉 의사 결정 독립체Mayo Clinic decision–making entities들과도 중요한 동맹을 맺었다. 우리는 또한 블루크로스 앤 블루쉴드 미네소타지부, 시스코, 굿 사마리탄 소사이어티, 필립스Philips, 타겟 등의 외부 조직들과 협업했다. 그들은 모두 그들의 영역을 넘어 변혁하는 의료서비스로 혁신해 나가고 싶어 했다.

그 무엇보다도 우리는 메이요 클리닉 직원들과 협업하고 공동 창조해서 그들을 관념화, 디자인, 특히 테스트에 참여시켰다. 우리는 처음부터 협업은 참여를 낳고 참여는 후원을 낳고 후원은 결국 채택으로 이어질 것을 알고 있었다. 만약 이 연결 고리가 어느 부분에서라도 끊어진다면 어떻게든 도달은 하겠지만 시행 단계까지의 도달 과정이 무척 어려워질 것이다.

우리는 메이요 클리닉 내부와 외부에서의 파트너십을 개발하고 유지하는 데 많은 시간과 에너지를 사용한다. CFI와 메이요의 이미지를 세울 수 있고, 일을 진행시킬 수 있으며, 외부의 파트너를 도울 수 있는 그런 상생의 시나리오를 추구한다. 특히 복잡한 환경에서라면 협업이 없는 현대의 혁신은 실패로 이어질 수밖에 없다.

8. 작게 시작하고 반복하라

세 번째 항목 부분에서 한꺼번에 모든 것을 바꿔 놓으려고 하는 어리석음에 대해서 이야기했다. 의료서비스와 같은 '거대한 실뭉덩이'에 착수하게 되면 모든 것을 한꺼번에 해 보려고 노력하기 쉽다. 이는 미국 야구의 표현을 사용하자면 홈런을 치기 위해 펜스를 향해 스윙하는 것과 같다.

우리는 다른 방법을 사용했고, 그 방법은 제대로 작동했다. 특히 복잡한 혁신이라면 설명하고, 디자인하고, 그 아이디어를 완벽에 가깝도록 자세히 손보는 것보다 작은 프로토타입을 만들어 구성원들이 (그리고 그 문제에 관해 우리들이) 실제로 돌아가는 것을 '볼 수 있도록' 하는 것이 더 좋은 효과를 낸다. 마치 많은 기술 상품처럼 한 번 보고 나면 '아하!' 하는 순간을 더 잘 잡아내고, 환자와 공급자 경험에 대한 영향력을 더 쉽게 이해할 수 있게 된다. 우리는 바로 그 지점에서부터 시작할 수 있다. 소통이 더 쉬워지고 후원을 조정하기가 더 수월해지며 그 다음 단계가 무엇인지 시각화하기가 더 용이해진다.

그렇기 때문에 우리는 복잡한 전선과 방탄유리처럼 테크놀로지를 기반 삼아 거대한 프로젝트를 만들어 내기보다는 실험하여 작은 프로토타입을 많이 만들어 낸다. 이 과정은 보이고 느껴지고 경험에 대한 반응을 평가할 수 있고 시작점이 될 수 있는 개념 검증을 제공한다. 우리는 작게 시작하고 더 큰 비전을 위해 반복하는데 진행 도중 종종 비전의 조각들을 엮어 넣는다. 야구식 표현을 사용하자면 안타를 치고 한 베이스 진루하고, 몇 개의 안타를 더 쳐서 몇 점을 더 얻는 식이다. 펜스를 향해 스윙만 하다가 많은 시간을 놓친 팀보다 더 많은 점수를 얻을 수 있다.

'작게 시작하고 반복하면서' 첫 번째의 완벽한 프로토타입에 도달하는 것은 자연스럽게 '생각은 크게, 시작은 작게, 행동은 빠르게'라는 모토의 큰 부분이 되었다.

9. 당신의 기업을 이해하고 항해하라

우리처럼 큰 규모로 자리 잡은 조직일 경우, 특히 고객의 목숨이 달린 복잡한 상품과 서비스를 제공하는 곳일 경우 당신은 일종의 관료제를 만날 수 있다. 피할 수 없는 일이다.

우리는 관료주의를 피할 수 없다. 이를 피하는 것은 조직의 심장을 피하는 것이고, 그럴 경우 당신은 변화에 어떤 영향도 줄 수 없다. 관료주의는 우리의 영속성과 고객들 안에 내재되어 있다. 관료주의와 그로 인해 주어진 과정 및 그 과정을 점검하는 것은 중요하다. 가끔은 "1대 10 신드롬 1 in 10 syndrome"처럼 보일 수도 있다. 조직 내에서 아이디어를 개진하려고 하는 한 개인에게 무엇이 잘못됐는지를 알아내는 데 10명의 사람이 고용된다는 뜻이다.

우리는 이것을 모두 받아들인다. 그것은 여기에 명백하게 존재하는 현실의 일부다. 우리의 임무는 그것을 통과해서 최선의 방식으로 항해하는 법을 배우는 것이다.

우선 가장 중요한 것은 스스로 너무 관료적이 되지 않도록 하는 방식으로 관료주의를 다루는 것이다. 우리는 서로를 지원하는 친구 같은 팀처럼 행동하려고 하며, 진행을 위해 필요한 과정 점검과 작성해야 하는 양식을 최소한으로 줄이려고 한다. 우리는 공식적인 모습을 보이고 싶을 때는 공식적일 수 있지만, 더 빈번하게는 형식 타파적으로 행동하며, 이는 팀 내부는 물론 다른 구성원들과의 관계에도 적용된다.

우리는 스스로 너무 관료주의적이 되지 않도록 노력하는 것을 넘어서 다양한 방식으로 행정을 포용하려고 한다. 이미 지적했던 것처럼 우리는 참여와 협업을 추구한다. 우리는 자신이 잘 알지 못하는 것에서 결점을 찾으려고 하는 '조직 차원의 항체'에서 오는 거부를 처음부터 다른 구성원과의 협업을 통해 피할 수 있다.

우리는 앞에서 설명한 '제너럴리스트' 접근 방법을 통해 관료주의를 완화하려고 한다. CFI의 내부와 외부의 팀원들은 울타리의 다른 쪽을 이해할 수 있을 정도로 충분히 '다방면에 능숙'하다. 프로젝트 매니저일 경우 디자인 활동을 지원하는 것은 하나의 의무가 되었다. 팀의 일원으로서 진료과 직원을 지원하는 것이 하나의 의무다. 당신이 그들을 후원하고 협업하는 것을 그들이 보게 되면, 그들은 당신을 지원하고 당신과 협업한다. "여기서 개발한 것이 아닙니다."라는 신드롬과 다른 관료주의의 촉수를 완화할 수 있는 것은 바로 교감과 연합이라는 사슬이다. 우리는 관료주의를 욕하지 않는다. 우리는 그것을 이해하고 거기에 포함된 긍정적인 측면을 알고 있다. 우리는 조직 차원의 변화가 도움이 되고, 그 변화를 이끌 수 있는 시기와 그렇게 하지 않고 피해 가야 할 시기를 분별하는 방법을 개발했다고 생각한다.

다음은 지속적인 커뮤니케이션에 대한 광범위한 투자가 가져온 부분적인 성과다. 그것은 바로 관료주의의 부정적인 영향을 줄이는 데 도움이 되었다는 것이다. 우리는 투명성을 신뢰한다. 숨은 어젠다가 없고 모든 것이 공유되기 때문에 '놀랄 일이 없다.' 메이요 클리닉 혁신센터의 모든 것은 눈에 보이는 그대로이다.

마지막으로 관료주의의 촉수가 가장 길고 수적으로도 많은 경우가 있다. 바로 사람들이 이해하거나 수용하지 않는 위험을 당신이 감수하려고 할 때이다. 우리는 위험을 감수하는 것을 좋아한다. 위험 감수는 우리가 앞으로 전진하고 관료주의를 피하는 데 있어 중요하다고 생각한다. 하지만 우리는 이 위험들을 '신중하게' 만들고 있으며 '투명하게' 하려고 애쓴다. '신중함'은 우리가 CFI 관리 구조에서 진료과나 의료계 지도부와 관계를 유지하고 있

그림 9.2. 지안리코 파루지아, 바버라 스푸리어, 니컬러스 라루소

는 하나의 이유다. '투명'은 다시 커뮤니케이션과 관련된 항목이다.

관료주의의 모든 부정적인 영향을 완벽하게 피했다거나 피하고 '싶다'고 선언하는 것은 순진한 생각이다. 관료주의에는 그만의 목적이 있다. 그것은 우리의 균형에 대한 점검이고, 점검에 대한 균형이며, 우리가 한 번도 생각하지 못했던 것에 대한 아이디어나 피드백을 종종 제공할 뿐만 아니라 목숨을 살릴 수도 있다. 우리가 노력하는 것은, 그리고 우리가 대체적으로 성공해 왔다고 생각하는 것은 바로 우리가 제대로 접근하지 못했더라면 우리를 압도해 버렸을 극도의 부정적인 영향들, 즉 관료주의의 가장 큰 촉수로부터 약간의 자유를 얻었다는 것이다. 그 점에서 우리는 성공적이었다.

10. 도착할 때까지 멈추지 말라

이 항목은 추가 설명이 필요 없을 것이다.

제대로 작동할 경우 혁신 조직은 전체 기업에 에너지를 가져온다. 그러므로 당신이 리더라면 먼저 자연스럽게 혁신 조직에 에너지를 제공해야 한다. 특히 초기에 당신이 그 에너지를 어떻게 불어넣는지는 아주 큰 의미를 가지며 조만간 당신은 성공적인 성과를 얻게 될 것이다. 처음에는 작겠지만 진행할수록 그 성과의 크기는 커질 것이다.

이 성공들은 스스로 에너지를 제공하기 시작하며, 그 혁신적인 에너지는 자기 충족적 예언이 된다. 당신의 혁신 조직은 움직이고 가속도를 얻는다. 성공 조직은 대부분 혼자서 조종해 나간다. 성공을 위한 스스로의 열정과 성공 패턴을 통해 자신만의 에너지를 공급한다. 당신의 역할은 어디로 가는지 지도를 제시해 주고, 그 성공을 전파하고, 보상해 주는 것에 더 관련이 있을 것이다.

이 시점에 도착하면 당신은 당신이 옳은 일을 했다는 사실을 알게 될 것이다.

덜 파괴적 혁신

부록 A

메이요 클리닉의 CFI 파트너

아래에 제시한 85개의 목록은 메이요 클리닉에서 혁신센터와 파트너를 맺은 진료과, 부서, 센터의 이름이다.

알레르기 질환	지역사회 소아과
알츠하이머 질병 연구 센터	의과대학
마취통증의학과	피부과
비만대사 수술 센터	의료관광센터
생체의학 영상	개발 부서
유방암진단 클리닉	식이요법학
암센터	퇴원 계획 표준화 팀
자본 계약팀	교육부
심장혈관 센터	응급실
맞춤의학 클리닉 센터	직원 보건
과학 의료서비스 시행 센터	내분비학 소아와 성인
수면 의학 센터	기술부
소아청소년 정신과 및 심리학과	설비부
대장 수술	가정의학과
지역사회 보건 팀	소화기내과

일반 내과

산부인과

부인과 수술

의료서비스 정책과 연구

건강한 삶 센터

혈액종양내과

인적자원 팀

일러스트레이션과 디자인

감염내과

정보기술 팀

언어 서비스, 캐슨 클리닉

메이요 클리닉 의료서비스 네트워크

메이요 클리닉 의료시스템

언론 홍보 지원부

유전의학과

종양내과

의대생

신장내과

척추신경외과

신경학과

신경심리학자들

니코틴 의존 센터

간호과

종양학과

안과

정형외과 척추 수술

정형외과 수술

이비인후과

완화치료 클리닉

병리학과

소아청소년과

소아 소화기내과

소아 염증성 장질환[IBD] 클리닉

소아 체위성 기립성 빈맥 증후군 [POTS] 클리닉

재활의학과

예방 서비스 팀

1차 진료 내과

정신건강의학과

정신의학 연구소

대외협력부

호흡기내과

품질 관리 서비스

방사선학과

진료 의뢰 서비스

로버트 앤 알렌 코곳 노화 센터

시뮬레이션 센터

사회복지 사업 팀

외과

흉부외과

장기이식 센터

비뇨기과

자원봉사 서비스 팀

2014년 혁신센터 프로젝트 목록

번호	플랫폼	프로젝트	요약
1	혁신가속기	유레카	조직 차원과 조직 외부의 협업을 위한 온라인 아이디어 도출과 문제 해결 플랫폼. 핵심 도전 과제에 대한 아이디어와 해결 방법을 내는 데 모든 사람을 참여시킴으로써 문제 해결 과정을 가속화한다.
2	혁신가속기	툴킷	디자인씽킹과 혁신에 관한 교육 관련 자료가 들어 있는 강력한 학습 키트. 혁신을 자신의 업무에 응용하는 방법을 배우려는 메이요 클리닉 직원이 사용할 수 있는 안내 동영상, 프로젝트 요약, 이야기, 워크숍 등으로 구성되어 있다.
3	혁신가속기	〈변혁〉 2014	심포지엄 〈**변혁**〉은 보건의료서비스 시행을 변혁하는 혁신과 디자인 솔루션을 주제로 하는 3일간의 행사다. 심포지엄은 네트워킹과 협업을 위한 포럼, 실습 워크숍, 영감을 주는 주 무대 프레젠테이션을 제공한다.
4	혁신가속기	강연 시리즈	'다르게 생각하기: CFI 예상치 못한 대화들'은 메이요 클리닉 직원을 대상으로 하는 분기별 강연 시리즈이다. 다양한 분야에서 활동하는 세계적이고 선구자적인 이론가와 혁신가들을 초대한다.
5	혁신가속기	혁신촉진자	혁신 관리와 디자인씽킹의 총체적이고 경험적 프로그램으로 혁신촉진자로서의 인증서를 제공한다. 프로그램은 CFI와 애리조나 주립대학교가 함께 개발한 협업 활동이다.
6	혁신가속기	CoDE1: 척추환자용 가상 체육관	척수 손상이나 척수 기능 장애를 가진 사람들에게 보건과 웰니스에 초점을 맞추어 가상 참여 환경을 제공한다. '가상 체육관'은 헬스클럽이나 관련 설비를 이용하기 어려운 사람들을 위해 가장 적합하고 근거가 있는 맞춤 웰니스 프로그램을 제공해서 집에서도 강화, 스트레칭, 유지 훈련을 할 수 있도록 한다.

번호	플랫폼	프로젝트	요약
7	혁신가속기	CoDE2: 소아 통증 앱	통증 앱은 메이요 클리닉에서 퇴원한 소아 통증 환자들의 의료서비스를 개선하고 진료 비용을 절약하며 접근성을 높이고 효과적이고 이동성 있는 치료 대안을 제공하도록 돕는다.
8	혁신가속기	CoDE3: 맞춤형 수술 전 재활 툴박스	맞춤형 수술 전 재활 툴박스iPREHAB 프로그램은 환자 회복력과 수술 결과를 개선하기 위한 프로그램이다. 환자가 메이요 클리닉에서 최초 진료 예약을 한 시점에서부터 수술까지의 시간을 활용해 iPREHAB 툴박스를 사용하여 복잡한 수술에 앞서 환자 상태를 최적화한다.
9	혁신가속기	CoDE4: 모바일 인지적 선별 검사	수천 명의 환자가 메이요 클리닉에서 인지 기능 장애 평가를 받고 싶어 한다. 신경심리학 검사는 일반적으로 3~4시간이 소요되는데 진단적 진료 의뢰에 항상 필요한 것은 아니다. 새로운 모델은 1차 진료 환경에서 진행할 수 있는 모바일 형태의 인지적 선별 검사를 제공하는데 특히 포괄적인 진료에서 가장 큰 혜택을 보는 예진환자를 돕는다.
10	혁신가속기	CoDE5: 텔레비전	메이요 클리닉 애리조나에는 안과 의사가 없기 때문에 스마트폰과 렌즈 어댑터를 이용해서 비교용 이미지를 찍어 원거리로 전송하는 기술을 통해 급성 안과 치료가 필요한 환자들을 위한 의료 시행을 완전히 재디자인할 수 있다.
11	혁신가속기	CoDE6: 텔레홈 서비스	텔레홈 의료서비스 모델은 e포맷에서 시행하는 지식 기반의 통합 환자와 질병 특화 의료서비스 관리 과정이다. e—케어 관리 팀은 울혈성 심부전과 심방세동 환자를 위해 지속적인 가정 기반 의료를 평가하고 제공한다.
12	혁신가속기	CoDE7: 유방암 결정 도구	유방암 의료서비스를 위한 환자 결정 지원 툴은 유방암 진단을 새로 받은 환자에게 치료 과정에 대해 제대로 된 정보를 제공하는 것이다. 이 툴은 메이요 유방암 진료 전반에서 시행될 것이며 다른 질병의 진료에 대한 의사 결정으로 확대될 것이다.
13	혁신가속기	CoDE8: 중앙 안내 데스크	이 프로젝트는 환자들이 지난 예약들을 쉽게 확인할 수 있도록 고안되었다. 한 번에 여러 개의 예약을 하는 환자들을 위해 중앙 안내 데스크를 만들어 줌으로써 기존의 시스템을 업그레이드 할 것이다. 이것은 환자의 방문 시간뿐만 아니라 방문 취소 등으로 인한 시간 틈을 메워 줄 수 있다.

번호	플랫폼	프로젝트	요약
14	혁신가속기	CoDE9: 원거리 당뇨병 기술	많은 당뇨병 환자들은 인슐린 펌프와 포도당 모니터를 달고 살아간다. 이런 기술 관련 장치는 환자가 집중적으로 참여해야 할 뿐만 아니라 의료서비스 공급자를 방문해야만 장치 세팅이나 조정을 할 수 있다. 이 새 모델은 환자들에게 자율권을 주고 또 일상적인 당뇨병 관리 계획을 최적화하도록 돕는다.
15	혁신가속기	CoDE10: 암 생존자 소프트웨어	메이요 의사들이 암 치료를 끝낸 생존자를 위한 의료서비스 계획을 쉽게 수립할 수 있도록 디자인된 시행 소프트웨어를 말한다.
16	의료연결서비스	영상 진료	병원 방문이 필요하지 않은 메이요 클리닉 환자에게 영상 진료를 제공하는 서비스로 메이요 클리닉의 질적 경험을 가능하게 하기 위해 프로세스, 보안, 기술이 통합될 것이다.
17	의료연결서비스	당뇨병 프로젝트	2타입 당뇨병을 가진 사람들의 삶을 최적화하는 데 도움을 주는 도구로 사회적 · 환경적 제약뿐만 아니라 임상 치료, 커뮤니케이션, 기술 등의 영역에 존재하는 간극을 확인하고 그 간극을 해결하는 서비스와 상품을 제공한다.
18	의료연결서비스	비만 행동 수정 앱	이 프로젝트는 모바일 장치의 통합을 통한 천식 m헬스 구조를 활용한다. 이 앱은 모바일 플랫폼을 제공하는데 그곳에서 전문의 진료 팀(내분비학자, 임상 영양사, 심리학자 등) 환자의 수술 전 행동 조정을 돕고 평가한다.
19	보건과 웰빙	건강한 노후와 독립적인 삶 연구소	HAIL 연구소는 노년층 인구가 집에서 안전하게 외부와 연결될 수 있도록 돕는 새로운 서비스를 디자인하고 프로토타입을 만들고 시험 비행하는 곳이다. 이 연구소는 포커스그룹과 관찰을 위한 공간으로 공공 대출 도서관, 연구실의 실험을 위한 모형 아파트는 물론 다른 실험을 위한 공간으로 구성되어 있다.
20	보건과 웰빙	환자 중심 퇴원 요약 툴	환자가 병원을 떠날 때 건강과 독립권을 다시 얻는 것이 핵심 목표이다. 우리는 메이요의 절차와 자원을 신속하게 다시 검토해서 환자 중심의 툴을 제공하고 사람들과 그 가족들이 가장 성공적인 이행을 하고 지속적인 의료서비스와 지속적으로 연결될 수 있게 하는 지원을 위한 것이다. 이해 관계자들의 모임과 함께 일하고 있다.
21	보건과 웰빙	건강한 삶 연구소	CFI는 가상 가정환경에서의 보건과 웰니스 상품 및 서비스를 연구하고 입증하기 위해 로체스터에 건강한 삶 연구소를 세우고 운용을 위해 외부 파트너와 협업 중이다.

번호	플랫폼	프로젝트	요약
22	보건과 웰빙	자택 모니터링 안락의자	울혈성 심부전증을 앓는 환자들은 일반적으로 체중 모니터링이 잘 안되는 현상을 보인다. 대부분의 시간을 안락의자에서 보내는 고위험군 울혈성 심부전증 환자들을 위해 우리는 의자 다리 아래 부분에 센서를 장착한 뒤 그 정보를 다른 단말기로 보내서 환자에게 위험한 수치가 나타나는지를 확인할 수 있다. 성과물은 환자 건강과 기능적/경험적 필요에 대한 영향을 알려 줄 것이다.
23	보건과 웰빙	이행 보조	이것은 양적 연구 프로젝트로 크럼홀츠Krumholz의 "퇴원 신드롬Post Hospital Syndrome" 연구와 어느 정도 상호 연관이 있는 재입원 이유를 파악하려는 목적에서 시작됐다. 병원과 집에서의 환자 여정을 관찰함으로써 우리는 환자가 병원에 재입원하게 될지도 모르는 상황을 중재할 기회를 찾으려고 한다.
24	보건과 웰빙	학생 보건과 웰빙	CFI와 애리조나 주립대학교ASU는 학생들의 보건과 웰빙 증진을 도울 중대한 기회가 있다고 믿는다. CFI와 ASU는 학생들의 필요를 탐색하고 이해한 뒤 접근법을 개발해서 ASU 학생들의 일상 건강을 증진하고 2020년까지 2억 명과 접촉하려는 메이요의 목표에 공헌하려고 한다.
25	메이요 의료	인구 보건 모델	CFI는 메이요의 인구 보건 관리 사무소와 파트너십을 맺고 다음과 같은 인구 보건 모델을 창조하고 시험 비행하고 시행하려고 한다. - 임상적/비임상적 시스템이 환자의 필요에 맞춰진 모델 - 정확한 시간에 정확한 장소에서 정확한 의료진과 방식에 의해 통합된 진료를 제공하는 모델 - 시스템 능력, 유연성, 복원력을 개선하는 모델 - 개인의 보건과 장기적인 웰니스에 대한 장애물을 감소시키거나 제거하는 지역사회와 정부의 자산을 끌어올릴 수 있는 모델 - 사람들과 진료과의 비용을 감소시키는 모델 - 종합 의료비용 제도와 묶음지불제 회계로의 전환을 준비하는 모델
26	메이요 의료	환자 중심 진료 플랜	환자, 간병인, 의사들이 보고 만들고 함께 진료 결정에 따라 행동할 수 있는 통합 도구를 말한다.
27	메이요 의료	최적화된 의료서비스 팀: 1차 진료	의사, 간호사, 임상 보조인력, 그리고 새로운 역할을 맡을 네비게이터로 구성된 다학제 간 그룹으로 공유된 팀을 말한다. 환자 집단의 필요에 부응하기 위해 함께 일한다.
28	메이요 의료	최적화된 의료서비스 팀: 2차 진료	최적화된 의료서비스 팀의 개념을 전문의 진료에 응용하는 것을 말한다.

번호	플랫폼	프로젝트	요약
29	메이요 의료	웰니스 네비게이터	자원봉사자로 구성된 클리닉 내부 서비스로 건강의 사회적 결정 요인을 해결하기 위해 환자와 정확한 자원을 연결한다.
30	메이요 의료	화성 프로젝트	미래의 외래환자 진료를 새롭게 구성하는 거대한 프로젝트이다. 환자경험과 진료의 질은 그대로 유지 혹은 개선시키면서도 외래환자의 진료 비용을 최소 30% 감소시키려는 데에 그 목적이 있다. 프로젝트는 2014년 말까지 외래 진료의 40% 이상에 새 모델을 적용할 것을 목표로 삼고 있다.
31	메이요 의료	화성 프로젝트: 마이크로컨설트	공급자와 환자가 가진 핵심 질문에 대답하기 위해 전문의와 커뮤니케이션하는 정기/비정기 상호 교류. 정보 기술과 커뮤니케이션 기술을 바탕으로 연락이 이루어지고 진료 결과를 통해 1차 의료 공급자들은 별도의 진료 의뢰 과정을 거치지 않고도 환자의 치료에 관한 일정을 계속 진행해 나갈 수 있다.
32	메이요 의료	화성 프로젝트: 스마트스페이스	문서 정보(오더, 임상 관련 메모, 청구지, 수술 목록 등)의 자동 기입이 효율을 높이고 중복을 감소시킬 수 있는지 시험하는 프로젝트. 이 프로젝트의 가설은 상황 인식, 데이터에 대한 실시간 영상 피드백, 자연적인 사용자 인터페이스와 관련된 압축된 데이터 입력 시스템, 음성 인식, 터치형 데이터 입력을 통해 문서 정보 입력 시간을 줄일 수 있다는 것이다.
33	메이요 의료	화성 프로젝트: 가상 집단 진료	'진료 예약 공유'라고 알려진 집단 진료가 다양한 부서의 환자들로 구성된 환자 소그룹의 진료 비용을 경감시키고 접근성을 열어 주고 환자경험과 보건 관리에 도움이 되는지를 테스트하는 실험 그룹을 말한다.
34	메이요 의료	심혈관 판막 클리닉	이 프로젝트는 워크플로우 표준화, 새 커뮤니케이션 전략, 의료서비스팀을 최적화하기 위한 도구 등을 사용해서 판막 클리닉의 능률을 주도하기 위한 것이다.
35	메이요 의료	피닉스 센터 개발 프로젝트	피닉스 센터 개발 프로젝트^{PCAP}는 애리조나 메이요 클리닉 병원의 프로톤 빔$^{Proton Beam}$에 있는 217,000평방피트의 3층 건물로 구성되어 있다. PCAP에는 종합 암 센터가 들어서게 된다. CFI는 통합 암 의료서비스가 무엇인지 정의하고, 환자들이 이 여정을 통해 경험하고 싶어 하는 것이 무엇인지 이해하고, 환자와 공급자를 위한 서비스와 공간을 탐색하는 일을 돕는다.
36	메이요 의료	화학요법 재디자인	비용 효율적 방법으로 서비스, 안전성, 양질의 성과를 제공하는 동시에 임상진료, 연구, 교육을 연결한 최첨단 설비를 디자인하는 것이다.

번호	플랫폼	프로젝트	요약
37	메이요 의료	소아과 이행	만성 질병을 가진 12세에서 25세의 환자가 소아청소년과에서 성인 진료로 넘어가는 기간의 전반적인 보건 상태를 유지하거나 개선하는 것을 돕기 위해 환자, 부모, 의료서비스 팀 멤버에 대한 깊은 이해를 도모하는 프로젝트다.
38	메이요 의료	병원 환자경험	병원에서의 환자 여정에 대한 깊은 이해에 초점을 맞추어서 더 나은 경험을 창조하기 위해 일하고 그 결과 시장에서 경쟁력을 확보하고자 한다.
39	메이요 의료	의과대학 진료 재디자인	애리조나 의과대학 진료 재디자인은 환자와 공급자에게 더욱 효율적이고 큰 만족을 주는 외래 진료를 만들어 내는 것이다. 이 재디자인의 주요 요소는 현재의 의료 수가 환경에 맞는 적합한 워크플로우를 찾는 것뿐만 아니라 변화하는 의료서비스 환경에 맞는 효과적인 장비를 갖춘 유동성 있는 팀워크를 지닌 강한 팀을 개발하는 것이다.